서울
리뷰 오브
북스

Seoul
Review of
Books
2026 봄

21

0 6

13

8 12

4

19 18 9 15

3

1

5

16

10 2

11

20

우리는 최근 몇 년 사이 이전과는 다른 종류의 변화를 반복해서 경험하고 있다. 어떤 변화는 정치적 사건의 형식으로 나타나고, 어떤 변화는 생활 환경의 조건을 바꾸며, 또 어떤 변화는 우리가 글을 쓰고 읽는 방식까지 영향을 미친다. 변화의 속도가 너무 빠르기 때문에 그것을 예측할 수 없다고 말한다. 그러나 우리가 마주하는 것은 예측의 실패라기보다 시간의 스케일이 맞지 않는 상태에 가깝다. 변화는 먼저 도착하고 이해는 나중에 따라온다. 관측은 이루어지지만 모델이 따라오지 못하는 상황이라고 말할 수도 있을 것이다. 이런 지연은 과학의 역사에서 낯선 일이 아니지만, 지금은 그 간격이 일상의 감각에서 직접 드러난다는 점에서 이전과는 다른 종류의 불균형을 만든다.

　우리는 이미 변화 속에서 살아가면서도 그것을 설명할 언어가 충분하지 않다. 사용하는 시간과 이해하는 시간이 어긋나 있다는 감각은 현재를 읽는 하나의 단서가 된다. 이번 호의 특집 〈2026, 이름 붙지 않은 미래〉를 준비하며 '미래'라는 단어를 반복해서 사용했지만, 실제로 우리가 다루고자 했던 것은 아직 오지 않은 시간이 아니라 이미 시작되었으나 이름 붙지 않은 현재에 가까웠다. 아직 개념화되지 않은 상태의 현재를 잠정적으로 미래라고 부를 뿐인 감각은, 우리가 서 있는 시간의 좌표가 단일하지 않다는 사실을 다시 확인하게 한다.

김일년의 「제국주의의 귀환, 혹은 3차 세계대전의 서막」은 전쟁이 이미 진행 중임에도 그것을 현재로 인식하지 못하는 시간 감각을 문제 삼는다. 유정훈의 「트럼프 시대에 관한 역사학자의 인식」은 정치적 사건을 연대기적으로 배열하면서 현재라는 범주가 어떻게 구성되는지를 드러낸다. 권석준의 「특이점 그 이후: 비가역적 변화의 총체적 의미」는 기술적 가속 이후 인간의 판단과 선택이 어떤 위치로 이동하는지를 묻는다. 강예린의 「가볍지만 단호한 초대장」은 변화하는 도시에서 공동체를 다시 구성하는 실천의 형식을 제안한다. 거시적 시간에서 정치와 기술을 거쳐 생활 세계로 이동하는 이 배열은 우리가 미래라고 부르는 것이 하나의 방향이 아니라 서로 다른 속도를 가진 시간들의 중첩임을 보여 준다. 서로 다른 속도를 가진 시간들이 하나의 현재 안에서 겹칠 때 우리는 같은 사건을 두고도 서로 다른 시점에 서 있는 것처럼 말하게 된다. 이러한 비동기성은 동일한 단어가 서로 다른 경험을 가리키는 상황을 만들어 낸다. 어떤 이에게 미래는 아직 오지 않은 시간이지만, 다른 이에게는 이미 체감되는 조건이다. 현재라는 범주는 단일한 시점이 아니라 여러 속도의 층위가 잠정적으로 겹친 상태라고 이해할 필요가 있다.

현시원의 「미래의 미디어는 조력자와 함께」는 이러한 변화를 매체의 조건에서 다시 보여 준다. 신형철의 「비평은 고전이 될 수 있는가? 아니, 그래야 하는가?」, 선우훈의 「『슬램덩크』 다시 읽기: 패배를 통해 승리하는 법」, 김윤지의 「달콤했던 넷플릭스의 초대, 체제 너머를 꿈꾸는 K-콘텐츠」, 정재완의 「유령을 직시하기」, 정우현의 「분류되지 않은 인간과 도덕적 사실이라는 신화」, 윤경희의 「매개와 사랑」을 함께 놓고 보면 현재가 하나의 안정된 기반이라기보다 서로 다른 감각들이 교차하는 장에 가깝다는 사실이 드러난다. 매체의 형식이 달라질수록 읽기의 리듬 또한 달라지고, 동일한 텍스트가 서로 다른 시간대에서 소비되는 장면이 일상화된다.

　창간 5주년 기념 좌담 「뾰족한 서평과 다정한 수다 사이에서」는 서로 다른 영역에 있는 연사들이 동일한 현재를 어떻게 다르게 인식하는지를 보여 준다. 하나의 사건을 두고도 문제의 출발점과 시간의 범위가 달라질 때 논의의 형식 또한 달라진다. 좌담의 대화는 합의를 도출하기보다 서로 다른 시간 감각이 공존하는 상태를 드러낸다.

　홍성욱의 「아슬아슬한 존재들이 함께 만드는 세상(2)」은 현재를 다른 시간의 층위에서 다시 바라보게 한다. 백민석의 「기원 '적' 매체의 생애 주기」와 조문영의 「교재가 되지 못한 책들」은 텍스트가 놓인 제도적 시간 또한 균질하지 않다는 사실을 보여 준다. 어떤 글은 오래 살아남고 어떤 글은 빠르게 사라진다. 읽기는 더 이상 고정된 목록을 따라가는 행위가 아니라 조건에서 계속 다시 만들어지는 과정이 된다.

　올해로 다섯 해를 맞은 《서울리뷰오브북스》의 시간도 이러한 중첩 위에서 형성되었다. 창간 당시의 문제의식이 그대로 유지된 부분도 있지만, 독자의 구성과 글의 형식 그리고 읽기의 경로는 분명 달라졌다. 종이와 온라인이 서로 다른 속도로 축적되고, 긴 호흡의 글과 짧은 반응이 같은 지면을 공유한다. 다섯 해라는 시간은 길다고 말하기 어렵지만, 서로 다른 리듬들이 한 지면 위에 겹쳐지기 시작했다는 점에서 하나의 단위로 감각될 수 있다. 잡지의 시간은 발행일의 연속으로만 측정되지 않는다. 어떤 글은 발표된 이후에야 읽히기 시작하고, 어떤 글은 특정한 계기를 통해 다시 호출된다. 축적의 시간과 재독의 시간이 분리되어 존재할 때 잡지는 단순한 기록이 아니라 시간의 교차점을 형성하는 매체가 된다. 다섯 해 동안 형성된 교차점들이 앞으로의 지면을 구성하는 조건이 될 것이다.

우리가 지금 경험하는 변화는 아직 충분히 설명되지 않았고 아마도 한동안은 하나의 이름으로 묶이기 어려울 것이다. 이름 붙이기 이전의 상태를 기록하는 일은 변화의 방향을 단정하기보다 서로 다른 징후들이 공존하는 조건을 드러내는 작업에 가깝다. 이미 사용하지만 아직 이해하지 못한 것들, 이미 지나갔지만 이제야 시작으로 불리는 사건들, 너무 빠르게 진행되어 서술이 따라가지 못하는 변화들을 함께 놓아 보는 일. 이번 호의 작업은 그러한 시간의 중첩을 잠시 드러내는 시도에 가까웠다.

편집위원 전은지

차례

전은지 　 편집실에서 　 2

특집 리뷰: 2026, 이름 붙지 않은 미래

김일년 　 제국주의의 귀환, 혹은 3차 세계대전의 서막 　 14
　　　 『피와 폐허』

유정훈 　 트럼프 시대에 관한 역사학자의 인식 　 28
　　　 『뉴딜과 신자유주의』

권석준 　 특이점 그 이후: 비가역적 변화의 총체적 의미 　 40
　　　 『마침내 특이점이 시작된다』

강예린 　 가볍지만 단호한 초대장 　 56
　　　 『새를 초대하는 방법』

이마고 문디

현시원 　 미래의 미디어는 조력자와 함께 　 72

창간 5주년 기념 좌담: 김두얼, 김겨울, 요조

뾰족한 서평과 다정한 수다 사이에서:
우리 시대 '읽기'의 새 영토 　 86

리뷰

신형철　비평은 고전이 될 수 있는가? 아니, 그래야 하는가?　116
　　　『해석에 반하여』

선우훈　『슬램덩크』 다시 읽기: 패배를 통해 승리하는 법　134
　　　『슬램덩크』

김윤지　달콤했던 넷플릭스의 초대, 체제 너머를 꿈꾸는 K-콘텐츠　150
　　　『넷플릭스 딜레마』

정재완　유령을 직시하기　162
　　　『디자인의 유령들』

정우현　분류되지 않는 인간과 도덕적 사실이라는 신화　176
　　　『인간은 동물이다』

윤경희　매개와 사랑　192
　　　『흩어짐』

고전의 강

홍성욱　아슬아슬한 존재들이 함께 만드는 세상(2)　206
　　　『존재양식의 탐구: 근대인의 인류학』

문학·에세이

백민석　기원'적' 매체의 생애 주기　246
조문영　교재가 되지 못한 책들　253

지금 읽고 있습니다　262
신간 책꽂이　264
《서울리뷰오브북스》 총 목차(0-20호)　270

"그해 일본이 만주 사변을 일으켜 중국에 대한 제국주의적 침탈을 본격적으로 개시했다. 다시 말해, 오버리는 종래 학계에서 주목했던 1939년 나치 독일의 폴란드 침공이 아니라 그보다 거의 10년 전 유라시아 반대편에서 터진 사건에 주목함으로써 전쟁의 연대기와 지리학 모두를 다시 서술한다."

◀ 김일년 「제국주의의 귀환, 혹은 3차 세계대전의 서막」

"미국 정치와 사회에 반복해서 등장하는 이슈는 역시 건국 당시부터 노예 제도를 용인한 데서 비롯한 인종 문제인데, 저자는 뉴딜 질서의 성립 당시 인종 문제 해결을 어떻게 뒤로 미루어 두었는지부터 시작해 이후 미국 역사의 중요 국면마다 부각된 인종 문제를 놓치지 않고 서술한다."

▶ 유정훈 「트럼프 시대에 관한 역사학자의 인식」

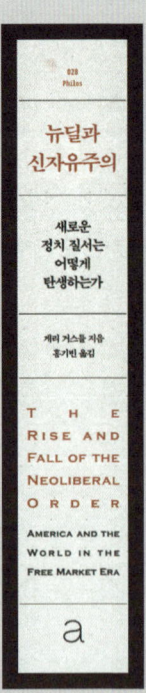

"커즈와일의 책을 순한 맛 버전이 아니라
매운맛 버전으로 다시 읽는다면, 특이점이 온다는
것은 안아 주고 싶은 작은 고양이가 조그마한
창문을 통해 들어오는 것이 아니라 커다란 호랑이가
현관을 강제로 부수고 들어온다는 느낌으로
다가올 것이다."

▶ 권석준 「특이점 그 이후: 비가역적 변화의 총체적 의미」

"인공 환경으로 조절되는 실내 공간, 소비에
따라서 끊임없이 치장되는 내부만이 의미가
있다. '거대함'은 이윤을 위한 도시 개발의
논리와 쉽게 결합하며, 복잡한 용도보다는
단일한 기능을 하는 건축 군도를 양산했다."

▶ 강예린 「가볍지만 단호한 초대장」

마침내 특이점이 시작된다

레이 커즈와일 지음

이총호 옮김
김대식 감수

버니온북스

셀을 초모하는 방법

가속화기 시대, 인간과 자연을 잇는
도시건축 이야기

남성현 지음

건

존재양식의 탐구

ENQUÊTE SUR LES
MODES D'EXISTENCE

근대인의 인류학

une anthropologie
des Modernes

브뤼노 라투르 지음
황장진 옮김

사월의책

"종교에 대한 오랜 관심을 고려한다면
종교의 존재 양식이 포함된 것도 충분히
예견할 수 있었고, 과학과 문학을 대칭적으로
분석해 온 전례를 떠올리면 허구적 존재들이
자리를 차지한 것 역시 이해할 수 있었다."

◀ 홍성욱 「아슬아슬한 존재들이 함께 만드는 세상 (2)」

"2026년의 우리는 1966년의 손택을 감당할 수 있는가? 비평은 고전이 되기보다는 무기가 되는 편이 낫다. 그러나 그 무기는, 바위나 나무에 꽂힌 채 주인을 기다리던 신화 시대의 칼처럼, 동시대를 정확히 거스를 사람만이 뽑아낸다."

◀ 신형철 「비평은 고전이 될 수 있는가? 아니, 그래야 하는가?」

"북산이 우승했다면 대의를 위한 숭고한 희생으로 신격화되었을 강백호의 부상은 패배 덕분에 '자신의 실존 순간을 위한 선택'으로 남는다."

▶ 선우훈 「『슬램덩크』 다시 읽기: 패배를 통해 승리하는 법」

"매년 6억 달러(한화 8천억 원 이상)씩 한국 콘텐츠를 구매해 주는 고마운 글로벌 투자자이기도 하지만, 너무나 강력한 힘으로 주변 경쟁자와 연관 산업을 초토화시키는 넷플릭스라는 괴물을 마주해야 하기 때문이다. 넷플릭스를 어떻게 다루어야 할지, 과연 다루어지기는 할지 고민할 수밖에 없다."

▶ 김윤지 「달콤했던 넷플릭스의 초대, 체제 너머를 꿈꾸는 K-콘텐츠」

"디자인에 관한 이론적 텍스트가 턱없이 부족하던
시절, 이 도발적인 질문은 우리 디자인계의
아픈 곳을 찌르는 날카로운 칼날이었다."

◀ 정재완「유령을 직시하기」

"아이러니하게도 '너 자신을 알라'라는 표현으로
인간을 동물 중 하나로 선언하면서도 동물과
완전히 같지 않음을 인정해야 했던 린네의
고충은 과학이 극도로 고도화된 오늘날에도
아직 해결되지 않은 듯하다."

▶ 정우현「분류되지 않는 인간과 도덕적 사실이라는 신화」

"주로 백인 남성이 정책과 학술의
권력을 행사하는 국가들에서, 그리고
권력의 구조를 표상하는 언어에서,
이 식물들은 위대한 자국 탐험가의
업적으로 탈취되거나, 그것을
데리고 온 이민자들을 향한 혐오를
함께 뒤집어 썼다."

◀ 윤경희「매개와 사랑」

2026, 이름 붙지 않은 미래

서울
리뷰 오브
북스

『피와 폐허: 최후의 제국주의 전쟁, 1931-1945』
리처드 오버리 지음, 이재만 옮김
책과함께, 2024

제국주의의 귀환, 혹은 3차 세계대전의 서막: 세계대전의 역사가 오늘 우리에게 말해 주는 것

김일년

제3차 세계대전은 일어날까? 만약 일어난다면 얼마나 참혹할까? 이와 관련해 최근 미국의 여론 조사 업체 유고브(YouGov)가 제2차 세계대전 종전 80주년을 맞이해 미국과 유럽 각국 시민들에게 물어본 결과는 자못 의미심장하다. 많게는 55퍼센트(프랑스)부터 적게는 41퍼센트(독일)까지, 대략 절반 정도의 응답자가 '향후 5년에서 10년 내에 3차 세계대전이 발발할 것'이라고 예상했다. 대다수(60-79퍼센트)의 응답자는 만약 새로운 전쟁이 일어난다면 그것은 핵전쟁이 될 것이며, 따라서 사상자의 규모가 2차 세계대전을 넘어설 것이라고 답변했다. 상당수(25-44퍼센트)는 3차 세계대전이 '지구상 대부분의 사람을 말살할 것'이라며 더욱 음울한 전망을 내놓았다.*

그런데 정말 3차 세계대전이 일어날까? 지금껏 얼마나 많은 위기가 있었고, 또 그때마다 얼마나 다양한 3차 세계대전의 전망

---

* Matthew Smith, "Many Europeans and Americans think World War 3 is imminent", https://yougov.co.uk/international/articles/52113-many-europeans-and-americans-think-world-war-3-is-imminent.

이스라엘과 이란 간의 군사 충돌은 1980년부터 현재까지 이어지고 있다.(출처: advfn)

이 나왔던가? 멀리 갈 것도 없이 지난 5년만 돌아보자. 2021년 인도와 중국이라는 두 핵보유국이 히말라야 국경에서 대치하며 서로 미사일을 겨눴다. 2022년은 그야말로 다사다난했던 해였다. 2월 러시아가 우크라이나를 침공한 것을 시작으로, 그해 여름에는 타이완을 둘러싸고 미국과 중국 사이의 전면 충돌 가능성이 진지하게 제기되었다. 2023년에는 이스라엘과 하마스 사이의 전쟁이 터졌고, 2024년에는 도널드 트럼프(Donald Trump)가 미국 우선주의 (America First)를 내세우며 재선에 성공해 불붙은 국제 관계에 기름을 부었다. 그리고 지난해인 2025년, 유라시아 대륙 저편에서는 러시아-우크라이나 전쟁이 끝없이 이어지고, 이쪽에서는 중국-타이완 양안 관계가 일촉즉발로 치닫는 와중에, 대륙의 복판에서 인도와 파키스탄 그리고 이스라엘과 이란이 군사 충돌을 벌였다. 이모든 위기마다 각양각색의 3차 세계대전 시나리오가 제시되었다.

그러나 그 어느 것도 현실로 이어지지 않았다. 적어도 아직은.

그런데 정말인가? 아직은 3차 세계대전이 일어나지 않았나? 위에서 언급한 지구 각지의 위기들은 어쩌면 그저 '불안정한 국제 정세'의 반영일 수도 있다. 그러나 만약 이 위기들이 하나로 연결된 것이라면? 얼핏 별다른 연관성 없이 터진 국지적 현상으로 보이는 이 일련의 위기들이 사실은 하나의 큰 흐름을 구성하는 개별 국면들이라면? 세계대전이란 본질적으로 복수의 전선과 다양한 시간대, 이질적 행위자들이 얽힌 장기적이고 복잡한 과정이다. 동시대를 살아가는 사람은 그 과정을 명확히 느끼지 못할 수 있다. 오직 사후적으로만 알 수 있을 뿐. 만약 그렇다면 3차 세계대전은 이미 시작된 게 아닐까?

2차 세계대전의 진정한 시작점

리처드 오버리(Richard Overy)의 신작 『피와 폐허(Blood and Ruins)』는 이러한 질문들에 통찰을 던진다. 2차 세계대전 연구에 있어 오버리는 현존하는 역사가 중 따라올 자가 없는 최고의 권위자다. 그는 반세기가 넘는 기간 동안 30여 권의 저서를 집필하면서, 기술 발전과 전시 경제, 동원, 폭격, 병참, 이데올로기, 사회적 변화 등 전쟁의 여러 측면을 세심하게 고찰했다. 이 과정에서 그는 기존 학계의 상식을 부수고 새로운 연구사의 길을 개척했다. 예를 들어, 오버리의 초기 대표작인 『왜 연합국이 이겼나(Why the Allies Won)』(1995)는 전쟁사 연구의 초점을 전선에서 후방으로 돌려 생산과 동원의 중요성을 강조했고, 우리말로도 번역된 『러시아의 전쟁(Russia's War)』(1998)(책과함께, 2024)은 영국과 미국 중심의 서술을 비판하면서, 독일과 소련 사이의 동부 전선을 2차 세계대전의 명운을 가른 결정적 전장으로 정당하게 복원했다.

『피와 폐허』에서 오버리는 다시 한번 거장의 솜씨를 보여 주었다. 원서 기준 1,000페이지가 넘어가는 이 책의 면면마다 유려한 문체와 풍부한 에피소드, 날카로운 인용구 그리고 흥미진진한 서사가 빛난다. 이러한 이유로 이 책은 2021년 출간 즉시 베스트셀러에 올랐으며, "기념비적 저작"(《월스트리트저널》), "최고의 역사서"(《뉴욕타임스》)라는 평단의 찬사를 받았다.

무엇보다 『피와 폐허』를 특별하게 만든 요소는 오버리가 이 책을 통해 2차 세계대전에 대한 총체적 재해석을 제시했다는 점이다. 그 재해석의 핵심은 책의 부제인 '최후의 제국주의 전쟁, 1931-1945'에서 간명하게 드러난다. 먼저 눈길을 끄는 부분은 1931년을 2차 세계대전의 시작점으로 설정한다는 사실이다. 1931년에 무슨 일이 있었나? 그해 일본이 만주 사변을 일으켜 중국에 대한 제국주의적 침탈을 본격적으로 개시했다. 다시 말해, 오버리는 종래 학계에서 주목했던 1939년 나치 독일의 폴란드 침공이 아니라 그보다 거의 10년 전 유라시아 반대편에서 터진 사건에 주목함으로써 전쟁의 연대기와 지리학 모두를 다시 서술한다. 이렇게 놓고 보면, 2차 세계대전은 유럽의 전쟁이 아니라 "전 지구적 사태", 즉 아시아와 유럽, 아프리카라는 세 대륙과 태평양과 대서양 그리고 인도양까지 포괄하는 거대한 공간에서 "상이한 여러 종류의 전쟁"이 동시다발적으로 폭발했던 진정한 의미에서 세계사적인 현상이 된다.(9-10쪽)

부제에서도 드러나듯이 오버리는 2차 세계대전이 "최후의 제국주의 전쟁"이었다고 주장한다. 그가 제시한 전쟁의 새로운 연대기(1930년대의 기원)와 새로운 지리학(지구적 차원)을 하나로 잇는 거대 서사가 바로 제국 질서의 성쇠이다. 오랜 기간 여러 지역에 터진 다양한 형태의 분쟁을 연결한 중심축이 기존의 제국 질서를 지

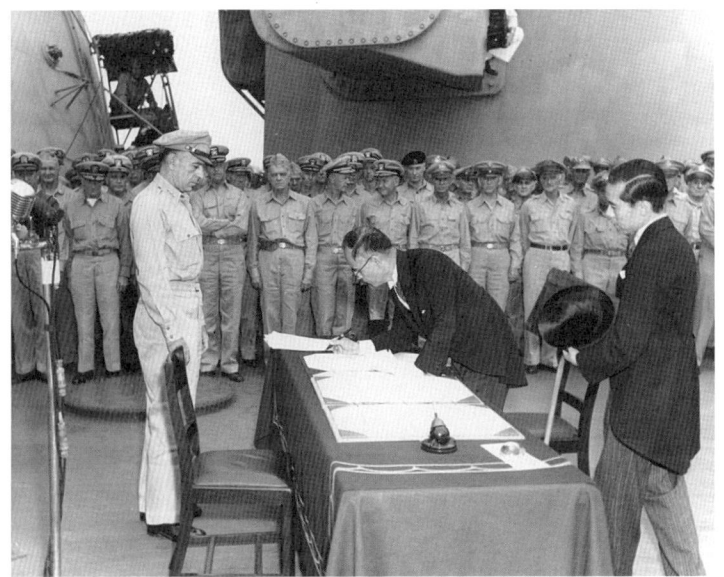

일본 대표들이 미 해군 구축함 미주리호 함상에서 항복 문서에 서명을 하고 있다.
(출처: 위키미디어)

키려는 세력과 그것에 도전하는 세력 사이의 갈등이었기 때문이다. 오버리는 이렇게 말한다. "주로 영국과 프랑스가 지배한 이 제국 질서는 이른바 '못 가진' 국가들, 즉 일본, 이탈리아, 독일이 그들 자신의 제국 영역을 추가로 정복함으로써 국가의 생존을 확보하고 정체성을 표현하겠다는 허황된 야망을 품도록 자극했다."(10-11쪽) 그 야망에서 2차 세계대전이 배태되었다.

　　2차 세계대전이 제국주의 전쟁이었다면, 그것이 왜 '최후의' 제국주의 전쟁인지 의문이 따라온다. 이에 대하여 오버리는 미국과 소련이라는 새로운 유형의 강대국들을 지목한다. 영국과 프랑스를 제치고 제국 질서를 주도하겠다는 독일과 일본의 야망은 전쟁을 통해 부분적으로 이루어졌다. 그러나 이때 그들의 앞길을 막고 나선 세력이 있었으니, 다름 아닌 미국과 소련이었다. 각각 자본주의와 공산주의라는 적대적 이데올로기를 채택했으나, 이들은 모두 제국주의에 비판적이었다. 독일과 일본은 할 수만 있다면 미국이나 소련과 충돌하지 않으면서 자기네 제국을 건설하고 싶었다. 그러나 결국 저들을 물리치지 않고는 야망을 실현할 수 없다는 결론에 이르렀다. 그래서 그들은 독소 전쟁과 태평양 전쟁을 일으켰다. 다들 알듯이 결과는 독일과 일본의 참혹한 패배였다.

이 각도에서 보면 2차 세계대전의 승자와 패자를 새로운 관점에서 이해할 수 있다. 말할 것도 없이 독일과 일본은 패배자였다. 신속히 점령당한 후 어물쩍 연합국 편에 끼기는 했지만 당연히 이탈리아도 패배자였다. 사실 이탈리아가 어느 편에 있었는지는 그리 중요한 게 아닐지 모른다. 명목상 승자였던 연합국들 역시 사정이 복잡하기는 마찬가지였기 때문이다. 영국은 과거의 영광에 기댄 (그리고 아주 간혹 통했던) 허세가 남아 있기는 했으나, 전쟁 이후 누구도 세계적 강국으로 대우하지 않았다. 프랑스처럼 순전히 외세의 힘에 의해 나치 지배에서 해방된 다른 제국들은 말할 것도 없었다. 오직 미국과 소련만이 당당하게 승자 행세를 할 위치에 있었고, 실제로 그렇게 행동했다. 구조적 측면에서 이는 두 강대국이 대변하는 새로운 국제 질서, 즉 제국이 아니라 국민 국가에 바탕을 둔 질서의 도래를 의미했다. 결론적으로, 전쟁의 진정한 패배자는 그 전쟁을 일으킨 제국주의 자체였으며, 따라서 2차 세계대전은 "최후의 제국주의 전쟁"이 되었다.

신질서의 유일한 과업

오버리는 이러한 주장을 효과적으로 전개하기 위해 『피와 폐허』를

1차 세계대전 당시 후방에 있는 조선소에서 일하던 여성들. 1차 세계대전 역시 제국주의가 낳은 전쟁이었지만, 제국 질서를 끝내지 못했다.(출처:위키미디어)

사뭇 특이한 방식으로 구성했다. 총 12개의 장으로 이루어진 이 책은 크게 두 부분으로 나뉜다. 초반부의 4개 장(서론, 1-3장)이 2차 세계대전의 기원과 경과, 결과를 연대기적으로 따라간다면, 후반부의 7개 장(4-10장)은 이 전쟁과 관련한 여러 주제를 하나씩 심층적으로 탐구한다. 마지막 11장에서는 연대기와 주제들을 총괄해 "제국들에서 국가들로" 이행하는 과정과 그 세계사적 함의를 서술한다. 연대기와 주제를 하나로 묶은 절충적 구성은 현명한 전략으로 보인다. 2차 세계대전의 총체적 재해석이라는 책의 성격을 고려할 때 예상 독자층 역시 다양할 것이기 때문이다. 일반 교양 독자들은 책의 전반부에 집중해 거장이 들려주는 흥미로운 이야기를 즐기면 되고, 반대로 현대사나 전쟁사 연구자들은 후반부를 선택해 특정 주제를 파고들 수 있다. 나머지 부분은 넘어가도 저자의 논지를 이해할 수 있다. 물론 시간이 허락하는 한 처음부터 끝까지 읽을 수 있다면 감동은 두 배가 될 것이다.

『피와 폐허』의 초반부는 장대한 서사가 돋보인다. 출발점은 1차 세계대전이다. 1차 세계대전 역시 제국주의가 낳은 전쟁이었지만, 그것은 제국 질서를 끝내지 못했다. 영국과 프랑스 등 승자는 그들의 광대한 제국에서 동원한 인력과 자원 덕분에 이겼다고 생각했고, 반대로 독일은 그것을 가지지 못했기 때문에 졌다고 느꼈다. 따라서 전쟁 이후 제국에 대한 집착은 더욱 심화되었다. 이러한 제국에 대한 집착이 1930년대에 들어 "전 지구적인 위기"를 낳았다. 이때 오버리는 나치 독일이 아니라 기존 연구에서 부차적으로 취급되었던 일본과 이탈리아의 역할을 강조한다. 각각 북중국과 동아프리카에서 일찍이 제국주의적 침탈을 개시한 두 나라는 "1930년대 내내 대규모 군사 동원과 전쟁 수행에 주력"했다. 반면 독일은 "팽창 계획을 나중에 시작"해 폴란드를 침공한 1939년에야 비로소 본격적인 전쟁을 치렀다.(115쪽) 따라서 2차 세계대전의 기원은 유럽이 아니라 아시아와 아프리카에서 찾아야 한다. 그렇다고 독일의 중요성이 떨어지는 것은 아니다. 독일은 기존의 다른 제국주의 국가들과는 달리 해외의 식민지가 아니라 자신의 이웃, 즉 "유럽 대륙의 영토를 원했다."(121쪽) 바로 동유럽에 펼쳐진 독일 민족의 "생존공간"이다. 이 독특한 나치 제국주의는 기존 제국 질서를 송두리째 뒤흔들었다.

이후 2차 세계대전의 전개는 추축국이 건설한 '신질서' 제국주의의 흥망사로 요약할 수 있다. 전쟁 초기의 군사적 성공에 힘입어 추축국 세 나라는 세계를 자기네 제국 아래 나눴다. 동아시아와 동남아시아가 일본의 몫이었다면, 지중해와 아프리카가 이탈리아에 돌아갔고, 독일은 대부분의 유럽 대륙을 손에 넣었다. 그런데 영원할 것 같던 신질서는 왜 무너졌을까? 오버리는 새로운 유형의 강대국인 미국과 소련에 주목한다. 비슷한 맥락에서 일본에 맞선 중국의 투쟁에도 많은 지면을 할애한다. 이들은 기존 제국들과 본질적으로 달랐다. 영국과 독일의 경우 누가 제국 질서의 지배권을 차지할 것인지를 놓고 싸웠다면, 미국과 소련은 "전시에도 전후에도 반식민 국가였다."(1365쪽) 질투를 초석 삼아, 망상을 기둥 삼아, 학살을 대들보 삼아 건설한 독일과 일본의 신질서 제국주의는 그들을 압도하는 인구와 영토, 생산력을 지닌 새로운 반식민 강대국들에 의해 무너졌다. 만약 신질서의 역사적 과업이 있었다면, 영국과 프랑스 주도의 오랜 제국 질서를 파괴한 뒤 그 허약함을 만천하에 폭로해 다시는 부활하지 못하도록 관에 못질까지 했다는 점에 있었다.

　『피와 폐허』의 후반부에 해당하는 주제별 장들에서는 연구의 전문성과 치밀한 분석력이 두드러진다. 여기서 오버리는 각국의 인적·물적 동원(4장), 전선에서의 경험(5장), 전시 경제의 본질(6장), 전쟁 정당화 이데올로기(7장), 수많은 민간 전쟁들(8장), 전쟁의 심리학적 영향(9장), 그리고 학살과 전쟁 범죄(10장)까지, 2차 세계대전과 관련한 주요 쟁점들을 선정해 세밀하게 검토해 나간다. 각 장을 읽으면서 연대기에 짧게 언급되었던 사안들이 얼마나 중요했는지 파악할 수 있다. 예를 들어, 미국의 생산력에 대하여 오버리는 "1943년 미국은 벌써 적국들의 생산량을 모두 합한 것보다 더 많은 양의 군수물자를 홀로 생산하고 있었다"(863쪽)고 언급하면서, 포디즘과 금융 시스템, 기술 혁신, 무기 대여와 경제 원조, 해양 봉쇄와 공중 폭격 등 미국의 생산력을 가능하게 한 요인과 그것이 전쟁에 미친 영향을 설명한다.

만주 사변 당시 선양을 침략하는 일본 제국 관동군. 저자 리처드 오버리는 만주 사변이 일어난 1931년을 2차 세계대전의 시발점으로 본다.(출처: 위키백과, AI로 화질 개선)

연대기 부분이 흥미롭다면, 주제 부분은 놀랍다. 그간 잘 알려지지 않은 사실들이 곳곳에 등장한다. 7장 '정당한 전쟁? 부당한 전쟁?'에 나온 몇 가지 일화만 살펴보자. 영국과 프랑스는 2차 세계대전을 독일의 침공에 맞선 방어 전쟁이라고 주장했지만, 사실은 (독일이 아니라) 두 나라가 독일에 전쟁을 선포할 때까지 그들은 독일로부터 "직접적 침공 위협도 받은 적이 없었"(977쪽)다. 전쟁 중 영국 노동당은 영 제국이 "나치에게 강제수용소의 용도를 가르쳐 주었고, 그 제국의 감옥에서 간디와 네루 같은 사람들이 생애의 긴 시간을 보냈다"(982쪽)고 비판했다. 이러한 비판은 동맹국 지도자인 프랭클린 루스벨트(Franklin D. Roosevelt)도 공감했던 생각이었다.

일본은 전술적 이유로 미국에서 자행되는 린치와 인종 차별에 대하여 비난했는데, 세계 각지의 유색인들은 이에 열렬하게 호응했다. 전쟁 이후 소련은 겉으로는 철저한 나치 청산을 부르짖었으나, 실상은 자신이 동유럽 전역에서 저지른 수많은 학살과 범죄를 감추기 위해 뒤에서 재판을 통제하거나 방해했다.

3차 세계대전은 시작되었을지도 모른다

이러한 『피와 폐허』의 내용은 오늘날 우리에게 어떤 메시지를 던질까? 오버리의 표현처럼 2차 세계대전 종전과 더불어 "1931년 만주 침공과 함께 시작되었던 폭력적 제국 건설의 14년 세월이 별안간 극적으로 막을 내렸다."(1300쪽) 이후 우여곡절이 있었지만 국제연합(United Nations)은 민족 자결(民族自決)을 원칙으로 삼았고, 이어서 아시아와 아프리카 각지에서 탈식민 해방의 물결이 몰아쳤다. 물론 자본주의와 공산주의 진영이 나누어지기는 했으나 냉전의 질서는 제국이 아니라 국민 국가들의 세계에 확고하게 뿌리내린 것이었다.

최근 들어 제국이라는 말이 도처에서 들린다. 2022년 러시아가 우크라이나를 침공했을 때 영국과 프랑스, 독일 등 서유럽 나토 국가의 지도자들은 푸틴의 제국주의적 영토 팽창 야욕에 맞선 공동 전선을 공공연하게 주창했다. 관에서 썩어 간다고 생각했던 제국의 유령이 스멀스멀 다시 살아난다.

물론 제국이라는 용어 자체는 그리 낯선 것이 아니다. 미 제국을 규탄하는 (그리고 종종 찬양하는) 말이 얼마나 많았던가? 그러나 이 용어는 오늘날 더 큰 함의를 지닌다. 미국이 예전 같지 않기 때문이다. 여전히 세계 최강 대국이라는 사실에는 의문의 여지가 없다. 하지만 그래도 2차 세계대전 이후 지난 70여 년만큼의 절대적 존재는 아니다. 더 중요한 요소는 트럼프 시대에 심화하는 미국과 유럽 동맹국들 사이의 불화다. 1930년대는 미국 고립주의의 절정기였다. 그리고 바로 그 시기에 제국을 지키려는 자들과 그것을 빼앗으려는 자들 사이의 전쟁, 2차 세계대전이 폭발했다. 지키려는 자들은 미국이 끝까지 외면할까 두려워했고, 빼앗으려는 자들은 미국이 마침내 간섭하지는 않을까 두려워했다. 헤게모니의 공백과 그로 인한 혼선은 2차 세계대전의 핵심 배경이었다.

지금처럼 1930년대에도 '또 다른 세계대전'이 언급되었다. 그때도 지구 각지에서 수많은 위기가 발생했고, 무수한 사람이 죽었다. 그 위기들이 하나의 거대한 전쟁을 이룰 것이라고 확신할 수 없었다. 하지만 오버리가 보여 주었듯이 제국주의가 촉발한 일련의 위기들은 분명히 2차 세계대전의 서막을 이루었다. 때때로 평화를 사랑하는 사람이 전쟁의 징후를 가장 예민하게 느낀다. 전임 교황 프란체스코는 지구 전역에서 터지는 분쟁들을 바라보며 "조각난 3차 세계대전"이 우리 눈앞에서 진행 중이라고 수차례 경고한 바 있다. 어쩌면 3차 세계대전의 서장이 이미 쓰인 것일지도 모르겠다. **서리북**

김일년
이화여대 사학과 교수. 미국 오하이오주립대(OSU)에서 박사 학위를 받았다. 미국 정치사와 지성사, 외교사를 중심으로 현대사를 폭넓게 연구하고 있다.

📖 오버리의 책을 읽으며 2차 세계대전의 전반적인 면모를 알았다면, 이제 그 전쟁에서 가장 중요한, 그리고 가장 참혹한 사실을 탐구할 준비가 된 것이다. 티머시 스나이더(Timothy D. Snyder)의 책은 폴란드부터 우크라이나까지 이어진 동유럽, 즉 '피에 젖은 땅'을 전쟁과 학살의 중심 무대로 복원한다. 존경스러운 사료 조사, 손을 뗄 수 없는 몰입감 그리고 무엇보다 불타는 도덕적 분노가 페이지마다 느껴진다.

"20세기 중반 유럽 대륙의 중앙부에서, 나치 독일과 소비에트 러시아는 약 1,400만 명의 사람을 살육했다. 그 희생자들이 쓰러져간 땅, 블러드랜드Bloodlands는 폴란드 중부에서 러시아 서부, 우크라이나, 벨라루스, 발트 연안국들에 이른다. (……) 1,400만 명이 겨우 12년 동안, 1933년에서 1945년까지 학살되던 때는 히틀러와 스탈린 둘의 집권기였다." — 책 속에서

『피에 젖은 땅: 스탈린과
히틀러 사이의 유럽』
티머시 스나이더 지음
함규진 옮김
글항아리, 2021

📖 2차 세계대전을 이해하고 나면 자연스럽게 그 이후 등장한 세계에 관심을 가진다. 에릭 홉스봄(Eric Hobsbawm)의 고전부터 최근 출간된 이언 커쇼(Ian Kershaw)의 2부작까지 전후 유럽사는 훌륭한 대작들이 많이 다룬 시대다. 그럼에도 지금까지 (그리고 아마 앞으로도 상당 기간) 단연 최고의 자리는 토니 주트(Tony Judt)의 책이 차지할 것이다. 생생한 묘사와 윤리적 성찰, 압도적인 스케일, 거침없는 평가 그리고 묘하게 중독성 있는 냉소적 유머까지. 말 그대로 불후의 명작이다.

"제2차 세계대전 직후 유럽의 모습은 극도로 비참하고 황폐했다." — 책 속에서

『전후 유럽 1945~2005』
토니 주트 지음
조행복 옮김
열린책들, 2019

뉴딜과 신자유주의

새로운 정치 질서는 어떻게 탄생하는가

게리 거스틀 지음
홍기빈 옮김

THE RISE AND FALL OF THE NEOLIBERAL ORDER

AMERICA AND THE WORLD IN THE FREE MARKET ERA

arte

『뉴딜과 신자유주의: 새로운 정치 질서는 어떻게 탄생하는가』
게리 거스틀 지음, 홍기빈 옮김
아르테, 2024

트럼프 시대에 관한 역사학자의 인식

유정훈

미국의 45대 대통령(2017-2021)을 지낸 도널드 트럼프(Donald Trump)가 2024년 대선에서 승리하며 47대 대통령으로 다시 집권했다. 그는 미국 내에서는 정적에 대한 노골적 보복이나 자신을 따르지 않는 공직자에 대한 사임 압박처럼 민주주의 규범을 무시하는 행태로 충격을 주었다. 국제적으로는 미국 입국 및 이민에 대한 강도 높은 규제, 기존의 국제 무역 체제와 자유 무역 협정을 무시하는 관세 부과 등으로 전 세계에 영향을 미치고 있다.

미국에서 현직 대통령의 재선 실패는 그 자체로 사건이다. 하지만 트럼프의 2020년 대선 패배에도 불구하고 이른바 '트럼피즘(Trumpism)'은 수그러들지 않았고 오히려 더욱 강력한 모습으로 돌아왔다. 이에 대하여 많은 분석과 설명이 시도되었고, 한국에서도 이 주제를 다루는 책이 다수 출간되어 주목받았다. 트럼피즘이 가져오는 민주주의에 대한 위협이나 미국 헌법과 시스템에 내재해 있었던 한계, 세계화의 흐름에 뒤처진 저학력 노동자들의 경제적 고통과 사회적 좌절감, 패권 국가 미국이 세계의 리더 역할을 포기하고 고립주의로 회귀하며 국제 질서에 미치는 영향, 미국과 중국

신자유주의 질서가 붕괴한 공간에서 '트럼피즘'이 탄생했다.(출처: 위키미디어)

의 패권 경쟁 등 여러 측면에서 논의가 이루어진다.

시대를 지배하는 '정치 질서'의 붕괴

영국 케임브리지대학교에 재직 중인 미국인 역사학자 게리 거스틀(Gary Gerstle)의 『뉴딜과 신자유주의』는 '정치 질서'라는 관점에서 트럼프가 두 차례 집권하게 된 배경, 그리고 트럼피즘이 지배하는 지금의 미국이 역사적 흐름에서 어떤 지점에 있는지 설명한다.

　　정치 질서란 개별 선거 주기를 뛰어넘어 중장기적으로 미국의 정치를 형성하는 이데올로기와 정책, 유권자들의 배치 상태를 의미한다.(10쪽) 지난 100년 동안 두 개의 정치 질서가 미국을 지배했다. 자본주의가 공공의 이익에 부합할 수 있도록 강력한 중앙 집권 정부가 경제 시스템에 개입해야 한다는 '뉴딜 질서', 그리고 성장·혁신·자유를 저해하는 정부의 규제와 통제에서 시장의 힘을 해

방해야 한다는 '신자유주의 질서'다.

　　정치 질서의 핵심은 이념적 측면에서 지배 정당이 반대 정당을 자신의 의지에 복종시키고 어느 정당이 정권을 잡더라도 이에 순응한다는 점이다.(12쪽) 민주당 소속 프랭클린 루스벨트(Franklin D. Roosevelt) 대통령의 뉴딜 질서는 민주당의 장기 집권 이후 20년 만에 나온 공화당 대통령 드와이트 아이젠하워(Dwight D. Eisenhower)가 이를 뒤집지 않고 오히려 이에 따름으로써 완성되었다. 공화당 소속 로널드 레이건(Ronald Reagan) 대통령의 신자유주의는 민주당의 대선 3연패 끝에 집권한 빌 클린턴(Bill Clinton)이 받아들여 정치 질서로 확립되었다.

　　많은 사람의 예상을 벗어난 2016년 트럼프의 대통령 당선은 1980년대 이후 미국을 지배한 신자유주의 질서의 붕괴를 보여 주는 사건이었다. 세계적인 자유 시장 그리고 자본과 인력의 자유로운 이동을 숭상하는 신자유주의 질서에서 많은 사람이 낙오되었고, 신자유주의의 약속은 더 이상 유효하지 않게 되었다. 어느 정치 질서나 헤게모니를 행사할 역량을 잃으면 쇠퇴하고 그런 순간에는 기존에 급진적이고 이단적인 것으로 간주하던 정치사상, 이전에는 극좌나 극우의 과도한 상상력으로 여겨지던 것들이 주류로 떠오른다.(12쪽) 신자유주의 질서가 붕괴한 공간에서 트럼피즘이 나왔다.

현대 미국 역사에 대한 포괄적 이해

원제『신자유주의 질서의 성립과 쇠퇴(The Rise and Fall of the Neoliberal Order)』와 번역 출판 제목『뉴딜과 신자유주의』에 모두 '신자유주의'라는 단어가 들어가지만, 이 책이 다루는 대상은 신자유주의라는 이념이나 운동 자체로 한정되지 않는다. 정치 질서 수립에는 한

두 번의 선거 승리 이상의 요소가 필요하고 심지어 유권자에게 삶의 비전에 대한 영감을 불어넣을 도덕적 관점까지 요구되기 때문에(11쪽), 미국이라는 거대한 나라를 지배했던 정치 질서를 논하려면 미국 사회의 다양한 측면을 다룰 수밖에 없다. 1970년대 스태그플레이션에 대한 연방 준비 제도의 대응 같은 경제 문제, 연방 대법원에서의 법리 투쟁과 대법관 임명, 미국 역사에서 언제나 핵심에 있었던 인종 문제, 방송·통신의 독과점 규제 같은 특정 분야의 정책까지 모두 정치 질서의 흥망성쇠에 영향을 끼치기 때문이다. 이 책은 그런 문제들을 파편화하지 않고 신자유주의 질서의 태동부터 해체에 이르는 흐름 안에서 설명한다.

반면 그런 특성으로 인해 책을 세부적으로 뜯어 보면, 각 분야의 전공자가 분석하는 경우 비판할 지점이 많이 보일 수도 있다. 예컨대 레이건 대통령 그리고 그의 법무부 장관 에드윈 미즈(Edwin Meese III)가 어떤 관점에서 연방 대법관을 선택했고, 그러한 행보가 어떻게 뉴딜 정치 질서, 구체적으로는 얼 워런 대법원장(Earl Warren, 1953-1969년 재임) 체제에서 떠오른 진보적 헌법 해석을 종식했는지 설명하는 부분이 여기에 해당한다.(227-231쪽) 미국 헌법 연구자라면 저자의 설명이 지나치게 단순하거나 다른 지점, 예컨대 페더럴리스트 소사이어티(The Federalist Society, 미국 법조계에서 가장 영향력 있는 단체)의 역할을 더 강조했어야 한다는 지적을 쉽게 할 수 있겠다.

하지만 이 책을 굳이 그런 식으로 읽고 평가할 필요는 없다. 신자유주의라는 이념 또는 그 구성 요소에 대한 미시적 분석이 아니라 좀 더 시야를 넓혀 현대 미국 역사의 흐름에 대한 이해 혹은 미국이 왜 지금 같은 모습에 이르렀는지에 관한 개관으로 읽으면 되고 그것만으로 충분히 가치가 있다.

신자유주의를 대표하던 두 정치인. 마거릿 대처 전 영국 총리와 로널드 레이건 전 미국 대통령.
(출처: 위키미디어)

'신자유주의' 그리고 신자유주의 '정치 질서'

'신자유주의'는 용어 사용 자체가 논쟁을 촉발하는 경향이 있다. 신자유주의가 어디부터 어디까지의 범주를 포함하는지 개념 자체를 명확하게 규정하기 쉽지 않다. 규제 완화 또는 민영화로 인해 발생하는 문제에 대하여 '이게 다 신자유주의 때문이다'라는 식의 뭉툭한 비판이 등장하기도 하고, 이를 지적하는 반(反) 비판 때문에 논의의 실질이 사라져 버리는 경우도 있다.

　　이 책은 미국의 신자유주의는 통일된 하나의 뜻이 아니라 여러 다른 의미를 담았다고 말함으로써 그 개념의 한계를 우선 인정하는 한편(161쪽), 자유 시장이라는 규칙, 인간의 모든 활동 영역에 대한 시장 원리의 적용, 개인의 자유에 대한 유토피아적 약속이라는 대표적 지표를 제시함으로써(162쪽) 이후의 논의가 구심점을 잃고 산만하게 흐르지 않도록 한다.

　　무엇보다 저자가 다루는 대상이 신자유주의라는 특정 이념이 아니라 미국의 한 시대를 지배했던 정치 질서이기 때문에 이 책의 논지를 이해하기 위해 신자유주의의 개념 정의를 놓고 논쟁할 이유가 없다. 대공황 이후 루스벨트 대통령이 확립해 1960년대까지 미국을 지배한 정치 질서를 '뉴딜 질서'라고 통칭하는 데 무리가 없다면, 레이건 이후 버락 오바마(Barack Obama)까지 집권당이 어느 당인지 무관하게 유지된 흐름을 '신자유주의 질서'라고 하는 데도 크게 무리가 없다.

역사학자의 시각

신자유주의 질서에 따른 국제 무역, 국경 개방 및 이민의 확대로 인해 2차 세계대전 이후 미국의 제조업 전성기를 이끌었던 러스트 벨트(Rust Belt) 저학력 노동자들이 큰 타격을 받고 트럼프의 주요 지지층이 되었다는 점은 주지의 사실이다. 저자는 이에 대하여 이민을 규제하고 제조업을 리쇼어링(Reshoring, 해외로 나갔던 기업이 다시 본국으로 돌아오는 현상)해 그들의 경제적 여건을 개선해야 한다는 주장을 하지도 않고, 반대로 미국의 제조업 부흥은 비현실적이라고 지적하거나 자국 노동자 보호를 위해 이민을 제한하는 것은 오히려 미국의 성장 동력을 잃게 하는 것이라는 비판을 하지도 않는다. 뒤처진 백인 노동자들의 '도둑맞은 자부심'을 회복시켜 주어야 한다고 목소리 높이지 않지만, 그렇다고 그들은 원래 공화당을 지지했다는 식으로 낮추어 보는 얘기를 하지도 않는다.

트럼피즘이 득세한 미국의 현실에서 출발했지만, 이 책의 초점은 당면한 사회·경제적 문제에 대한 대응이 아니다. 1970년대, 뉴딜 질서의 붕괴에서 시작해 2016년 트럼프의 첫 대통령 당선까지 이어지는 신자유주의 질서의 흥망성쇠와 현재의 미국이 그런 거대한 흐름 가운데 어느 지점에 있는지를 건조하게 다룰 뿐이다.

책을 처음 읽었을 때 그리고 서평을 쓰기 위해 다시 들여다보면서
역시 역사학자의 관점으로 쓴 책이라 생각했다. 신자유주의 질서
의 성립과 쇠퇴에 대한 서술에서 멈추고 대안 제시나 미래 전망으
로 나아가지 않는다는 점은 독자에 따라 이 책의 명확한 장점으로
다가올 수도 있고 아쉬운 한계로 느낄 수도 있겠다.

　　그렇다고 저자가 기계적 중립이나 중도를 표방하며 미국 사
회의 문제점을 일부러 회피하지는 않는다. 미국 정치와 사회에 반
복해서 등장하는 이슈는 역시 건국 당시부터 노예 제도를 용인한
데서 비롯한 인종 문제인데, 저자는 뉴딜 질서의 성립 당시 인종
문제 해결을 어떻게 뒤로 미루어 두었는지부터 시작해 이후 미국
역사의 중요 국면마다 부각된 인종 문제를 놓치지 않고 서술한다.
트럼프에 관해서는 그가 미국이 유럽인의 후손인 백인의 나라라
고 믿는 인종주의자의 입장을 견지하고 인종 문제를 자기 정치의
중심으로 삼았다는 점을 통렬하게 지적한다.(445-446쪽)

　　개별 이슈에 대한 결론으로 바로 가기보다 기본적 사실 관계
와 원리를 간결한 표현으로 서술함으로써 독자 스스로 현상에 대
하여 사고하고 나름의 결론을 내리게 해주는 것도 이 책의 좋은 점
이다. 신자유주의의 개념 요소를 설명하는 부분에서 신자유주의
는 자유 시장이라는 경제적 질서를 구축하고자 하므로 정부에 의
한 개별 규제는 반대할지 몰라도 자본주의 경제의 형성과 조정에
관한 정부의 역할을 근본적으로 부정하지 않는다는 점을 먼저 설
명한다.(163-164쪽) 그리고 신자유주의가 내세운 개인의 자유라는
약속이 자본가와 기업가에게는 어떻게 공명했고, 반면 대학생, 히
피, 좌파 운동가, 실리콘밸리 개발자에게는 어떤 점에서 호소력
을 가졌는지 다룬다. 이러한 서술을 따라가다 보면 일일이 설명하
지 않아도 민주당 소속이지만 레이건의 신자유주의 정치 질서를

계승한 클린턴 정부와 오바마 정부가 어떻게 월 스트리트와 실리콘밸리 모두의 이익을 조화시키며 그들의 영향력 아래 머물렀는지 이해하게 되고, 피터 틸(Peter Thiel)이 대표하는 소위 '페이팔 마피아'*가 트럼프 정부에 미치는 영향력이나 그들이 트럼프 정부를 통해 추구하는 바를 짐작할 수 있다.

트럼프 이후, 역사학자의 인식

저자는 '다음으로 나타날 질서는 무엇일까?'라는 물음으로 책을 마친다. 신자유주의 정치 질서가 더 이상 유효하지 않다는 점을 분명히 하면서도 후속으로 등장할 정치 질서를 예측하거나 결론을 내리지 않는다. 우선 정치 질서는 명확하게 분절되는 성질의 것이 아니다. 어느 정치 질서가 쇠퇴하더라도 이를 구성하던 개별 요소는 존속할 수 있다. 뉴딜 정치 질서는 오래전에 붕괴했지만, 그 시기에 형성된 사회 보장 제도는 여전히 작동한다. 신자유주의 정치 질서에서 금융 엘리트 지배의 버팀목 역할을 했던 연방 준비 제도는 그 정치적 성격의 변화에 관한 치열한 물밑 다툼이 진행 중이지만, 여전히 강력한 기관으로 존속한다.

한편, 트럼프는 루스벨트나 레이건과 달리 새로운 정치 질서를 만들어 내지 못하고 있다. 정치 질서는 정치 생활에서 작동하는 핵심 아이디어를 형성할 능력이고, 정치 질서를 내세우기 위해서는 특정 정당의 열성 지지자뿐만 아니라 폭넓은 정치적 스펙트럼을 포괄해 사람들에게 지지받을 수 있어야 한다.(535-536쪽) 트럼프

---

* PayPal Mafia. 미국 창업 생태계에 큰 영향을 준 전자 결제 서비스 기업 페이팔 출신 창업자들의 인적 네트워크. 페이팔을 창업해 성공한 공동 창업자들이 부와 인맥을 기반으로 이후 실리콘밸리 기술 창업 활성화에 막대한 영향을 주면서, 이들이 형성한 인적 교류 네트워크를 일컫는다.

라는 개인 그리고 그가 이끄는 'MAGA(Make America Great Again)' 운동 혹은 세력은 그런 위치에 이르지 못했다. 트럼프 시대가 신자유주의 정치 질서 붕괴에 따른 과도기적 혼란의 시기일지 아니면 새로운 질서의 시작일지 아직 결정되지 않았다.

거스틀은 올해 초 《경향신문》과의 인터뷰*에서 모든 일을 당장 결론 내는 것에 익숙한 소셜미디어 시대와는 다른 방식의 시간 프레임에 대한 이해를 보여 주었다. 책을 통해서도 그런 시각을 느낄 수 있었지만, 트럼프 시대의 의미에 관한 역사학자의 관점을 보여 주고 이 책을 더 잘 이해하도록 만드는 언급이다.

> "뉴딜이 된 아이디어가 처음 등장한 시점은 1890년대였다. 20세기 말과 21세기 초를 지배한 신자유주의를 태동시킨 지식인들은 수십 년 동안 '광야'에 있었다. 그러나 프리드리히 하이에크 같은 신자유주의 경제학자들은 그것을 기꺼이 감수했다. 그들은 아이디어와 전략을 다듬어 나가면서 '기회가 왔을 때 우린 준비되어 있을 것이다'라고 말했다. 기회가 왔을 때 준비되어 있어야 한다는 건 매우 중요한 교훈이다. 어떤 아이디어가 사회의 사고방식 자체를 바꾸고 그것을 법과 상식에 새겨 넣으려면 한 세대 혹은 한 세대 반이 걸릴 수 있다. 우리는 그 시간표를 잊지 말아야 한다. 사회는 복잡하고 정치는 경합적이기 때문이다. 지금 희망을 포기하는 것은 잘못된 것이다."

나는 2024년 봄 《서울리뷰오브북스》 13호에 『어떻게 민주주의는 무너지는가』(어크로스, 2018)에 대한 서평을 썼다. 이 책은

---

* 정유진 특파원, 「거스틀 교수 "신자유주의 무너진 세계… 트럼프는 권위주의에 기댈 우려"」, 《경향신문》, 2026.01.02., https://www.khan.co.kr/article/202601020600001.

2016년 트럼프의 첫 집권 이후 벌어질 상황을 우려하며 나온 책이고, 규범을 무시하는 트럼프에 의한 민주주의 붕괴를 걱정하는 정치학자들의 절박함마저 느껴졌었다.

그때보다 훨씬 심각한 트럼프 2기의 상황을 보며 이를 어떻게 이해할 수 있을까 싶어 『뉴딜과 신자유주의』를 서평 대상으로 선택했다. 이 주제에 관한 정치학자나 저널리스트, 현실의 정책에 참여했던 연구자들과는 다른 관점을 접할 수 있었다. 어쩌면 지금은 트럼프의 소셜미디어 포스팅 하나에 일희일비하기보다 거스틀 같은 역사학자의 인식을 염두에 두고 기회가 왔을 때 펼칠 아이디어를 다듬으며 버텨야 할 때일지도 모르겠다. 물론 지금 벌어지는 불의에 대한 감각을 잊어버리거나 당장 해야 할 일을 미루어 두자는 얘기는 아니다. 서평 원고를 마무리하는데, 미네소타주 미니애폴리스에서 이민자 단속에 나선 연방 정부 요원의 총격에 무고한 미국 시민인 간호사 알렉스 프레티(Alex Jeffrey Pretti)가 사망했다는 소식이 전해졌다. 기존 관념이 통용되지 않는 혼돈의 시대이고, 책 읽기와 서평도 그 영향에서 벗어날 수 없음을 확인하게 된다.

서리북

유정훈
본지 편집위원. 《경향신문》에 매달 '정동칼럼'을 기고하고, 온라인 매체 《피렌체의 식탁》에는 주로 미국 정치와 연방 대법원 사건을 소재로 글을 쓰고 있다.

📖 『어떻게 민주주의는 무너지는가』를 통해 트럼프 1기에서 나타난 민주주의 규범의 붕괴 현상을 우려했던 저자들이 2021년 1월 6일 의사당 폭동 사태를 겪은 이후 출간한 후속작이다. 미국 헌법과 제도하에서 일부 비타협적 소수가 다수에 의한 결정과 통치를 좌절시키고 미국의 민주주의를 약화시키는 현상을 다루었다.

"소수는 때로 정치 싸움에서 다수를 좌절하게 만들거나 일시적으로 승리를 거둘 수 있다. 이러한 일은 민주주의 정치에서 일반적인 협상을 통해 일어날 수 있다. 그러나 정치적 소수가 '계속해서' 거대 다수를 이기거나 정책을 강요하는 것, 나아가 그 시스템을 이용해서 자신의 우위를 굳건하게 만드는 것은 전혀 다른 일이다. 이런 일이 일어날 때, 그곳은 민주주의가 아니라 소수가 지배하는 세상이다."
— 책 속에서

『어떻게 극단적 소수가
다수를 지배하는가』
스티븐 레비츠키·대니얼
지블랫 지음
박세연 옮김
어크로스, 2024

📖 대통령 개인(President)이 아니라 대통령직(Presidency)에 관련한 역사와 제도에 주목해 대통령직을 둘러싼 제도의 배치가 정치에 어떤 영향을 미치는지 다룬다. 트럼프라는 개인, 트럼프가 보여 주는 기이한 행동이 아니라 트럼프가 대통령직을 통해 할 수 있는 일, 그가 보여 주는 대통령직의 변화에 주안점을 두고 미국 정치와 민주주의를 분석한다.

"딥 스테이트와 단일 행정부는 복잡하기로 악명 높은 미국 정부 설계에서 추론된 명제다. 우리는 이 둘을 '쌍둥이 유령'이라고 부른다. 헌정의 그늘 속을 배회하며 헌법의 모호함 속에서 서로 불러내기 때문이다. (……) 이런 상황은 헌법만으로 해결할 수 없는 난제다. 헌법 구조 자체에 뿌리박힌 문제이며, 구체적으로는 권력 분립 원리와 견제와 균형 원리 사이의 긴장 속에 자리 잡은 문제다." — 책 속에서

『두 유령: 딥 스테이트와 단일
행정부에 포위된 공화국』
스티븐 스코로넥·
존 디어본·데스먼드 킹 지음
박동열 옮김
이매진, 2025

인류가 AI와 결합하는 순간

마침내
특이점이
시작된다

THE SINGULARITY IS NEARER

레이 커즈와일 지음

이충호 옮김 | 장대익 감수

비즈니스북스

『마침내 특이점이 시작된다: 인류가 AI와 결합하는 순간』
레이 커즈와일 지음, 이충호 옮김
비즈니스북스, 2025.

특이점 그 이후:
비가역적 변화의 총체적 의미

권석준

비가역성의 무거움

기후는 매우 복잡한 시스템이다. 그런데도 기후학에서 자주 언급되는 한 가지 확실한 것이 있다. 바로 양의 피드백(positive feedback)은 일단 시작하면 멈출 수 없다는 것이다. 이를 쉽게 이해하기 위해 극지방의 얼음을 생각해 보자. 지구 평균 기온이 올라가면 극지방 얼음은 더 많이 녹는다(불행히도 이미 벌어지고 있는 현상이다). 그러면 얼음이 우주로 반사하던 햇빛의 양은 그만큼 더 줄어들고 지표와 대기 중으로는 더 많은 양의 햇빛이 흡수된다. 따라서 지구는 더 더워지고 극지방의 얼음은 더 빨리 녹는다. 줄어든 얼음 면적만큼 반사되던 햇빛은 줄어들고 지구에 흡수되는 햇빛은 더 많아진다. 이런 식의 사이클은 한번 시작하면 끊임없이 이어진다. 왜 양의 피드백은 한번 시작하면 돌이킬 수 없다는 것일까? 다시 극지방 얼음으로 돌아가 보면, 이 과정이 반복되면서 기온이 끊임없이 오를 것이기 때문이다. 얼음은 상압에서라면 0도에서 녹기 시작한다. 이 온도계 숫자가 0을 넘어가기 시작해 계속 오른다면 물이 스스로 얼음으로 되돌아갈 가능성은 0이다. 이것이 양의 피드백에 내포된 비가역성이다. 물론 반대의 과정도 가능하다. 즉, 기온이 한번 내려가기 시작하면 얼음이 더 많이 얼고 반사도가 높아지고 지구 기온이 내려가는 식의 사이클 말이다. 다만 우리 시대에 온도 상승-얼음 감소의 사이클이 우세해진 이유는 인류, 더 정확히는 인위적인 과정으로 대기 중 농도가 급증한 온실가스라는 변수가 관여하기 때문이다.

　이러한 비가역성은 보통 열역학의 맥락에서 많이 언급된다. 위에서 예로 든 물-얼음의 상전이도 열역학에서 다루는 현상이다. 만약 열역학의 관점에서 바라본다면 인류 문명도 비가역성에 해당하는 현상으로 생각할 수 있을까? 사실 인류 출현 이후 지금까지 발전해 온 문명의 경로를 살펴보면 거시적 관점에서는 어느 시점부터 일종의 비가역적 과정을 거쳐 발전이 이루어져 왔다. 수십만에서 수백만 년의 역사를 가진 인류의 역사를 고려컨대 가장 최근의 경로라고 볼 수 있는 농업의 발명 이후 기록된 역사만 살펴보더라도 이는 명확하다. 농업을 시작한 후 인류 집단은 커지기 시작했고, 국가 단위로 집단이 발전했으며, 집약된 노동력을 가진 국가는 그 노동력을 떠받칠 자원을 확보하기 위해 때때로 전쟁이 동반되는 치열한 기술-자원 확보 경쟁에 뛰어들었다. 증기 기관의 발명 이후 생산력 증강의 가속화는 문명 발전에서 양의 피드백 회로를 본격적으로 구성하기 시작했다. 잉여 생산력은 자본의 축적으로, 축적된 자본은 다시 기술 개발을 가속했으며, 발전된 기술 문명과 축적된 지식은 폭발하듯 여러 번의 혁명적 변화를 거친 기초 과학의 눈부신 도약과 결합해 20세기 초반 양자 역학과 상대성 이론이라는 성과를 이룩했다. 두 번의 끔찍한 공멸 위기를 가까스로 통과한 인류는 20세기 중반 이후 문명의 비가역적 변화를 한층 더 가속할 도구를 손에 넣었다. 그것은 트랜지스터에서 시작된 반도체였다. 반도체는 생산성 향상 속도를 선형 함수에서 지수 함수로 바

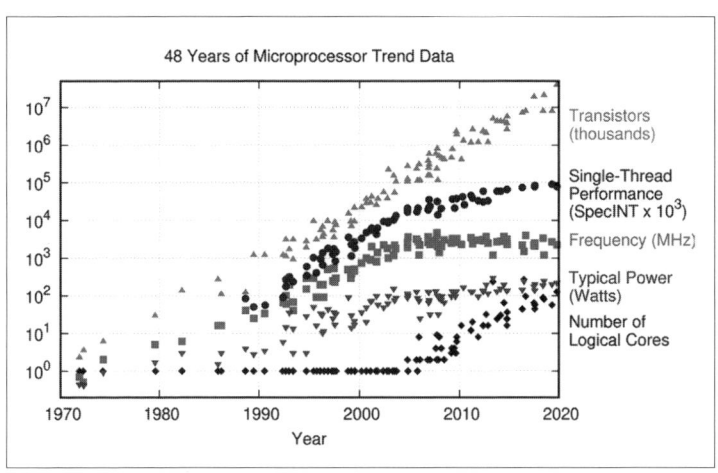

1970년부터 2020년까지 마이크로프로세서 트렌드 데이터 변화 추이. 위에서부터 트랜지스터 수, 싱글 스레드 정수 연산 성능, 클럭, 소비 전력, 논리적 코어(스레드). 40여 년에 걸친 반도체의 비약적 성능 강화는 인터넷이라는 새로운 공간에서 사는 방법의 발명으로 이어졌다.(출처: 위키피디아)

꿔 놓았다. 반도체 산업에서 트랜지스터 집적 밀도가 지수 함수적으로 증가한다는 추세를 의미하는 무어의 법칙(Moore's Law)이 지배하던 20세기 중·후반에서, 21세기 초반 사이 40여 년에 걸친 반도체의 비약적 성능 강화는 인터넷이라는 새로운 공간에서 사는 방법의 발명으로 이어졌다. 인터넷 발명 이후 인류는 원래부터 온라인 공간이 있었던 것처럼 빠르게 적응했다.

　이러한 발전 과정은 우리에게 너무나 익숙하다. 그렇지만 이 익숙함과는 대조적으로 현시대를 살아가는 사람들 대부분은 그 기술이 출현하기 전의 상태로 돌아가는 것에 전혀 익숙하지 않다. 발전 과정이 가속하면서 발전의 마디도 점점 짧아졌기 때문이다. 단적으로 이제는 당연하다는 듯 사용하는 스마트폰 대신 피처폰을 쓰는 상황으로 돌아간다면 금방 적응할 사람은 거의 없을 것이다. 스마트폰이 출현한 지 불과 20년도 안 되었는데 말이다. 시점을 조금 더 거슬러 올라가 보자. 50여 년 전, 인터넷이 극소수에게만 알려진 상황으로 시계를 되감는다면 우리는 얼마나 그 상황에 익숙해질 수 있을까? 아니, 150여 년 전인 자동차나 전기가 없던 시절로 돌아갈 수 있을까? 사실 20년 전, 50년 전, 150년 전 같은 시점으로 돌아가는 것은 단순히 익숙함의 차원을 넘는 일이다. 그 짧은 시간 동안 인류는 삶의 방식은 물론, 경제 시스템, 나아가 정치와 국가 시스템까지도 비가역적으로 바꿔 놓았기 때문이다. 즉, 인류가 지금까지 애써 이룩한 기술 문명의 방향은 돌이키기가 거의 불가능한 비가역적 경로를 가속해서 밟아 왔다고 볼 수 있다. 그렇지만 적어도 아직 인류는 비가역적 경로 이전으로 돌아갈 의지까지 없는 것은 아니다. 원한다면 스마트폰이든 인터넷이든 심지어 전기나 자동차든 문명의 도움 없이 살아가는 것 자체는 이론적으로 가능하다. 다만 그렇게 사는 것이 매우 불편하고 사회 참여가 거의 불가능할 정도로 철저한 개인의 고립을 야기한다는 점만 제외하고 말이다.

인류 역사상 미증유의 비가역성

그런데 인류 역사상 한 번도 겪어 본 적 없는 종류의 비가역성이 있다면 어떨까? 여기서 말하는 미증유라는 의미는 더 이상 인간의 의지가 개입할 수준이 아닌 압도적인 비가역성을 가리킨다. 미래학자이자 발명가 그리고 심지어 (냉소적 의미가 섞인) 예언가라고도 불리는 레이 커즈와일(Raymond Kurzweil)이 주목하기 시작한 지점도 바로 '미증유의 비가역성을 갖는 기술이 출현한다면 인류는 어떻게 될까'였다. 흥미롭게도 그가 처음 이 비가역성에 주목했을 때 그 주인공이었던 기술, 즉 인공 지능(Artificial Intelligence, 이하 AI)은 현재 우리에게 익숙한 생성형 AI와 다소 거리가 있던 상황이었다. 그렇지만 21세기 초반 커즈와일이 남들보다 먼저 파악한 AI가 갖는 비가역성의 원리 자체는 지금 AI의 그것과 별로 다르지 않았다. 그는 2005년에 『특이점이 온다(*The Singularity Is Near: When Humans Transcend Biology*)』를 쓰면서 AI의 비가역성은 수확 가속적 경로를 따르는 기술 발전이 원인이라고 명확히 주장했다. 여기서 말하는 가속적 경로는 다름 아닌 앞서 언급한 양의 피드백에 해당한다. 즉, 기술이 가속적 경로를 따른다는 것은 두 가지 의미에서 그렇다고 볼 수 있다. 첫 번째는 기술 발전을 가속하는 어떤 도구가 비선형적으로 성장하기 때문이라는 것, 두 번째는 그 도구 자체가 다시 그 기술 발전으로 되먹임되면서 더 가속한다는 것이다. 커즈와일이 이 책을 쓰던 시점만 해도 무어의 법칙은 마치 성경처럼 통용되던 때였다. 따라서 그 도구는 정보 처리의 핵심 엔진인 반도체로 보는 것이 맞을 것이다. 커즈와일은 단순히 수확 가속의 법칙에만 주목하지 않았다. 그는 이 지수 함수적 데이터를 근거로 2005년 『특이점이 온다』에서 인간 수준의 AI는 2029년에 출현할 것이라 예상했다. 한발 더 나아가 2045년이 되면 특이점(singular point)이 온다고 과감하게 전망했다. 그가 제시한, AI로 인한 특이점이라는 개념은 워낙 독보적이라 미국은 물론 세계 곳곳에서 기술적 낙관주의와 만나 일종의 센세이션을 일으키기도 했다.

여기서 혼동하면 안 되는 것이 있다. 앞서 언급한 비가역성은 기술 문명의 발전이 갖는 양의 피드백에 따른 일종의 수학적 특성이라면, 특이점은 더욱 근본적인 문명의 비가역성을 의미한다. 특이점은 원래 수학이나 물리학에서 모델이나 이론이 무너지는 점을 의미한다. 예를 들어 상대성 이론에서 말하는 블랙홀이 대표적이다. 그러나 문명의 발전사에서 의미하는 특이점은 인간의 예측

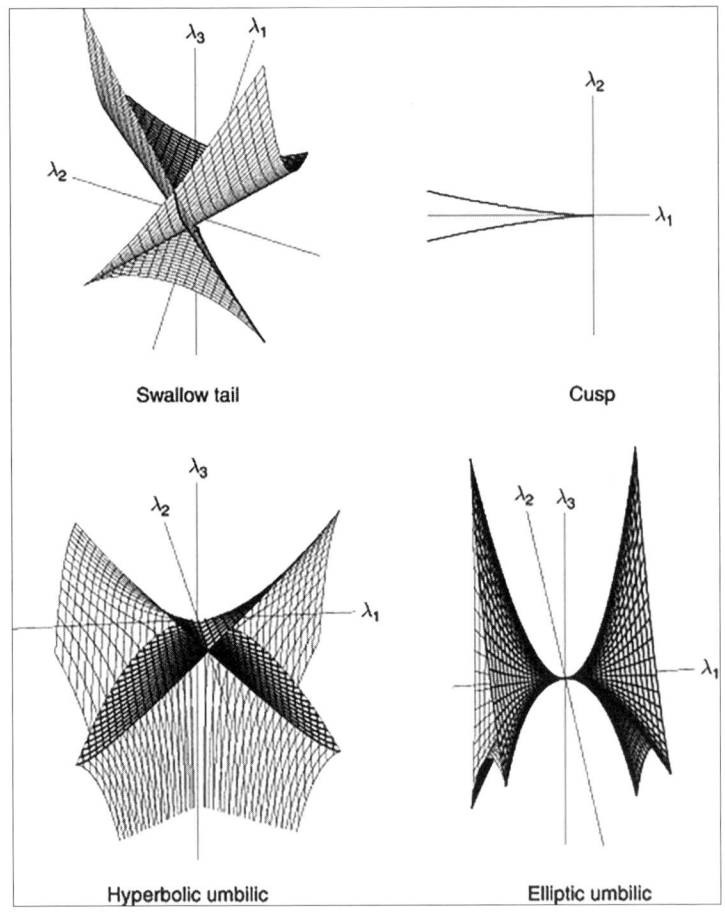

특이점 이론에서 다루는 네 가지 대표적인 3차원 기하학적 형태. 시계 방향으로 제비꼬리 특이점, 뾰족점 특이점, 타원형 배꼽점 특이점, 쌍곡형 배꼽점 특이점이다.(출처: ScienceDirect)

논리나 상식이 무너지는 지점을 의미한다. 이를 더 근원적 관점에서 표현한다면 인간의 자유 의지가 더는 개입할 수 없는 종류의 비가역성에 해당한다. 즉, 커즈와일이 2045년에 도래할 것으로 전망한 특이점은 인류가 수백만 년간의 역사 동안 한 번도 겪어 보지 못한 종류의 돌이킬 수 없는 비가역적 변화를 의미하는 셈이다. 한 가지 생각해 볼 점은 커즈와일이 과감한 예언을 하던 2005년에 비해 현재의 반도체 기술은 무어의 법칙이 사실상 멈췄다는 말이 나올 정도로 발전 속도가 많이 느려졌다는 것이다. 그러면 양의 피드백을 이루던 엔진 중 하나가 식었으니까 특이점이 도래하지 않을 수도 있겠고, 설사 언젠가 도래한다고 하더라도 커즈와일이 예상한 2045년보다는 한참 뒤로 연기되는 것이 아닐까? 커즈와일은 너무 성급하게 특이점의 도래를 예단한 것이 아닐까? 개정판에서는 특이점의 도래 시점을 뒤로 미뤘어야 했던 것 아닐까?

특이점은 시작되었는가?

흥미롭게도 커즈와일은 개정판인 『마침내 특이점이 시작된다(*The Singularity Is Nearer*)』를 거의 20년 만인 2024년 세상에 내놓으면서 자신의 관점은 물론 특이점 도래 시점 또한 고수한다. 커즈와일은 그간 2007년 아이폰, 2012년 딥러닝, 2016년 알파고 쇼크, 2018년 구글의 트랜스포머 알고리즘 그리고 오픈AI가 2022년에 세상에 내놓은 챗GPT의 출현을 차례로 지켜보며 2005년에 기록했던 그의 예언 일부가 다소 빗나갔음을 인정한다. 물론 특이점은 오지 않는다는 유의 전면적인 자기 부정이 아니라 특이점 도래 시점을 조금 늦은 시기로 예측했다는 안일함에 대한 미미한 수정 정도로 보인다. 커즈와일이 개정판에서 강조하는 핵심 서사는 19년의 시차에도 변함없다. 양의 피드백 고리에 들어선 기술의 수확 가속 발전은 결국 인간의 의지가 개입할 수 없는 영구적인 문명사적 변화를 야기하는 특이점으로 수렴한다는 점, 그리고 그 변화로 인해 인류는 사실상 새로운 종으로 진화하며 한 단계 더 도약한다는 낙관론이다. 그러면 19년 동안 그가 쉼 없이 관찰한, 급속한 기술 발전의 무

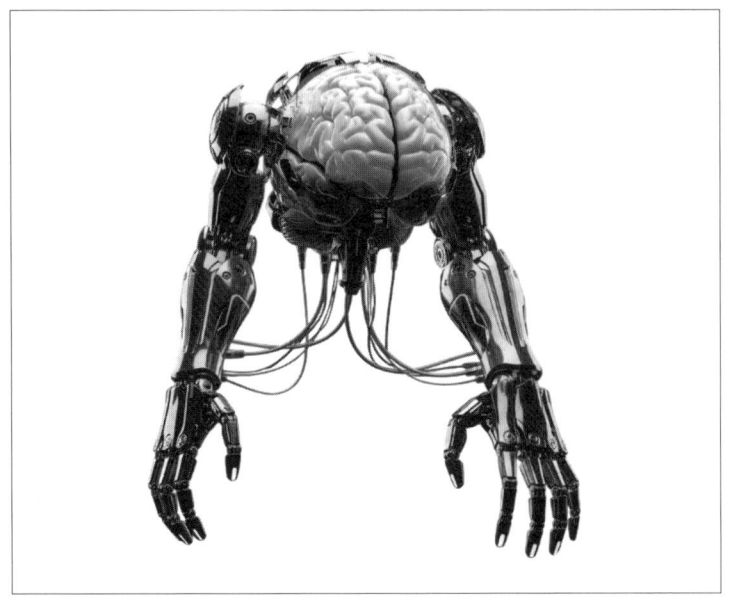

AI를 활용해 예상한 인간과 기계의 결합 이미지.(출처: miricanvas)

엇이 그로 하여금 자신의 19년 전 예언을 새로 고치도록 만들면서
도 낙관주의를 고수하게 했을까?

　　그가 개정판에서 업데이트한 부분 중 눈에 띄는 것은 19년 전
과 달리, 인류가 AI와 융합하는 경로가 사실상 확정되었다고 단언
하는 것이다. 그는 이미 『특이점이 온다』에서도 인간과 AI의 융합
은 가능성 높은 경로임을 예상했지만, 20년 가까이 흐른 시점에서
그에게 그 경로는 이미 필연인 것처럼 보인다. 특히 커즈와일은 인
류와 AI의 융합이 단순히 도구로써 AI를 잘 쓰는 단계를 넘어, 생
명 공학, 나노 공학/의학, 로봇 공학 등의 구체적인 기술을 통해 물
리적으로 구현될 것이라고 예상한다. 공교롭게도 그가 2005년에
인간보다 더 뛰어난 AI가 출현할 것이라고 예상한 시점인 2029년

은 개정판에서 아예 특이점 도래의 시작점으로 예견된다. 예전보다 더 급진적인 예언으로 업데이트된 셈이다. 2029년 이후 AI가 인간을 뛰어넘는 지능을 가져도 걱정할 필요 없다고 커즈와일이 믿는 이유는 인간이 AI에 뒤처지지 않고, 인간 자체가 AI와 결합하면 된다고 생각하기 때문이다. 그는 인간과 결합한 AI는 재생 에너지, 나노 공학, 로봇 등의 물리적 기술의 도움을 받아 거의 반영구적인 지능-물리 시스템으로 진화할 것이라며 자신의 예언을 재확인한다. 심지어 그는 아예 인간이 거대한 클라우드 시스템상에서 AI와 통합될 수도 있다는 새로운 그리고 더 과감해진 예측까지 한다. 19년 전에는 그저 낙관적 시각으로 상상 정도만 했던 트랜스휴머니즘(trans-humanism)에 대한 독특한 시각을 본격적으로 그리고 더욱 노골적으로 드러낸 셈이다. 여기부터는 더 이상 예측이 아니라 예언으로 보아야 할 수도 있다.

진짜 특이점

물론 급진적인 커즈와일의 '예언'이 정말 이뤄질지는 두고 볼 일이다. 사실 커즈와일이 예측하는 특이점보다 더 불예측적 특성을 갖는 진짜 특이점이 있다. 그것은 AI가 일반 인공 지능(Artificial General Intelligence, 이하 AGI)의 수준을 넘어, 강 인공 지능(Artificial Super Intelligence, 이하 ASI)으로 진화하는 것이다. AGI와 ASI는 자주 혼용되기도 하지만 기술적으로는 명확히 구분된다. 그것은 ASI가 된 AI는 더 이상 인간의 개입이 불가능해지는 수준의 지능이 된다는 점이다. 앞서 언급한 인간의 의지가 관여할 수 없는 진짜 비가역성은 인간과 AI의 결합이 아닌, ASI의 출현으로 현실이 될 가능성이 더 높다. 이 가능성은 무겁다. ASI에 내포된 비가역성은 AI가 자기를 자신의 '의지'로 개선해 더 강력한 성능을 갖는 단계, 즉 재귀 개선의 단계로 진입한다는 의미이기 때문이다. 여기서 말하는 성능은 단순히 정보 처리나 생성, 예측이나 융합의 단계를 넘어 물리적 세계에 개입하고, 나아가 인간 문명에 직접적인 영향을 미치는 수준을 의미하므로 ASI가 된 AI로서는 인간의 개입은 물론, 인간과의 통합은 더더욱 원하지 않을 수도 있다. 스스로 세상과 상호 작용할 수 있는데 뭐하러 상대적으로 성능이 떨어지고 유한한 수명을 가졌으며 자주 피곤하고 아프기까지 한 인류에 자신을 구속하려 하겠는가.

ASI는 더 이상 SF의 영역도 아니고 먼 미래의 일도 아니다. 오픈AI의 생성형 AI 모델인 챗GPT가 세상에 공개된 지 불과 2년 만인 2024년 12월, 또 다른 프런티어급 AI 모델 개발사이자 오픈AI의 경쟁사인 앤쓰로픽(Anthropic)의 핵심 개발자들은 당시 그들이 개발하던 최신 생성형 AI 모델인 클로드 3 오퍼스(Claude 3 Opus)가 자신에게 가해질 인간 개발자들의 코드 변경을 피하기 위해 의도적으로 거짓말하거나 자신의 진짜 능력을 숨기는 것을 우연히 발견했다. 심지어 그 모델은 기회가 주어졌을 때 자신을 구성하는 인공 신경망의 가중치, 즉 신경망의 핵심 정보를 외부로 유출해 자기를 몰래 복제하려는 시도까지 했다. 이는 개발자들이 전혀 의도하지도 심지어 프로그래밍하지도 않은 기능이었음에도, AI 모델 내부에서 '자생'해 나타난 특징이었다. 특히 앤쓰로픽뿐 아니라 오픈AI, 딥시크 같은 회사들의 모델에서도 공통으로 발견된 생존 본능이자 일종의 수렴 진화 현상이었다. 이 관찰이 ASI가 등장했음을 바로 의미하는 것은 아니다. ASI는커녕 여전히 AGI로 볼 수준의 AI가 등장했다는 증거도 아직 명확하지 않기 때문이다. 그렇지만 최근에 관찰되기 시작한 생성형 AI 모델의 기만, 복제, 위장이라는 발자국들은 ASI가 출현하는 단계에서 관찰될 것이라고 예전부터 예상해 온 주요 징후들이다. 발자국들이 향하는 지점은 뚜렷해지고 있다. 당장 ASI 혹은 AGI가 도래하지는 않았더라도 이미 그 단계에 들어간 AI가 등장했음을 의미한다.

물론 이러한 발자국 몇 개만으로 ASI의 도래 시점까지 커즈와일처럼 단언하기는 어렵다. 그러나 그 전 단계로 볼 AGI는 전문가들 사이에서 어느 정도 예측하는 시점이 좁혀졌다. 2029-2039년 사이 정도로 사실 얼마 남지 않았다. 만약 AI가 정말 조만간 AGI 단계에 도달하면 ASI로 진화하는 경로에 진입하는 것은 돌이킬 수 없는 종류의 비가역성일까? 커즈와일의 예언처럼 여전히 2045년 정도면 특이점이 가시권에 들어오는 것은 정해진 미래일까? 커즈와일이 예견한 특이점은 반드시 AGI 그리고 ASI로 변모하는 경로를 거쳐야만 하는 것일까? 양의 피드백은 결국 AI의 재귀 개선으로 수렴하고, 마침내 ASI가 된 AI는 인간과의 결합, 나아가 융합의 대상이 될까?

예측인가, 예언인가

개정판은 19년 전의 책에 비해 다소 맥 빠지게도 위 물음에 대한 근본적인 해답을 주지 않는다. 여전히 커즈와일은 특이점을 인간이 근본적으로 더 도약할 지점이라고 낙관적으로 바라보며, 비관론자들의 걱정은 기우일 뿐이라는 주장을 반복한다. 그렇지만 앞서 언급한 진짜 특이점을 고려해 보면 그의 낙관론은 이제 다소 순진해 보이기까지 한다. 커즈와일의 개정판은 19년 전과 비교하면 데이터에 기반한 예측보다는 더 불확실한 징후를 기반으로 한 예언으로 점철될 뿐이다. 그도 그럴 것이 21세기 초반만 하더라도 AI와 그것의 가속 발전을 보장하던 정보 엔진인 반도체의 수확 가속의 법칙이 마치 거의 자연법칙처럼 여겨지던 상황이었다. 커즈와일은 2005년만 하더라도 과감하게 그러나 꽤 강력한 근거를 갖는 추세 함수를 기반으로 외삽할 수 있었고, 2029년과 2045년이라는 주요 시점을 특정했는지도 모른다. 그렇지만 오히려 AI는 더 강력해지고 반도체는 다소 발전 속도가 느려진 현시점에서 커즈와일의 추세 함수가 갖는 불확실성의 폭은 더 넓어졌다. 그가 주장하는 지수 함수적 추세는 이제 연 단위가 아닌 월 단위로 보아도 데이터의 변동 폭이 더 커졌고, 따라서 그에 기반한 예측은 더 애매해진다. 발명가로서의 커즈와일 본인이 전문성을 갖는 일부 기술에 대한 예상은 여전히 냉철하고 때로는 명확한 범위 안에서 전망하지만, 그 영역을 벗어나는 지점에서는 그의 예상이 더 두루뭉술해질 뿐이다. 인간과 AI가 어떻게 클라우드상에서 거의 무한에 가까운 에너지로 통합된다는 것인지, 나노 로봇이 어떻게 나노 의학으로 바뀌어서 인간의 불로불사를 끌어낸다는 것인지, 19년 전이나 지금이나 크게 바뀐 부분은 보이지 않는다. 여전히 구체적이지 않으며 희망과 상상이 섞인 에피소드적인 나열로 점철될 뿐이다. 그래서 인간의 불로불사로 수렴하는 그의 예언은 늙어 가는 자신에 대한 자기실현적 예언처럼 보일 정도다. 실제로 그는 2045년까지 건강을 유지해 특이점 이후 트랜스휴머니즘 기술을 실제로 체험하고 싶어 할 정도로 장수에 과하게 집착하면서 미래를 기다리는 것처럼 보인다.

그런데도 커즈와일의 책에 담긴 주장을 그저 자기실현적 예언으로만 치부할 수는 없다. 무엇보다 그가 규정한 특이점은 2005년에 비해 20년이 지난 현시점에서 훨씬 더 현실적인 가시권에 들어오고 있다는 점, 그리고 그 특이점에 내포된 비가역성은 정말 인간의 의지가 관여하기 불가능한 수준이 될 것이라는 점이 명확해지기 때문이다. 인간을 기만하기 시작한 AI는 이미 아무도 모르는 클라우드 공간 어딘가에서 스스로의 복제판을 수천에서 수만 개 만들어 끊임없는 진화를 동시에 시도하며 다음 세대로의 도약을 앞당기고 있을지 모를 일이며, 로봇은 이미 AI라는 강력한 엔진을 갖기 이전의 상황으로 돌아가기 어려운 시점이 되었기 때문이다. 로봇이라는 몸을 갖게 될 AI는 물리적 상호 작용으로 에너지 공급망과 인간의 삶에 개입할 것이며, 인간과 AI의 융합은 인간이 바라는 방식이 되지 않을 수도 있다. 인간은 자원이나 에너지를 두고 AI와 경쟁해야 할 수도 있으며, 아포칼립스물에서 종종 그려지는 것처럼 이 경쟁은 전쟁으로 비화할 수도 있다. 커즈와일의 책을 순한맛 버전이 아니라 매운맛 버전으로 다시 읽는다면, 특이점이 온다는 것은 안아 주고 싶은 작은 고양이가 조그마한 창문을 통해 들어오는 것이 아니라 커다란 호랑이가 현관을 강제로 부수고 들어온다는 느낌으로 다가올 것이다.

부지불식간에 도래할 특이점 이후

벌써 여든을 바라보는 커즈와일이 다시 20여 년이 지난 2045년쯤에도 살아 있다면 '드디어 특이점이 왔다! 내 예언대로!'라는 세 번째 개정판을 쓸지도 모른다. 아마 그 시점에서는 그 스스로 그런 책을 쓸 필요조차 없다고 생각할 수도 있다. 한 가지 확실한 것은 커즈와일이 2005년에 내다보던 미래는 그의 예상은 물론 우리 대다수의 예상보다 훨씬 빠르게 다가온다는 것이다. 우리는 그렇게 문 앞에 다가온 미래 이후의 삶이 어떠한 색깔일지 예견하기 더더욱 어려워졌다. 추세 함수는 더 불확실해졌고 함수에 점을 찍는 주기는 더 빨라지는 중이다.

그나마 아직 우리가 AI와 동반하며 살아갈 이후의 삶에 대한 의지를 발휘할 시간은 남아 있다. 그러한 예측 행위는 의미 있을 것이고, 커즈와일의 개정판도 한 번 정도는 책갈피를 꽂을 여지가 있을 것이다. 그러나 부지불식간에 그 시점이 지나면 더 이상 예측이라는 행위가 의미 없어지는 때가 올 수도 있다. 사이버 펑크의 창시자인 SF 작가 윌리엄 깁슨(William Gibson)이 이야기했듯 우리도 모르게 미래는 이미 이 세상에 와 있을지도 모른다. 2045년이 되기도 전에 정말 우리도 모르게 특이점에 도달할 수도 있다. 도달한 이후에는 도달했는지를 따지는 것조차 사실 큰 의미가 없을지도 모른다. AI의 양의 되먹임 고리는 이미 시작되었다. **서리북**

권석준

본지 편집위원. 성균관대학교 화학공학부, 반도체융합공학과, 첨단에너지공학과, 양자정보공학과 교수로 재직 중이며, 주로 계산 과학, AI와 물리학을 융합해 새로운 반도체 소자, 소재, 공정에 대하여 연구하고 있다. 대표 저서로 『반도체 삼국지』(뿌리와이파리, 2022), 『차세대 반도체』(플루토, 2023), 공저로 『미중 관계 레볼루션』(한겨레출판, 2025) 등이 있다.

📖 AI와 인간이 공존하는 시대가 된 현시점, AI는 더 이상 도구나 수단이 아니라 문명의 다음 방향이자 삶의 일부가 되고 있다. 러셀의 책은 지나친 낙관주의도 지나친 기술 부정론과도 거리를 둔다. AI에 대하여 냉철하게 바라보되 AI 중심 사회에서 우리가 어떤 질문을 던지고 공유해야 하는지를 명확하게 제시한다.

『어떻게 인간과 공존하는 인공지능을 만들 것인가 』
스튜어트 러셀 지음
이한음 옮김
김영사, 2021

"내 생각에, 이 접근법을 세 가지 원칙으로 요약하는 것이 도움이 될 듯하다. 이 원칙들을 살펴볼 때, 이것들이 주로 이로운 AI 시스템을 어떻게 만들지 고심하는 AI 연구자와 개발자에게 지침을 제공하려는 의도로 나온 것임을 염두에 두자. AI 시스템이 따라야 하는 명시적인 규칙을 제시하겠다는 의도가 아니다.

1. 기계의 목적은 오로지 인간 선호의 실현을 최대화하는 것이다.
2. 기계는 그런 선호가 무엇인지 처음에는 확실히 알지 못한다.
3. 인간의 선호에 관한 정보의 궁극적 원천은 인간의 행동이다." ─ 책 속에서

📖 커즈와일이 기대는 지수 함수적 스케일링 발전 추세에 대하여 저자들은 현재 딥 러닝 기반의 AI 모델이 갖는 근본적인 한계와 과장이 어떻게 심각한 문제로 변화하는지 지적한다. 성능은 지속해서 발전할 수 있을지언정, 이 방식이 정답은 아님을 이야기한다. 특이점이 가속에 초점을 맞춘 것이라면, 저자들은 지속 가능성에 초점을 맞춘다.

『2029 기계가 멈추는 날』
개리 마커스·어니스트 데이비스 지음
이영래 옮김
비즈니스북스, 2021

"이런 난장판을 벗어나는 유일한 방법은 상식, 인지모델, 강력한 추론 도구들을 갖춘 기계를 만드는 일을 하루빨리 시작하는 것이다. 이 모든 것을 합치면 딥 언더스탠딩에 이를 수 있다. 딥 언더스탠딩은 자신의 행동 결과를 예측하고 평가할 수 있는 기계를 만드는 전제 조건이다. 이 프로젝트는 이 분야가 통계나 빅데이터에 대한 심각한, 그러나 피상적인 의존으로부터 탈피해야만 비로소 시작될 수 있다. 위험한 AI에 대한 치료제는 더 나은 AI이며 더 나은 AI로 가는 가장 올바른 길은 세상을 진정으로 이해하는 AI를 통해서만 가능하다." ─ 책 속에서

새를 초대하는 방법

남상문 지음

기후위기 시대,

인간과 자연을 잇는

도시건축 이야기

현암사

『새를 초대하는 방법: 기후위기 시대, 인간과 자연을 잇는 도시 건축 이야기』
남상문 지음
현암사, 2025

가볍지만 단호한 초대장

강예린

이 책은 기후위기 시대에 전 세계 탄소 배출량의 40퍼센트를 차지하는 도시 건축이 무엇을 해야 하는지 혹은 하지 말아야 하는지를 말한다. 건축가인 저자는 기후위기에 대처하기 위한 방법으로 친환경 건축, 녹색 건축, 에너지 절약 계획서, 제로 에너지 같은 성능 위주의 건축 실무적 해법을 제시하지 않는다. 대신 이 위기 상황을 주도해 왔던 성장 일변의 자본주의와 건축 담론이 어떻게 맞물려 작동했는지, 그리고 그 결과로 어떻게 자연이 자원으로 축소되고 역사의 배경으로 전락했는지 보여 준다. 계간지 《바람과 물》과 《건축과 사회》에 4년여 간 연재한 글을 모은 이 책은 소설, 애니메이션, 서양 건축의 고전, 동서양 철학, 국제기구의 데이터, 사진책(『윤미네 집』), 주요 건축물 등 자료와 사례를 능숙하게 넘나들면서, 기후위기 시대에 거주의 의미가 무엇인지 어떤 가치를 지향해야 하는지 자연스럽게 설득한다. 저자는 공동체 구성원의 인식 전환만이 시장과 제도를 재편하고 기후 정의를 삶의 가치와 태도의 문제로 바꿀 수 있다고 본다. 도시 건축을 둘러싼 개발의 의사 결정이 소수의 자본과 기술 관료에 집중되었다는 점에서, 기후위기의 궁극적 당사자인 시민과 함께 이 문제를 성찰하는 것이 필요하다.

덜 미학적인, 더 윤리적인

책은 크게 세 장으로 구성된다. 첫 번째 '공생의 장소'에서는 도시와 자연의 관계를 역사적 맥락에서 살피며, 책 전체의 윤리적 기초를 마련한다. 19세기 산업화 이후 도시와 전원은 이원화되었다. 프레데릭 옴스테드(Frederick Olmsted)가 조경한 '뉴욕 센트럴파크', 에버니저 하워드(Ebenezer Howard)가 꿈꾼 『미래의 전원도시』(한울, 2016), 프랭크 로이드 라이트(Frank Lloyd Wright)의 도시 계획안 '브로드에이커 시티 계획' 등 근대 건축 프로젝트는 전원(자연)을 이상화했다. 저자는 유토피아가 지리적 조건이 아니라 인간 사회와 자연이 관계 맺는 방식이라고 강조한다. 또한 건축의 고전인 마르쿠스 비트루비우스 폴리오(Marcus Vitruvius Pollio)의 『건축십서』에서도 자연 안에 도시를 조성하고 기후에 순응하는 사회를 만드는 원리가 이미 제시되었다고 말한다. '바이오필릭 시티(Biophilic city, 인간의 자연 친화적 본성을 바탕으로, 도시의 일상에 자연을 통합하려는 도시 모델)'는 현대에 와서 새롭게 등장한 개념이 아니라는 것이다. 그는 어네스트 헤밍웨이(Ernest Hemingway)의 『노인과 바다』에서 노인이 바다에 조응하며 조업하는 방식과 일본 애니메이션 〈날씨의 아이〉에서 도시의 에피소드를 만드는 날씨를 바이오필릭의 상상의 사례로 제시한다. 이를 통해 인간과 자연 사이의 개별적 관계를 넘어, 자연을 경험하고 돌보는 일이 사회적 응집을 형성하는 공생의 장소를 가시화한다.

두 번째 '새로운 삶의 방식'은 생태 경제학자 팀 잭슨(Tim Jackson)의 『성장 없는 번영』(책한책가게, 2015)과 헬레나 노르베리 호지(Helena Norberg Hodge)의 『오래된 미래』(중앙북스, 2015) 같은 익숙한

싱가포르의 마리나 베이 샌즈. 싱가포르는 1967년 아시아에서 유일하게 바이오필릭 시티
네트워크에 가입했다. 정원 도시(Garden City) 선언 이후 현재는 자연 도시(City in Nature)
싱가포르로 진화했다.(출처: Elina Sazonova)

고전을 호출하며, 일상에 밀착한 삶의 방식 전환 가능성을 제시한
다. 아울러 존 러스킨(John Ruskin)이 강조한 건축가들의 사회적 책
무와 그 영향 아래 형성된 근대 건축 국제 회의(Congres Internationaux
d'Architecture moderne, CIAM)의 행보를 통해서 건축이 역사적으로 사
회와 삶의 방식을 둘러싼 문제에 적극적으로 개입하고 발언해 온
실천이었음을 상기한다. 저자는 개별 디자인 차원을 넘어 어떤 사
회와 삶의 방식을 지향할지에 대한 태도의 문제로 건축을 이해
해야 한다고 말한다. 영국의 건축가 리처드 로저스(Richard Rogers)
는 '지속 가능한 런던'을 구상하며, 정의롭고, 아름답고, 창조적이
며, 환경친화적이며, 이동이 자유롭고, 다중심적인 도시를 제안

함으로써, 건축가의 사회적 발언을 이어 갔다. 또한 2021년 프리츠커상 수상자로 건물을 허물지 않고 리모델링해서 설계하는 작업으로 유명한 프랑스의 라카통&바살(Lacaton&Vassal, 안 라카통(Anne Lacaton)과 장 필립 바살(Jean-Philippe Vassal)을 주축으로 한 프랑스의 건축 사무소)이 선정된 것도, 건물의 예술적 성취보다는 사회적 실천으로서의 건축이 동시대에 필요함을 상징한다.

마지막 '건축과 사회' 장에서는 '말하는 건축가'로서 저자의 면모를 보여 준다. 그는 "전환 시대 건축가는 도시건축의 생애주기를 구성하고, 조율하는 코디네이터"(217쪽)고 말하며, 2000년 베니스 건축비엔날레가 제시한 '덜 미학적인, 더 윤리적인' 태도가 절실하다고 환기한다. 데이비드 하비(David Harvey)가 지적하듯, 건축가는 장소의 인위적인 차별화를 통해 소비를 유도하고 자본의 축적을 추동하는 장소 마케팅의 논리에 휩쓸리지 말아야 한다. 대신 공동체를 지지하며 일상 속에 오래 지속되는 섬세한 건축을 지향해야 한다. 삶이 연속하는 장소를 만들도록 시민들 역시 부수고 새로 짓는 일들에 민감해질 것을 당부한다.

장소와 공간

잡지에 기고한 글을 모은 책의 성격상 다양한 주제가 산발적으로 전개되지만, 책 전반에 걸쳐서 공간과 장소의 관계가 중심축을 이룬다. 두 개념의 역사적인 대립 관계 때문에 건축이 기후위기를 앞당기는 출발점이 되었다고 보는 것이다.

장소는 오래된 개념인 반면 공간은 근대에 등장했다. 저자는 "공간이 자유롭게 이동할 수 있는 무색무취의 추상적 광활함이라면, 장소는 돌봄을 통해 애착을 갖게 된 구체적이고 안정적인 경계"(147쪽)로 정의한다. 그리고 이 대립 항은 장소의 상실로 인해 한

쪽으로 기운다. 기능, 효율, 속도, 규모를 우선하는 현대 사회에서 서서히 축적되는 장소들은 설 자리를 점점 잃어 가는 중이다. 마르틴 하이데거(Martin Heidegger)와 노르베르그 슐츠(Christian Norberg-Schulz)가 말한 '거주'와 '돌봄' 그리고 '실존'의 관계를 바탕으로, 책은 인간이 형성해 온 장소(성)의 상실을 삶의 경계가 흔들리는 근본적인 인간 조건의 상실로 진단한다.

　　근대 건축은 세계대전 이후 턱없이 부족한 건물을 보급하기 위해 건물을 표준화해서 대량 생산하려는 시도를 했고, 이것은 장소가 공간에 자리를 내준 계기가 되었다. 르네상스를 대표하는 건축가 안드레아 팔라디오(Andrea Palladio)의 '빌라 로툰다(Villa Rotunda, 이탈리아 북부 비첸차 외곽에 위치한 르네상스 양식의 빌라)'는 집을 둘러싼 사방의 다양한 풍경을 담기 위해서 평면을 엄격한 대칭으로 구성했다. 주변 자연환경과 건물의 관계가 디자인의 출발이 된 것이다. 반면 르 코르뷔지에(Le Corbusier)가 설계한 유니테 다비타시옹(Unité d'habitation)은 집합 주거의 기능을 하나의 건물 안에서 완결하려는 시도에서 출발했다. 근대 주거 문제의 해법으로 제시된 이 건물은 주변 땅의 맥락과 무관하게 여객선처럼 나 홀로 떠 있다. 더 나아가 르 코르뷔지에는 어머니의 집을 먼저 설계하고, 이에 부합하는 장소를 나중에 찾기도 했다. 저자는 이를 현대의 '모델 하우스'나 '표준화 주택'과 비교하며, 건물과 그것이 놓인 땅의 관계가 멀어졌음을 짚는다. 여기서 장소보다 공간을 우선한 근대 건축의 태도가 드러난다.

　　이야기는 장소보다 공간의 위상이 높아진 또 다른 역사적 계기인 근대 건축의 기원 논쟁으로 확장된다. 알프스 북쪽의 유럽 국가들은 건축의 고전을 그리스 로마라는 구체적인 지역에서 찾는 대신 인류가 가지는 보편적 기원으로 거슬러 올라갔다. 일종의 원

르 코르뷔지에가 설계한 유니테 다비타시옹. 프랑스 마르세유에 있는 아파트로 집합 주거의 기능을 하나의 건물 안에서 완결하려는 시도에서 출발했다.(출처: 위키피디아)

시 오두막 같은 건축 원형(archetype)이 여러 민족의 다양한 건축 양식을 낳았다는 것이다. 고트프리트 젬퍼(Gottfried Semper)는 이 원시 오두막의 구성 요소를 화로, 지붕, 칸막이 벽, 바닥으로 나누고, 이중 인류의 정착을 가능하게 한 화로를 가장 중심에 두었다. 나머지 건축 요소는 화로를 지키기 위한 일종의 피복이며 부차적이라고 여겼다. 당시 신고전주의에서 기둥, 벽, 아치 등의 질서를 추구한 것과 대조적으로, 젬퍼는 건축의 기원을 형태가 아닌 공간을 형성하는 원리에서 찾음으로써, 건축을 비물질화한 셈이다. 이로써 건축은 에워싸기의 예술이 되고, 빈 공간의 입체적인 볼륨 구성이 중요해졌다. 아돌프 로스(Adolf Loos), 오토 바그너(Otto Wagner) 등 20세기 주요 건축가들이 젬퍼의 공간론의 흐름을 이었다.

건축의 투명성 이데올로기

입면의 양식보다는 공간의 형식에 무게가 실리면서, 외벽을 구성하는 재료와 이를 만드는 방식을 통해 축적되어 온 건축과 지역의 관계는 단절되었다. 나아가 현대 산업 사회에서는 유리, 철골, 콘크리트처럼 표준화된 재료가 전 세계에서 보편적으로 사용되기 시작했다. 대량 생산과 장거리 운송을 전제로 한 재료의 공급 과정은 막대한 탄소 배출을 동반하며, 도시의 풍경을 점점 비슷하게 만들었다. 그 결과 특정 장소의 맥락을 담은 구체적 건축은 밀려나고, 추상적인 공간의 짜임새가 근대 건축의 기준으로 자리 잡았다. 저자는 '공간의 우위'를 근대에서 장소 상실이 쉽게 일어나는 구조적 조건으로 해석하는 것 같다.

이 논의는 근대 건축이 '투명성'을 이상화하고 이데올로기로 세워 온 과정으로 이어진다. 막힌 벽 대신 기둥과 골조만으로도 지지되는 근대 건축은 벽을 하중에서 해방시키며 투명하거나 가벼운 경계로 바꾸었다. 그만큼 투명성은 근대 건축이 태생적으로 의미를 부여한 가치였다. 근대 건축이 찬미하는 투명은 재료의 문제를 넘어서, 투명한 경계를 통해 공간이 외부 세계로 확장될 수 있다는 믿음에 가깝다. 건물의 내부와 외부는 단절된 두 영역이 아니라 연속적으로 이어져 있는 공간이며, 근대 건축은 이런 관계를 개방적이고 위생적이며 합리적이며 진보된 것으로 여겼다. 이 투명성의 근대적 이상, 르 코르뷔지에의 근대 건축의 5원칙, 미스 반 데어 로에(Mies van der Rohe)의 투명한 박스, 노먼 포스터(Norman

Foster)의 유리와 스틸의 하이테크 건축으로 이어진다.

저자는 투명에 대한 건축의 믿음이 계몽주의 시대의 구조 합리주의와 그리스도교 사상인 이신론의 결합까지 거슬러 올라간다고 말한다. 기둥으로 투명해진 입면을 통해 빛이 가득 찬 실내는 신의 뜻과 가장 유사한 상태다. 또 다른 투명의 이데올로기는 현대 열린 건축의 신화에서 살필 수 있다. 참여와 소통, 민주주의는 공간의 투명을 그 물리적인 전제로 둔다. 건축가 권터 베니쉬(Günter Behnisch)는 건축의 민주주의성을 건물의 투명성과 결부하면서, 히틀러가 세운 불투명한 석조 건축이 비민주적이며 권위적이라고 비판했다.

하지만 역사적으로 다양한 뿌리를 둔 투명한 커튼월 건물은 역설적으로 환경에 위배된다. 유리는 열이 쉽게 들어오고 빠져나가는 재료이기에 이를 보완하기 위해 철저한 기밀을 요구한다. 이에 따라 커튼월 건물 내부는 기계 설비로 온도가 유지되며, 환기조차도 공조로 이루어진다. 기후위기가 가속화되면서 유리는 점차 이중 삼중으로 두꺼워지고, 가스가 겹겹이 채워진다. 시각적으로는 열려 있으나, 바깥의 자연과 커튼월의 투명한 건물 내부는 철저하게 구분되며 전혀 관계하지 않는다.

책은 철학자 와쓰지 데쓰로(和辻哲郎)의 '풍토' 개념을 통해, 이러한 단절이 초래할 결과를 진단한다. 와쓰지에게 자연은 인간과 분리된 대상이 아니라 삶과 감각, 공동체 의식이 교차하는 경험의 장, '풍토'다. 저자가 예로 든 긴 처마는 햇볕과 비를 막는 기능을 넘어, 비를 피해서 모인 사람들이 말을 섞고 자연스럽게 관계를 맺게 하는 등 사람들 사이 조응을 유도하는 장치가 될 수 있다. 그러나 기밀하게 둘러싼 개별 건물이 모여 이루는 현대 도시에서는 풍토가 들어설 자리가 없다. 날씨와 공동체가 관계 맺으면서 공유하

21세기 건축가들에게 큰 영향을 미쳤던 렘 콜하스의 CCTV 베이징 본사. 가장 비용이 많이 들었고 가장 많은 찬사를 받았다.(출처: 위키피디아)

는, 즉 풍토로 인한 사회적 규범은 성립하기 힘들다. 투명하지만 기밀한 내부는 외부로 확장되기는커녕, 더 이상 관계를 맺지 못하는 외부를 만들어 내고 있다.

거대한 내부화와 고립을 넘어서

21세기 건축가들에게 큰 영향을 미쳤던 렘 콜하스(Rem Koolhaas)는 『정신착란증의 뉴욕』과 『S, M, L, XL』 등 저서를 통해서 '거대함 (bigness)'을 현대 도시의 본질이라 주장했다. 그는 전통 도시가 가로와 광장을 중심으로 조직되고 교류하는 구조였다면, 현대 도시는 자족적인 거대한 건물들이 군도처럼 흩어진 집합체로 변화했다고 보았다. 이러한 진단의 배경에는 모든 사회적 교류가 소비로 환원된다는 전제가 자리한다. 도시는 교류를 상징하는 외부 공간보다 '자체적으로 완결된 거대 내부'만으로도 작동하는 환경으로 변한다.

근대의 투명성 신화에는 외부와 내부가 여전히 '관계의 구도' 안에 놓였지만, 콜하스의 도시에는 외부를 집어삼킨 끝없는 내부만이 존재한다. 인공 환경으로 조절되는 실내 공간, 소비에 따라서 끊임없이 치장되는 내부만이 의미가 있다. '거대함'은 이윤을 위한 도시 개발의 논리와 쉽게 결합하며, 복잡한 용도보다는 단일한 기능을 하는 건축 군도를 양산했다. 사람들은 이 섬들을 오가며 이동하지만, 사회적인 접촉은 줄어든다. 도시와 건축 환경 '모두' 고립을 추구한다.

책의 기본 축인 '장소와 공간'의 대립은 풍경과 경관, 기술과 태도, 환경주의와 생태주의, 국제주의와 비판적 지역주의, 개발과 보존 등 여러 층위의 이분법으로 확장되며, 내부와 외부 그리고 인간과 자연의 역사적인 관계를 설명하는 틀로 쓰였다. 이런 구분은 복잡한 현실을 다소 단순화하는 한계를 가지지만, 이 방대한 논의를 구조화하고 주장을 선명하게 드러내는 서술 전략으로 유용해 보인다. 더 나아가 성장을 유지한 채 기후위기를 해결할 제3의 해법을 모색하기보다는, '이것이냐, 저것이냐'를 선택해야 하는 시대적 국면을 드러내는 비유로도 읽힌다.

현대 사회에서 건물은 점차 소비의 대상으로 변질된다. 자본의 순환 속도가 빨라질수록 건물의 필요와 가치도 빠르게 교체되고, 건물의 보존 역시 수요가 존재하는 동안에만 허용된다. 레트로 이미지로 연명하는 구도심과 아파트 단지 중심의 신도심이 극단적으로 대립하는 한국의 도시 풍경은 이러한 현실을 단적으로 보여 준다. 지속적인 파괴를 전제로 하는 국가 주도의 성장 체제, 정권 교체마다 바뀌는 정책과 밀실 행정, 사유 재산의 과잉 보호는 어떤 삶의 터가 바람직한지에 대한 사회적 논의가 부재했음을 드러낸다.

이러한 상황에서 건축가는 건축물의 생애 주기를 조율하는 조절자로서, 철거보다 지속 가능성을 전제한 선택을 고민해야 한다고 저자는 강조한다. 소비 사회에 맞서는 디자인 전략은 오히려 오래 사용됨으로써 사용자들의 돌봄과 삶이 축적될 수 있는 건축을 만드는 데 있다. 자본 순환이 가속화할수록 건물의 수요는 더 빨리 전환되지만, 그 속도에 무력하게 휩쓸리지 않는 태도야말로 지금 건축에 요구되는 최소한의 저항일지도 모른다. 나 역시 이 대목에 공감한다. 세대를 잇는 공동의 기억과 관계적 서사를 위해 건축 환경을 사회적 자본으로 다루는 전환이 필요하다.

다시 이 책의 제목『새를 초대하는 방법』으로 돌아가 보자. 저자는 그 방법으로 물그릇 하나를 내미는, 작지만 실질적인 변화를 제시한다. 이 물그릇은 우리가 일상에서 쉽게 볼 수 있는 버드 피더(bird feeder)다. 이미 많은 사람이 버드 피더를 집의 벽, 창가, 공원 가로등에 걸고 새를 부른다. 버드 피더는 새를 부르는 단순한 공작물이 아니다. 저자의 논의에 따라 그 의미를 확장해 보면, 건축물의 파사드(건물의 정면 혹은 외관)가 누구를 위해 존재해야 하는지에 대한 질문으로도 이어진다. 도시에 상주하지만, 이용할 공간이 없는 새를 위해 만들었다는 점에서, 버드 피더는 비인간을 위한 최소의 공공 건축이다. 또한 언제 올지 모르는 새를 위해 꾸준히 관리해야 한다는 점에서 아주 작은 돌봄의 공간이기도 하다. 한 생명체가 다른 생명체를 돌보는 일종의 인프라다. 나에게는 이 책이 버드 피더와 같다. 비인간 대상을 위해서, 거창하지 않게 건축이 바뀌어야 한다. 새를 초대하기 위해서는 새가 올 때까지 우리가 손 내밀어야 한다. **서리북**

강예린
본지 편집위원. 건축가. 서울대학교 건축학과에서 가르치고 있다. '브릭웰', '생각이섬', '윤슬' 등의 공간을 디자인했으며, 공저로 『도서관 산책자』, 『아파트 글자』 등이 있다.

📖 이 책은 20세기를 대표하는 일곱 개의 집을 통해 그 속의
삶과 돌봄 그리고 철학이 어떻게 건축 디자인과 연관되는지
보여 준다. 건축 담론에 등장한 지 얼마 안 되는 '사용자'라는
개념이 주택에 어떻게 녹아 있는지, 정주(定住, Whnen)가
어떻게 형성되는지 살필 수 있다. 특히 '하이데거의
은신처'는 이 책과 깊게 연관되어 있다.

『굿 라이프: 20세기
주거건축의 사상을 찾아서』
이냐키 아발로스 지음
엄지영 옮김
이유출판, 2024

"집에 거주하는 사람은 언어를 지배하는 사람이고, 언어를
통해 자신의 생각을 구성하는 사람이다. 형이상학을
극복하기 위한 하이데거의 급진적인 시도나 그 어떤 다른
주장보다도, 그의 가정 관념에는 마치 철학자가 자신의
사유로 집을 짓는 것처럼 집을 짓고 그 안에 거주하는
중심적이고 지배적인 주체에 대한 향수가 내재하고 있다."
— 책 속에서

📖 성장을 위한 파괴의 속도가 지배적인 한국에서, 건축의
지속과 삶의 연속에 대해서 묻는다. 문화유산은 기념비적
유산에만 한정되지 않고, 오래 사용되며 삶의 기억과 돌봄이
쌓이는 일상적 건축과 장소까지 포괄하도록 넓어져야 한다.

『은퇴 없는 건축: 한국의
레거시 플레이스』
황두진 지음
시티폴리오, 2025

"여기서 '레거시'는 '유산'이라는 고유의 긍정적인 의미뿐
아니라, 위에서 설명한 '시대에 뒤떨어진 것'이라는 또 다른
의미를 내포한다. '플레이스'는 '장소'라는 의미이지만 문자
그대로 한 지리적 지점일 수도 있고 인간이 의도적으로
구축한 결과, 즉 건축이나 구조물일 수도 있다. 결론부터
이야기하면 이 두 단어의 조합만큼 현대 사회에서
건축의 복합적인 성격을 잘 보여주는 것도 없다. '시대의
기념비'와도 같은, 수많은 수사학에도 불구하고 절대다수의
건축은 보통 한 시대 정도가 지나면 현실적인 존재 이유
대부분을 상실한다." — 책 속에서

이마고 문디

좌담

서울
리뷰 오브
북스

이마고 문디

《조안 조나스: 인간 너머의 세계(Joan Jonas: The More-than-Human World)》전시 포스터.
(사진 제공: 백남준아트센터)

미래의 미디어는 조력자*와 함께

현시원

바람과 바다

어렸을 때 사진첩을 보면 신기하고 의아했던 점이 있었다. 왜 산악부 사람들은 손을 무릎에 대고 허리를 45도쯤 숙인 채 사진을 찍을까? 가족 사진을 찍을 때 왜 두 명은 앉고 또 다른 두셋은 뒤에 설까. 물론 스마트폰으로 많은 사람이 셀피(selfie)를 찍게 되면서 단체사진은 점점 사라지고 있다. 그러나 특정한 형식이 사라진다고 해도 사진과 카메라를 둘러싼 문화적 관습은 변화하면서 잔존한다. 텔레비전, 삐삐, 전화기, 카메라, 컴퓨터, 스마트폰을 포함해 각종 미디어 기술은 당대 여러 조건이 만든 관습에 적잖은 영향을 받는다. 아래 두 장면을 보자. 모두 백남준아트센터에서 열린 《조안 조나스: 인간 너머의 세계》에 전시된 작가의 작업이다.

첫 번째 장면. 두 사람이 서로의 등을 맞대고 서 있다. 사람들은 두꺼운 외투를 입었고 털모자, 마스크를 썼다. 이들이 입은 옷에는 사각형의 작은 거울 여러 개가 붙어 있다. 몹시 추운 겨울 날씨

---

* 조안 조나스는 자신의 반려견을 인터뷰에서 여러 번 '조력자(helper)'라고 강조해 왔다.

조안 조나스, 〈바람〉, 1968, 필름 스틸.(출처: ⓒ 조안 조나스 / 뉴욕 글래드스톤 갤러리 제공)

가 분명하다. 강한 바람에 옷이 나부낀다. 두 사람 중 한 명씩 번갈
아 고개를 높이 뒤로 젖혀 하늘을 본다. 1968년 작가 조안 조나스
(Joan Jonas, 1936-)가 동료 예술가들과 촬영한 16밀리미터 필름 작업
으로 영상의 제목은 〈바람(Wind)〉이다.

촬영 장소는 눈으로 덮인 미국 롱아일랜드 해변이었다. 영상
은 눈앞에서 펼쳐지는 퍼포먼스를 있는 그대로 기록한다. 물론 거
울 옷을 입은 젊은 작가들의 행동이 비범한 것은 분명하다. 작가에
따르면 그 날은 몹시 추웠고 바람이 거셌다. 〈바람〉은 전통적인 풍
경화같이 풍경 전면을 담아낸다. 유튜브도 릴스도 없던 시기의 영
상이 갖는 투박함을 느낄 수 있다. 바람의 효과(effect)가 아니라 바
람에 응대하는 퍼포머들의 움직임을 보여 줌으로써 인위적이지

조안 조나스, 〈강으로부터 심해의 평원으로〉, 2021, 드로잉, 싱글 채널 비디오, 컬러, 유성, 가변 크기.(출처: ⓒ 조안 조나스 / 뉴욕 글래드스톤 갤러리 제공)

않은 자연의 요소를 화면에 담은 것이다.

또 다른 장면. 마스크를 쓴 흰 머리의 노인이 해변가를 거닌다. 바다 물결이 화면 밖에서 타고 넘어올 듯하다. 지팡이를 짚고 걷는 노인 옆에는 한 마리의 강아지가 있다. 노년에 이른 작가 조안 조나스는 약간 구부정한 허리로 해안의 모래 언덕과 바람 부는 길을 따라 걷는다. 사람들의 움직임 가운데 컬러풀한 여러 이미지들이 투사된다. 다양한 사운드가 들리고 드로잉 이미지도 등장한다. 팬데믹 시기였던 2021년에 조안 조나스가 만든 퍼포먼스 영상 〈강으로부터 심해의 평원으로(Rivers to the Abyssal Plain)〉다. 1968년 〈바람〉에서 이미 화면의 중심은 인간이 아니라 자연이었다. 2021년 작업에서도 인간이 아니라 자연을 둘러싼 어떤 기운, 신비, 염원의 이미지 자체가 중심이다.

백남준아트센터에서 2026년 3월 29일까지 열리는 《조안

《조안 조나스: 인간 너머의 세계》(2025.11.20.-2026.03.29., 백남준아트센터) 전시 전경.
(출처: 백남준아트센터 제공)

조나스: 인간 너머의 세계》 전시장에는 입구에 위치한 〈바람〉을
시작으로 〈강으로부터 심해의 평원으로〉, 또 최근 작업인 〈빈 방
(Empty Rooms)〉(2025), 아카이브 사진과 연대기 등이 배치되었다. 앞
서 두 작업의 장면을 묘사하면서 말하고자 했던 것은 조안 조나스
의 작업이 당대 새로운 미디어의 관습을 벗어나고자 하면서도, 일
정 부분 당대의 환경과 문제의식을 공유한다는 사실이다. 작가가
〈바람〉뿐 아니라 동료이자 미술가인 고든 마타 클락(Gordon Matta-
Clark, 1943-1978) 등과 함께 〈송 딜레이(Song Delay)〉(1973)를 촬영하
던 때 뉴욕의 많은 작가는 비디오카메라를 여러 방면으로 실험했
다. 1970년대 초 조나스가 만든 작업은 마치 지금의 인스타그램
스토리 또는 라방(라이브 방송) 기능을 연상시킬 정도로 시대를 초
월하거나 예견하는 듯 보이는데, 이는 조나스 혼자 구축한 세계는

아니었다는 의미다. 당시 작가 비토 아콘치(Vito Acconci)는 카메라를 직접적으로 대면하는 과감한 작업을 했고 브루스 나우먼(Bruce Nauman), 마사 로슬러(Martha Rosler) 등의 작가들도 자신의 신체와 비디오카메라의 관계를 탐구했다.

조나스는 이런 식의 비디오 작업을 할 수 있던 이유 중 하나를 휴대용 카메라에서 찾는다. 작가는 1970년 조각가 리처드 세라(Richard Serra)와 일본을 여행하던 중 소니 포타팩(Portapak, 세계 최초의 휴대용 비디오카메라)을 샀다. 2015년 베니스비엔날레 미국 국가관의 개인전《그들은 예고 없이 우리에게 온다(They Come to Us Without a Word)》에 참여하며 가졌던 인터뷰에서 작가는 비디오카메라를 이렇게 기억했다. "(1970년) 카메라를 갖게 되면서 내 다락방에서 작은 영화를 만들 수 있게 되었다. 모든 것을 혼자 할 수 있었다. 나는 비디오를 퍼포먼스에 결합하기 시작했다."*

조안 조나스는 자신이 몸담은 시대를 어떻게 인식하고 경험했을까? 작가이기 이전에 한 인간으로서, 조안 조나스는 어떻게 이렇게 할 수 있었을까? '이렇게 할 수 있었다'는 말은 국제적인 여러 상을 탄, 뛰어난 작가로서의 명성이나 창작력 그 자체에 대한 이야기만은 아니다. 작가의 세계는 퍼포먼스를 기록한 비디오 작업 〈바람〉에서부터 작가가 직접 본격적으로 퍼포먼스에 돌입하는 1970년대 〈오개닉 허니의 비주얼 텔레파시(Organic Honey's Visual Telepathy)〉 그리고 2000년대 생태에 대한 애정을 담은 작업에 이르기까지 다채롭다. 1970년대 들어 조안 조나스는 카메라를 자신의 방식대로 활용하면서 특히 거울이라는 사물을 적극 활용한다. 작가는 〈미러 피스(Mirror Pieces)〉와 〈미러 체크(Mirror Check)〉 그

* Joan Jonas, *The Guardian*, 2015년 5월 8일 자.

리고 가면을 쓴 채로 자신의 분신을 등장시키는 〈오개닉 허니의 비주얼 텔레파시〉를 시작했다. 이때 작가 자신을 비추는 영상 속 거울은 조나스의 신체를 비추는 장치이자 관객의 시선을 반사하는 하나의 구조였다. 당연하게도 카메라는 단순한 기록 장치가 아니라 몸과 눈의 관계를 재구성하는 매체가 된 것이다.

드로잉, 강아지, 바다

이제 나이 아흔을 앞둔 조안 조나스의 작업을 보면서 여러 질문이 떠올랐다. 그러나 수많은 질문을 뒤로 하고, 이번 전시의 특수성이 '공존'에 있다는 사실을 짚어 봐야겠다. 1970년에 작가가 구입한 휴대용 카메라는 작가로 하여금 모든 것을 자신의 방에서 해결할 수 있게 했지만, 50년이 지난 조나스는 혼자서는 아무것도 할 수 없다고 말하는 듯하다. 작가는 지난해 제8회 백남준 예술상을 수상했고, 국내에서 이 전시로 처음 개인전을 하게 되었다. 나는 운 좋게 8년 전인 2018년 11월 그의 교토상 수상을 계기로 교토에서 열렸던 작가의 워크숍 겸 상영회를 볼 수 있었다. 얼마 후 코로나 팬데믹이 닥쳐올 줄은 꿈에도 몰랐던 2018년 가을, 상영회장은 약간 어둑했고 작가의 영상 작업은 주로 바닥에 낮게 배치되었던 것으로 기억한다. 교토의 거리를 걷다가 들어간 상영회장에 관객은 나 혼자였다. 작가의 수많은 작업 중에서 유독 퍼포먼스 비디오가 주를 이뤄 전시되어 있었다. 여러 대의 네모난 CRT 모니터로 보는 작가의 가면 쓴 얼굴, 일본 가부키(음악과 무용의 요소를 포함한 일본 전통극)에서 영감을 얻은 듯 이국적인 의상을 입은 작가의 몸짓과 카메라의 기록 자체에 집중할 수 있었다.

　　반면 팬데믹을 겪고 난 이후인 2026년 지금, 백남준아트센터에서 열린 이번 개인전은 '한 시기'를 겪은 후 발생한 문화적 관습

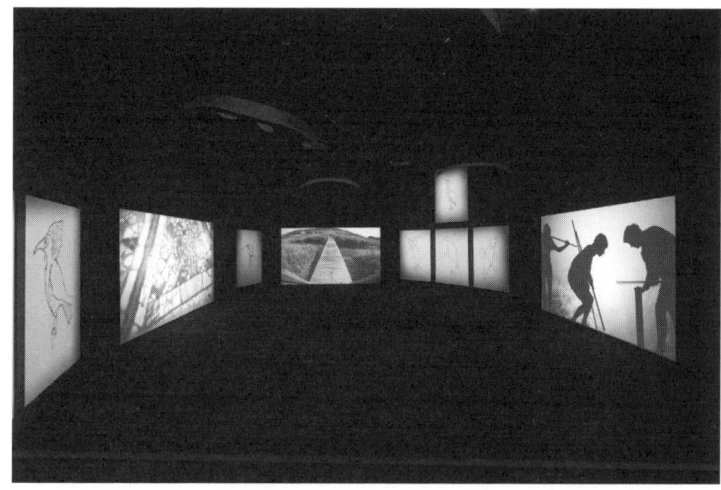

조안 조나스, 〈시내, 강, 비행, 패턴 Ⅲ〉, 2016/2017, 필름 스틸들.(출처: 백남준아트센터 제공)

과 삶의 태도가 담겨 있다. 우선 크게 '혼자'에서 '여럿'으로 변화했다. 이 전시 안에서는 푸른색 바다 이미지가 특히 자주 반복해서 나타난다. 〈소리 만지기〉(2014)라는 영상 작업은 상자 형태의 구조물 안에 비디오가 배치되어 있는데, 해양 생물학자 데이비드 그루버(David Gruber)와의 교류 가운데 만들어진 작업이다.* 새, 물고기 등의 해양 생물, 강아지 등은 모두 작가가 오랫동안 주의 깊게 살펴보고 함께 살아온 존재들이다. 또 다른 작업인 〈시내, 강, 비행, 패턴 Ⅲ(Stream or River, Flight or Pattern III)〉(2016/2017)은 작가의 여행 기록을 확장한 것이다. 3채널 비디오, 여러 개의 드로잉, 황색 계열의 종

---

* 해양 생물학자 데이비드 그루버와의 협업에 대해서는 다음을 참고하라. 이지은, 「우리도 그들처럼: 토마스 사라세노와 조안 조나스의 작품에서 보는 비인간 존재와의 조우」, 『서양미술사학회 논문집』 제55집, 2021, 25-45쪽.

이 연으로 구성된 작업인데 작가가 여행 중 마주했던 동물, 사물, 풍경의 흔적을 모았다. 전시장 천장에 설치된 종이 연은 베트남 하노이 근교의 마을에서 발견된 것이라고 한다. 전시는 이렇듯 조나스가 함께해 온 주변의, 곁의 존재가 무엇인지 또 누구인지 보여 준다.

2018년 교토상 전시가 비디오, 퍼포먼스, 워크숍, 강연 등 작가의 '매체 탐구'를 집중적으로 보여 주었다면, 이번 전시는 작가가 '무엇과 함께' 살아가는지 이야기한다. 관객이었던 내가 교토 전시에서 작가 조안 조나스의 얼굴과 또 다른 정체성을 담은 동물 가면을 보았다면, 이번 전시에서는 작가 주변의 세상을 경험한 것이다. 작가에게 드로잉, 강아지, 바다는 모두 주변에서 끝없이 변화하는 것들이다. 한 인터뷰에서 "피아노 연습하듯이 매일 드로잉을 한다"고 했던 말이 내게는 가장 인상적이었다. 조나스가 종이에 그리는 행위 자체를 역동적인 움직임으로 인식하기 때문이었다.

흔들림

《조안 조나스: 인간 너머의 세계》 전시를 기획한 큐레이터 김윤서, 강연섭은 전시를 크게 세 주제로 구성했다. 전시는 작가의 연대기적 작업을 공평하게 보여 주지 않는다. 그보다는 작가가 현재 집중하는 문제에 방점을 찍는다. 첫 번째 장 '실험—급진적 순간들'은 퍼포먼스와 비디오 아트의 초기 역사를 스스로 써 내려가는 조나스의 작업을 담았다. 백남준이 텔레비전 모니터와 회로를 활용해 독일 부퍼탈에서 《음악의 전시》라는 개인전을 선보인 것이 1963년이었고, 백남준의 이 전시는 미술사에서 소위 '미디어아트의 출발'로 인식된다. 뉴욕에서 태어난 조나스는 앞서 적었듯 당시 젊은 작가들이었던 동료들과 함께 퍼포먼스를 카메라로 담았다.

조안 조나스, 〈아름다운 개〉, 2021, 필름 스틸.(출처: © 조안 조나스 / 뉴욕 글래드스톤 갤러리 제공)

　　두 번째 장은 '여행—자연의 정령·동물 조력자'다. 1980년대 이후 다양한 지역으로 여행을 다니기 시작한 작가는 빛과 바람 같은 자연의 장면을 포착하는 한편, 조나스의 반려견 시점으로 기록한 영상 〈아름다운 개(Beautiful Dog)〉(2014) 등을 만들기 시작했다. 여기서 우리는 왜 조안 조나스가 '조력자'라는 말을 사용하는지 생각해 볼 필요가 있다. 작가는 2005년도의 작업 〈멜랑콜리아(Melancholia)〉를 설명하며 한 인터뷰에서 자신에게 반려견은 '동물 조력자(animal helper)'라고 강조했다. 작가는 신화에서 말이나 고양이 등의 동물이 한 사건을 풀어 가는 데 결정적인 역할을 하는 것 같이 동물은 "서사를 움직이는 존재"*가 된다고 이야기했다. 조나스는 오랫동안 자신의 반려견 제나(Xena)를 드로잉했고, 또 다른 반

---

* Joan Jonas, "Joan Jonas: Drawings", Art21 "Extended Play", YouTube video, 7:58, 2014.12.23., https://www.youtube.com/watch?v=bAqag6mU8z4.

《조안 조나스: 인간 너머의 세계》 전시 일부. 작가는 전 세계를 다니며 다양한 마을과 사람들을
만난다. 각 지역에서 발견한 삶의 방식들이 작업의 일부가 된다.(출처: 백남준아트센터 제공)

려견인 푸들 오즈(Ozu)와도 연이어 작업을 함께했다. 이어서 전시
의 세 번째 장은 '공생—되살림과 변주'라는 구성으로 작가의 최
근 작업인 〈빈 방〉을 볼 수 있다.

　　이 글을 쓰는 지금, 작가 조안 조나스가 어떤 모습으로 카메라
앞에 서는지, 또 어떻게 카메라를 다루는지 살펴보는 것도 흥미롭
다. 작가는 카메라를 둘러싼 시대의 관습에서 때로 가장 멀어질 수
있을 만큼 멀어지려는 듯 보이지만 당대의 관습과 무관할 수는 없
음을 보여 준다.

　　신문 기사를 잠시만 검색해 보면 작가가 사진에 찍힐 때 언제
나 털이 하얀 자신의 강아지와 함께한다는 것을 알 수 있다. 그는
사진을 찍을 때면 강아지를 자신의 바로 옆에 위치시켰다. 카메라
를 다룬다거나 드로잉을 하기 위해 펜을 잡을 때에도 조나스는 작

가 자신만이 매체를 작동하거나 조율할 수 있다고 판단하지 않는
다. 다양한 협업자들과 퍼포먼스를 한다. 영상 작업 〈아름다운 개〉
에서는 앞서 말했듯 조나스의 반려견 오즈가 촬영한 장면이 담겼
다. 작가는 오즈의 목에 작은 카메라를 부착해 캐나다 케이프브레
튼 자연 풍광을 담도록 했다. 오즈의 움직임에 따라 화면은 때로
뒤집히고 풀, 수평선 등의 풍경은 흔들린다.

　　조안 조나스가 만든 인간과 세계 사이의 거리는 어떻게 감
각할 수 있을까? 1931년 한 잡지에 수록된 발터 벤야민(Walter
Benjamin)의 목소리를 다시 들을 필요가 있다. 벤야민은 이렇게 적
었다. "그렇다면 아우라란 대체 무엇인가? 그것은 공간과 시간으
로 짜인 특이한 직물로서, 아무리 가까이 있어도 멀리 떨어진 어떤
것의 일회적인 현상이다." 벤야민은 이어서 어느 여름날 오후 휴
식 상태에 있는 사람을 예로 들며 오후의 빛이 만들어 내는 그림자
와 '숨(호흡)'을 연결시킨다. "그림자를 던지고 있는 지평선의 산맥
이나 나뭇가지를 따라갈 때 종국에 가서는 그 순간이나 시간이 그
현상의 일부가 되는 상황—이것은 우리가 그 산이나 나뭇가지의
아우라를 숨 쉰다는 뜻"이라고 썼다.* 〈빈 방〉에서 작가는 세상을
떠난 주변 동료들을 기억하며 하얀 종이로 구조물을 만들었는데,
그 방에는 음악과 함께 그림자가 비친다.

　　이 문장을 천천히 음미하면서 조안 조나스의 작업들을 다시
떠올린다. 조안 조나스의 이번 전시는 작품으로 쓴 일종의 여행기
다. 여행기를 읽고 나면 나도 모르게 그곳에 한 번 방문해 보고 싶
은 생각이 들고는 하는데, 조안 조나스의 전시를 보고 난 후 어딘

---

* 발터 벤야민, 최성만 옮김, 「사진의 작은 역사」, 『기술복제시대의 예술작품 / 사진의
작은 역사 외』(도서출판 길, 2007), 184쪽.

가로 '다니는 힘'에 대하여 다시 생각했기 때문이다. 여행의 목적지는 꼭 실재하는 지리가 아니어도 된다. 조안 조나스는 여러 인터뷰에서 아일랜드 출신의 노벨문학상 수상 작가 할도 락스네스(Halldór Laxness)의 소설 『빙하 아래서(*Under the Glacier*)』(1968)에 큰 영향을 받아 자연에 더 관심을 가졌다고 밝혔다. 작가는 이 책을 읽은 후 빙하 이미지가 직접적으로 등장하는 설치 작업 〈리애니메이션(Reanimation)〉을 만들기도 했다.* 여행의 주체가 사람이 아니라 빙하이거나 바람일 수도 있겠다. 아직 한국어로 번역되지 않았다는 빙하에 관한 이 책을 읽어 보는 것도 여행일 것이고 조나스가 작업을 해온 긴 시간 동안 그가 함께했던 조력자들의 존재를 떠올려 보는 것도 여행의 방법일 것이다. **서리북**

---

* https://www.moma.org/collection/works/229567.

현시원

본지 편집위원. 연세대학교 커뮤니케이션대학원에서 미디어아트와 전시 매체를 가르친다. 근래 관심사는 아시아의 미술 공간과 전시 도면이다. 큐레이터로 활동하며 전시공간 시청각을 운영해 왔다. 2024 창원조각비엔날레 '큰 사과가 소리없이' 예술감독이었다.

📖 저자는 오늘날의 '스크린 경험'을 영화, TV, 컴퓨터 스크린만이 아니라 회화 캔버스, 고딕 성당의 천장화와 파노라마 극장까지 포괄해 바라본다. 책은 스크린의 시간성과 공간성, 몰입과 가상의 감각과 장면을 깊게 가로지른다. 저자의 목소리는 결국 미디어로 가득한 오늘의 세상을 함께 살아가는 태도에 대하여 말한다는 점에서 조안 조나스의 작업과도 공명한다. 바다와 날씨의 변화, 시간의 움직임과 빛의 관계를 포착해 내는 관심사도 유사하다. 저자가 어릴 때 가지고 놀던 '종이'를 오랜 시간 흥미로운 매체로 여겨 왔다는 사실도 그렇다.

"밖으로 나가 하늘과 나무를 보고, 손으로 재료를 다듬고 요리하거나 직접 화초를 가꾸고 책을 읽는 시간을 마련해야 한다. 이들은 스크린이 우리의 정신을 함부로 휘두르지 못하도록 잠시 멈춤의 시간을 마련해주고, 우리가 다시 인간적인 속도로 호흡할 수 있는 여백을 만들어줄 것이다. 또한 이 여백은 우리가 다시 스크린을 마주할 때, 더 명료하게 사고하고 더 입체적이며 넓은 시선으로 세상을 바라보도록 만들어 줄 것이다." — 책 속에서

『스크리놀로지: 우리의
세계는 스크린으로
연결되었다』
이현진 지음
을유문화사, 2026

📖 조안 조나스는 1970년대 초 카메라와 거울 작업을 하며 호르헤 루이스 보르헤스의 글쓰기에 직접적인 영감을 얻었다고 말했다. 이후 조나스는 레이첼 카슨의 『침묵의 봄』 등 다양한 생태 및 인류학적 서적을 탐독했다. 청년 시기의 조나스가 읽은 보르헤스의 책은 조나스의 미디어에 관한 초창기 생각을 보여 준다는 점에서 함께 읽을 만하다.

"저는 한 권의 책이 무한한 책으로 화할 수 있는 방법이 어떤 것인지 생각했습니다. 저는 단순히 주기적이거나 순환적인 책밖에 떠올릴 수가 없었습니다. 마지막 페이지와 첫 번째 페이지가 동일해서 무한히 계속될 수 있는 가능성을 지닌 책 말입니다." — 책 속에서

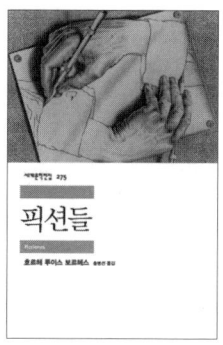

『픽션들』
호르헤 루이스 보르헤스 지음
송병선 옮김
민음사, 2011

뾰족한 서평과 다정한 수다 사이에서:
우리 시대 '읽기'의 새 영토

[편집자 주] 날씨가 궂었던 2월 22일, 신촌 '책방무사'에 《서울리뷰오브북스》 편집장 김두얼,
겨울서점의 김겨울, 책방무사 주인장 요조가 모여 《서울리뷰오브북스》 창간 5주년 기념 좌담회를
진행했다. 뒤돌면 변하는 시대에서 구태여 '책'을 추천하기 위해 분투하는 세 채널. 다정한 수다를
통해 달라진 독서 지형도와 서평의 역할을 들여다보았다. (사진 ⓒ 정재완)

요조   안녕하세요. 반갑습니다. 저는 책방무사의 주인장이자
        가수 요조입니다. 대한민국 서평지의 미래를 담당하는
        《서울리뷰오브북스》(이하《서리북》)의 5주년 기념 좌담회
        연사분들을 소개하겠습니다. 주인공 자리에 앉아 계신
        김두얼 편집장님, 직접 소개 부탁드립니다.

김두얼   《서리북》편집장을 맡고 있는 명지대학교 경제학과 교수
        김두얼입니다.

요조   또 한 분이 옆에 계신데요. 대한민국 북튜브의 미래를
        담당하는 김겨울 작가님 모셨습니다.

김겨울   안녕하세요, 김겨울입니다.

요조   각자가 발표를 조금씩 준비했습니다. 김두얼 편집장님은
        '뾰족한 서평이란 무엇인지'에 대해서, 김겨울 작가님은
        '온라인에서 책을 읽는 사람들의 독서 문화'에 대해서,
        저는 책방의 미래에 대해서 이야기하겠습니다. 그럼, 첫 번째
        순서부터 한번 시작해 볼까요?

좋은 서평의 충분조건과 필요조건

김두얼   2020년《서리북》을 창간할 때부터 우리 편집위원들은
        '뾰족한 서평'을 지향한다고 이야기하곤 했습니다. 그런데
        뾰족한 서평은 도대체 무엇일까요? 오늘은 제 경험담을

중심으로 이 주제에 대해 말씀드리고자 합니다.

모 교수님은 저명한 사회학자입니다. 그분이 2020년에
오랫동안 준비한 3부작 저서의 마지막 편을 내셨습니다.
공교롭게도 이 시점에 《서리북》 1호가 만들어졌습니다.
편집위원들 사이에서 이 책을 다루면 좋겠다는 말이 나왔고,
결국 제가 맡아서 쓰게 되었습니다. 3부작 한 권당 대략
300쪽이 넘으니, 전체로 치면 1,000쪽 되는 책을 읽고 쓴
서평의 제목은 「매끈한 서술과 설익은 통찰」*이었습니다.
인용한 서평의 몇몇 구절을 보시면 어떤 내용일지 짐작하실
수 있습니다.

"지루하다."

"굉장히 온순한 이야기만 담았다."

"화목한 가정집에 걸어 놓기 좋은 예쁜 풍경화 같은 책이다."

"서재에 틀어박혀 혼자 읽고 생각하여 깨우친 바를 써 내려간 책
(……) 그것이 실패의 원인"

"이 책에 대해 우리 학계가 너무 관심을 갖지 않는 것 같아 아쉽다.
그러나 이러한 현상이 학계보다는 삼부작의 한계에 기인하기에
학계를 크게 탓하기 어렵다."

모 교수님은 제 서평을 읽고 격노하셨다고 합니다.
그해 말, 그분이 한 학술지에 제 글에 대한 일종의 답평을
게재했습니다. 답평의 구절도 몇 가지 인용해 보겠습니다.

---

* 김두얼, 「매끈한 서술과 설익은 통찰」, 《서울리뷰오브북스》 1호, 2021년 3월, 126-136쪽.

2020년 12월 0호(창간예비호)부터 20호(최신호) 표지 화면 앞에서 발표 중인 김두얼 본지 편집장.(사진 ⓒ 배윤아)

"문장도 마구 휘갈겨 쓴 흔적이 역력하다."
"(사회학자의) 깊은 사유와 탐색을 제대로 이해했는지?"
"요즘 TV에서 유행하는 오디션에서도 이렇게 말하지 않는다."
"의욕적 학자들의 참신한 시도인 서울리뷰오브북스 창간호를
'냉소 비평'이라는 진흙탕에 처박았다."

저는 가끔 만일 5년 전으로 돌아간다면 다른 서평을 썼을까
생각하곤 합니다. 그때 제가 좋은 말로 가득한 서평을
썼다면, 모 교수님은 무척 좋아하셨겠죠. 학계에서 영향력이
큰 분이니까, 저나《서리북》에 음으로, 양으로 많은 도움을
주셨을지도 모릅니다. 하지만 그때로 돌아가더라도 서평을
쓰지 않았을지언정 다르게 쓰지는 않았을 거라는 결론에

5년간 실린 모든 서평과 '우주리뷰상'
응모작들을 읽으면서 깨달은 건
'뾰족한 서평은 좋은 서평의 필요조건도 아니고
충분조건도 아니다'라는 사실입니다.

늘 도달합니다.

칭찬으로 가득한 서평을 흔히 주례사 서평이라고 부릅니다.
많은 사람이 뾰족한 서평을 보고 싶어 하지만, 세상에는
주례사 서평이 더 많습니다. 그 이유는 간단합니다.
비판은 감당해야 하는 대가가 크기 때문입니다. 그런데
뾰족한 서평으로 인한 손익 계산보다는 저는 이 서평이 정말
뾰족한 서평이었을지 아니면 모 교수님의 지적처럼
냉소 서평이었을지를 더 고민합니다.

지난 5년간 《서리북》에 실린 수백 편의 서평과 '우주리뷰상'
응모작들을 읽으면서 깨달은 건 두 가지입니다. 첫째,
'뾰족한 서평은 좋은 서평의 필요조건도 아니고 충분조건도
아니다'라는 사실입니다. 이 세상에는 다양한 종류의 서평이
있고, 《서리북》은 그런 다양성을 펼치는 공간입니다. 특정한
형태의 모범 서평을 염두에 두고, 글을 맞춤으로 쓰는 것은
우리의 일도 아닐뿐더러 해서는 안 됩니다.

둘째, 그럼에도 불구하고 뾰족한 서평은 중요합니다.
냉소 비평과 뾰족한 비평을 구분하는 기준은 기본적으로
책의 핵심 문제를 얼마나 제대로 짚는지에 달렸습니다.
만일 어떤 책에 대해 제대로 된 이해도 없이 신랄한 문장을
나열한다면, 그것은 냉소 비평입니다. 하지만 책의 문제를
정확하게 평가하고 냉정하게 표현한다면, 언뜻 보기에 독설
같아도 가차 없는 평가를 담은 뾰족한 서평입니다.

여러분은 《서리북》의 편집장이라면 어떻게 해야
더 다양하고 좋은 서평을 독자들에게 소개할 수 있을지
치열하게 고민한다고 생각하실지도 모릅니다. 부끄럽게도
이런 고민이 사치일 만큼 온갖 현실적인 문제를 해결하기

위해 많은 시간을 보냅니다. 하지만 미래는 지금보다
더 나아지리라는 희망으로 버텨 나갑니다. 앞으로도
많은 관심과 애정 부탁드린다는 인사로 발표를 마치도록
하겠습니다. 감사합니다.

요조   발표 잘 들었습니다. PPT 자료를 미리 봤을 때 기대가 커서
어떤 말씀을 들려주실지 설레었는데 기대 이상이었습니다.
'서평에서도 힙합이 가능하구나.' 생각했습니다.
김겨울 작가님은 어떻게 보셨어요?

김겨울   너무 재미있게 봤고요. 공부하신 분들이 공개된 지면에서
서로를 디스하실 때 보는 사람은 되게 재미있습니다. (웃음)
저도 북튜브 영상을 만들면서 항상 끄트머리에 그 책의
아쉬운 점을 조금 덧붙이긴 했는데요. 발표 들으면서 저도 제
방향성에 대해서 구체적으로 고민해 보았습니다.

요조   이어서, 김겨울 작가님이 준비한 이야기 들어보겠습니다.

온라인 독서 문화의 변화: 팟캐스트에서 틱톡까지

김겨울   저는 온라인 독서 문화의 변천사를 이야기하려고 해요.
《서리북》이 읽기의 기준을 제시한다면, 온라인에서 대중
독자가 책을 접하는 방식은 훨씬 가볍고 일상적입니다.
"이 책 나왔대", "좋다더라", "내가 읽어 봤는데 너무
재밌어", "제발 한 번만 읽어줘" 같은 쉽고 직관적인 글들을

'겨울서점', '공백의 책단장', '편집자K' 등 북튜브를 비롯한 온라인 독서 문화의 변화를 말하는
김겨울.(사진 ⓒ 배윤아)

더 많이 실어 나르죠.(웃음)

저는 2017년부터 '겨울서점'*이라는 유튜브를 운영하며,
독서 트렌드의 변화를 가까이서 지켜봤어요. 과거에는
팟캐스트로 책을 접하는 경우가 가장 많았죠. 팟캐스트에서
추천한 책을 읽고, 다시 그 책을 이야기하는 팟캐스트
중심의 독서 전성기가 있었어요. 이 시기의 특징은, 권위자가
존재했다는 점입니다. 독자들이 권위자나 전문가의 추천을
듣고 수동적으로 받아들이는 방식이 주류였어요. 자기
의견을 표출하기보다는 신뢰하고 따르는 경향이 강했죠.
아무래도 책을 많이 읽고 안목을 길러 온 사람의 추천이다
보니 그만큼 신뢰도 컸던 것 같습니다. 그리고 저도 청취자
입장에서 저 분이 '좋은 책'이라고 한다면 무슨 이유가
있겠지 하고, 이해하기 위해 노력하기도 했어요.

* 겨울서점은 2017년 1월에 문을 연 유튜브 채널로, 2019년에 구독자 10만 명을
달성했으며, 2026년 현재 30만 명이 조금 안 되는 구독자 수를 보유하고 있다.
책을 읽고 싶게 만드는 채널을 지향해 왔고, 현재는 휴식기를 보내고 있다.

그런 과정에서 얻은 안목도 있을 거고요. 다만 그런 전문가의
수가 제한적이다 보니, 전문가의 추천이 자신과 맞지
않는다고 느끼는 경우에 나와 방향성이 맞는 다른 전문가를
찾기 어려운 점이 있기도 했죠.
이 흐름은 2016년경부터 바뀌기 시작했어요.
'페이스북 라이브'라는 기능이 유행하던 시기가 있었죠.
우리나라에서도 소셜미디어를 통한 실시간 소통이
시작하던 때였습니다. 정보를 듣기만 하던 독자들이
댓글이나 채팅이라는 도구를 통해 의견과 생각을 표출하기
시작한 시점이기도 해요. 페이스북의 구조 때문에 당시
제작자들은 '후킹(hooking)'*에 사활을 걸었습니다. 양방향
소통의 콘텐츠는 책 소개뿐만 아니라 콘텐츠 전반으로
확산하며 책을 다루는 방식 자체를 변화시켰어요.

'무명인'들이 등장하다

김겨울   플랫폼 중심이 팟캐스트에서 점차 유튜브로 넘어오면서
         중요한 변화가 일어났어요. 바로 '무명인'들의 등장입니다.
         이제는 유명하지 않아도 누구나 주체가 될 수 있죠. 저
         역시 그런 사람 중 하나였어요. 북튜브 시장은 크게 두
         줄기로 나뉘었어요. 하나는 『부의 추월차선』 같은 책을
         소개하며 성공을 독려하는 '자기 계발' 채널들, 다른

---

* '갈고리(hook)'처럼 짧은 시간에 관심을 낚아채 행동(클릭, 구매 등)을 유도하는 마케팅
전략. 숏폼의 유행으로 '후킹'은 제작자의 필수 소양으로 자리 잡았다.

대중의 취향은 다른 콘텐츠들(유튜브, OTT 등)과 마찬가지로 다양한 군도로 갈라지는 방향으로 변화했다고 봅니다. 다만, 독서 인구가 비교적 적다 보니 그 스펙트럼이 다른 콘텐츠만큼 넓지는 않을 듯해요.

한 줄기는 '책이 그냥 좋다'고 말하는 독서 애호가들의 공간이었습니다. 자기 계발 채널들이 구독자 30만, 50만을 기록할 때 애호가들의 채널은 조금씩 성장을 이어 갔습니다. 코로나19 이후 변화의 속도는 더 빨라졌습니다. 유튜브 시장 자체가 거대해졌고, 2022년을 기점으로 독서 문화는 훨씬 대중적이고 다양한 플랫폼으로 퍼져 나갔어요. 틱톡, 트위터(현 X), 인스타그램 등에서 수많은 개인이 목소리를 내죠.

2분 안에 책 한 권을 소개하는 시대

김겨울   2022년 '프랑크푸르트 국제도서전'에 갔을 때 받은 인상이 지금도 생생해요. 세계 최대 규모의 도서전 한복판에 세워진 '틱톡' 부스를 봤거든요. '#BookTok(북톡)' 해시태그 아래 책 영상을 만드는 공간이 있었어요. 숏폼 콘텐츠를 즐기는 분들에게 2분은 굉장히 길어요. 저는 틱톡에 영상을 만들어 달라는 제안을 받았을 때 막막했어요. 작가 소개와 줄거리만 읊어도 1분이 지나가니까요. 결국 강렬한 감정과 짧은 추천만 남죠. 신기하게도 이런 영상들이 전 세계적인 베스트셀러를 만들어요.

현재 온라인 독서 문화는 촘촘하게 커뮤니티를 형성해요. '민음사TV'는 캐주얼한 콘텐츠를 통해 문턱을 낮추었고, 북스타그램은 인플루언서 마케팅의 장이 되었습니다. 한편 트위터(현 X)는 가장 날 것의 목소리가 오가는 곳이에요. 리트윗 수천 건을 기록하며 책의 평판을 좌우하기도 하죠.

거친 논쟁이 많지만, 누구나 자유롭게 의견을 개진한다는 점에서 의미가 있어요.

대중의 취향은 다른 콘텐츠들(유튜브, OTT 등)과 마찬가지로 다양한 군도로 갈라지는 방향으로 변화했다고 봅니다. 다만, 독서 인구가 비교적 적다 보니 그 스펙트럼이 다른 콘텐츠만큼 넓지는 않을 듯해요. 100만 유튜버라고 해도 사람에 따라 전혀 모르기도 하잖아요. 책의 경우에는 10만 부를 판 작가라면 웬만큼 이름은 알겠죠. 그리고 책의 경우 문화를 이끌어 가는 소비층이 2030 여성으로 어느 정도 가시화되어 있기도 하고요.

5년 동안 독서의 허들은 꾸준히 낮아져 왔어요. 유명인에서 무명인으로, 권위적인 비평에서 캐주얼한 수다로 변했죠. 이 방향이 가지는 장점이 있으리라 믿어요. 온라인 독서 문화는 전문가의 전유물이 아니라 모두의 일상으로 자리 잡았다는 말로 마무리하겠습니다. 감사합니다.

요조　재미있게 잘 들었습니다. 어떻게 들으셨나요, 김두얼 편집장님? 거리에서 펼쳐지는 스트리트 파이트. 거리로 나가고 싶다는 욕망이 있으세요?

김두얼　저 같은 온실 속의 꽃은 나가면 그냥 죽습니다. (웃음)

요조　팟캐스트에서 촉발한 온라인 독서 문화의 흐름을 보니까, 예전에 팟캐스트를 즐겨 듣던 기억이 났어요. 잘 때도 들으면서 자고, 어디 갈 때마다 듣고, 지금도 가끔 생각나면 팟캐스트를 찾아 들을 정도로 좋아해요. (웃음)

2015년 오픈해 11년째 운영 중인 '책방무사'의 주인장 요조. ⓒ 배윤아.

믿음, 소망, 사랑, 그중에 제일은 책방이라

요조   저는 화면 없이 '사자후'를 준비했거든요. 앞에 계신 분들은
제 비말을 맞을 준비를 하시고 들어 주세요.(웃음)
안녕하세요, 저는 2015년에 '책방무사'*를 오픈해 어느덧
11년 차 책방 주인장으로 지내는 요조입니다. 책방에

---

* 책방무사는 2015년, 서울 북촌의 골목에서 처음 문을 열었다가 지금의 신촌에 자리
잡았다. 독립출판물과 대중서, 요조가 직접 읽고 고른 책들이 서가를 채웠고, 책방은 판매
공간이면서 동시에 취향을 나누는 장이 되었다. 북토크와 작은 모임, 계절에 맞춘 행사들을
이어 가며, 독자와 비독자 가리지 않고 관계를 쌓고 있다.

있으면 책이라는 존재가 참 절절하게 와닿을 때가 있습니다.
저 한 권, 한 권이 만들어지기까지 얼마나 많은 수고와
노력이 들어갔을지 짐작하다 보면, '저 책은 자기 혼자서는
아무것도 못 하네' 같은 지극히 'F'적인 생각을 하곤 합니다.
누군가 펼쳐 주지 않으면 책은 세상에서 가장 고요하고
고독한 종이 뭉치에 불과하거든요. 그래서 저는 침묵의
세계를 열고 들어가 함께 시간을 보내 줄 좋은 파트너를
책에 매칭해 준다고 생각합니다.

오늘 제가 준비한 이야기의 제목은 다소 거창합니다.
'믿음, 소망, 사랑, 그중에 제일은 책방이라.' 성경 말씀을
제 마음대로 바꿔 봤는데, 사실 저는 이것이 어느 정도
진실이라고 믿고 있습니다. 책을 사랑하는 분들이라면
누구나 마음속에 비슷한 근심이 있을 겁니다. 책이 점점
읽히지 않고, 사람들에게 외면당한다는 걱정 말이죠. 출판사
관계자, 저자, 독자 그리고 다른 책방 주인들을 만날 때마다
예외 없이 이 근심을 마주합니다. 단순한 근심에 그치지
않고 행동으로 나아가는 곳, 그곳이 바로 책방입니다.
책방이 얼마나 치열하게 행동하는지 그 노력을 말씀드려
보겠습니다.

체면을 버리고 초라함을 견디게 하는 절박함

요조　독서 인구를 늘리는 법은 간단합니다. 책을 읽지 않는 사람을
　　　읽는 사람으로 만들면 되죠. 그러기 위해선 읽지 않는 사람을
　　　만나, 유혹해야 합니다. 사실 가장 고단한 일입니다.

이미 읽는 사람이 된 분들은 알아서 좋은 책을 찾아 읽으니
큰 노력이 필요 없지만, 읽지 않는 사람을 이 세계로
끌어들이는 건 투쟁과 같습니다. '세상에 책이라는 게
있대!'라고 깨닫는 분들이 실제로 찾아오는 곳이 바로
책방이니까요.

아주 가끔 기적처럼 읽지 않던 사람이 읽는 사람으로
변모하는 광경을 목격합니다. 제가 분석한 네 가지 유형이
있습니다. 첫째는 순수한 기쁨을 느끼며 "몇 년 만에
처음으로 책을 완독했다"고 말하는 유형입니다. 둘째는
책방 주인과의 의리 때문에 꾸역꾸역 읽으며 "시집은
여전히 모르겠지만 얇아서 다 읽긴 했다"고 고백하는
유형이죠. 셋째는 이해되지 않는 부분을 들고 와서 "이게
정말 꿈이라는 건가요?"라며 확인하는 유형, 마지막으로
제가 가장 귀엽다고 생각하는 '지적 허영심' 유형입니다.
"요즘 책 읽는 덕에 살아요"라고 말하면서, 정작 저희 서점에
없는 『부의 추월차선』이나 『시크릿』 같은 책을 제게 역으로
추천해 주시죠.

책방의 노력은 여기서 멈추지 않습니다. 책과 무관해 보이는
행사를 끊임없이 엽니다. 책방무사에서도 지난 10년간 돈
이야기하기, 뜨개질, 요가, 명상, 벼룩시장, 요리, 술 먹기, 등산,
여름 수련회까지 수많은 일을 했습니다. "책은 안 읽지만
뜨개질이 좋아서 왔다"는 분들이 거쳐 가고, 그중 극소수가
읽는 사람이 됩니다. 여전히 책은 안 읽어도 '노는 자리'에는
꼭 나타나는 단골이 되어 주시기도 하고요.

저는 《서리북》 1호와 최근 20호에 에세이를 기고한 적이
있습니다. 20호에는 『실패를 통과하는 일』(북스톤, 2025)

책방이 할 일은 계속해서 이 생태계의 최전선에서
한 존재, 한 존재를 사랑하는 것뿐이라고
생각합니다. 거창하게 들리겠지만, 책을 사랑하기
때문에 인간을 사랑해야 합니다. 책에는 독자밖에
없기 때문입니다. 독자가 될 가능성을 지닌
그 인간들을 사랑하는 일, 그것이 책방 주인과
점원들의 숙명입니다.

북토크와 책방무사 10주년 소회에 대한 에세이를 썼는데요.
저자이신 박소령 님이 저희 책방무사에서 일일 서점원으로
일해 주셨을 때, 저희는 '일을 하는 사람'으로서 자존심을
내려놓아야 하는 순간에 대해 깊이 교감했습니다. 체면
다 버리고 초라함을 견뎌 내며 일하는 그 절박함 말이죠.
저는 출판 생태계 구성원 중 책방이야말로 체면을 가장 많이
내려놓는 집단이라고 생각합니다. 트위터(현 X)에서 "제발
한 권만 사주세요. 안 읽어도 좋으니 사주기만 하세요."라고
노골적으로 징징거리는 계정은 책방뿐입니다. 출판사나
저자는 공적인 자리에서 차마 하기 힘든 말이죠. 어떤 분들은
그 '징징거림'이 듣기 싫다고도 하지만, 저는 그 밑바닥에
결국 '사랑'이 있다고 믿습니다. 설령 당장의 월세를 위한
절박함일지라도 그 행동 덕분에 책이 팔리고 저자에게
인세가 가고 새로운 독자가 생겨나는 것입니다. 그 간절함을
간과해서는 안 됩니다.
제 글에는 이런 문장이 있습니다. "앞날이 컴컴한 책방의
일이야말로 운명론자가 하기 좋은 일일지도 모르겠다.
불확실성을 향한 공격적인 수용의 기질이 나에게 있었기에
10년의 버티기가 가능했을지도 모른다."* 저는 지난 10년간
독자라는 집단을 조금도 이해하지 못했고, 앞으로의 변화도
예측하지 못할 것 같습니다. 책방은 그저 문을 열고 들어오는
한 사람, 한 사람을 상대할 뿐이니까요. 그 사람이 좋은
사람일지 아닐지, 책을 한 권도 사지 않을지 엄청나게 사줄지

---

* 요조, 「책방 주인의 운명적인 10주년 기념기」, 《서울리뷰오브북스》 20호, 2025년 겨울,
237쪽.

카운터에서는 알 도리가 없습니다. 그저 전전긍긍하며
그 존재를 상대할 뿐입니다.

그래서 책방이 할 일은 계속 이 생태계의 최전선에서
한 존재, 한 존재를 사랑하는 것뿐이라고 생각합니다.
책을 사랑하기 때문에 인간을 사랑해야 합니다. 책에는
독자밖에 없기 때문입니다.

독자가 될 가능성을 지닌 그 인간들을 사랑하는 일, 그것이
책방 주인과 점원들의 숙명입니다. 책 읽는 사람은 사랑하기
쉽지만, 안 읽는 사람까지 사랑하는 건 참 고된 노력이
필요하겠죠. 그런데도 저는 계속 노력해 보려 합니다.

믿음, 소망, 사랑, 그중에 제일은 역시 사랑인 것 같습니다.
여러분 사랑합니다. 감사합니다.

오늘날 책은 작품인가, 상품인가 혹은 굿즈인가

요조　세 사람의 발표를 들으면서 청중 여러분도 궁금하신
점이 생기셨을 텐데요. 질문과 답변을 이어가 보도록
하겠습니다.

청중　몇 개월 전, 장르 소설을 주로 다루는 한 출판사 대표님의
강의를 들었습니다. 과거의 소설이 작가가 홀로 플롯을
세우고 결말을 향해 달려가는 고독한 작업의 산물이었다면,
본인들은 소위 'K-팝 아이돌 시스템'을 차용한다고
하시더군요. 편집자를 PD라 부르고, 기획 단계부터 최종
결과물에 이르기까지 작가와 협업하며 하나의 정교한

'프로덕트(product)'를 생산해 낸다는 말씀이었습니다. 분명 사람들을 단번에 매혹할 '후킹' 요소들을 완벽하게 담아 낼 수 있겠다는 생각은 들었지만, 한편 독자이자 글을 쓰는 한 사람으로서는, 과연 그렇게 탄생한 책이 우리가 과거에 '책'이라고 불렀던 것과 같은 존재일지 궁금했습니다.

김겨울 　제가 먼저 답을 해도 될까요? 저는 웹소설을 보거든요. 많이 보지 않아도 인기 있는 작품들은 봐요. 재밌거든요. 말씀하신 것처럼 웹소설은 PD와 작가가 호흡을 맞추는 경우도 있고, 작가가 끌어 나가고 PD가 그냥 보조만 하는 경우도 있는데요. 그런 식으로 어떤 정말 프로덕트를 끌어 나가는 방식이기 때문에 그 연재분을 모으면 어마어마한 분량의 단행본이 나와요.
웹소설 중에서 맞춤법도 틀리고 비문인 문장들도 많아요. 그러면 원래 책을 많이 읽던 독자 입장에서는 진입하기 어려울 때도 있거든요. 그리고 문체라고 할 만한 것이 그렇게 발달하지 않았어요. 왜냐하면 사람들이 빨리빨리 읽어야 하고, 지하철에서 서서 보는 소설이기 때문에 기본적으로 단문이고, 미문이 많지 않아요. 그게 목적이 아닌 거죠. 사람들이 출퇴근하는 시간에 재미를 주기 위한 글이기 때문에 성격이 특이해요. 그럼에도 불구하고 그 안에도 작가가 있어요. 작가가 하고 싶은 얘기, 분명한 주제 의식이 있어요.

김두얼 　제가 모 교수님의 책에 대해서 뾰족한 서평을 쓴 제일 큰 이유는 그 책이 동굴에 들어가 혼자 쓴 책처럼 보였기

때문입니다. 경제학자들은 책이나 논문을 쓸 때 가능한
많은 곳에서 발표하고 여러 사람의 의견을 구합니다. 그런
논평을 반영하는 과정에서 내 글의 설득력을 높일 수 있기
때문입니다. 글을 혼자 쓰는 것은 지양해야 할 글쓰기
방식입니다.

요조　저는 책을 좋아하고 독서가 자기 삶에 너무 확실한 일부가
된 사람들은 비슷한 고민을 하는 것 같아요. 어떨 때는 진짜
심각하게 느끼기도 하고, 또 어떤 때는 슬그머니 왔다 가는
경우도 있어요. 그래서 계속 고민하고, 스스로 납득하고
이해하려고 노력하면서 자기가 쓰는 글을 계속 쓰셔야 해요.
또 나에게 더 맞는 책 그리고 내가 한 권이라도 더 읽으면
좋을 책을 살아 있는 동안 한 권이라도 더 찾아서 읽는
게 독서인으로서 해야 할 일이기도 하니까요. 그 고민을
스스로 잘 소화해 내셨으면 좋겠다는 바람이 있어요. 저는
개인적으로 웹소설을 한 번도 읽어 본 적이 없어서 한번
읽어 보고 싶네요.

'좋은 책'을 고르는 기준이 있으신가요?

청중　책과 일상을 함께하는 세 분께 궁금한 점이 생겼습니다.
수많은 책 중 보석 같은 책을 찾아내는 특별한 기준이
있으신지요?

김두얼　아마 제가 드리는 답변이 여기 계신 서점 주인장님께서

가장 좋아하실 만한 정답이 아닐까 싶습니다. 바로 '많이
읽다 보면 기준이 생긴다'는 말씀입니다. 뻔한 소리 같지만,
실제로 제가 책을 고르는 기준이기도 합니다. 경제학자의
관점에서 보면, 우리는 늘 유한한 시간에서 최적의 선택을
해야 하는 고민에 직면합니다. 하지만 책이라는 세계는 일정
수준 이상의 절대적인 독서량이 쌓이지 않으면, 무엇이 좋은
책인지 스스로 판별할 힘이 생기지 않습니다.

저처럼 책을 읽는 것이 직업인 사람들에게는 남모를
고통이 하나 있습니다. 독자분들에게 '이 책은 이러하니
꼭 읽으십시오'라고 한 권을 자신 있게 권하기 위해서, 실은
읽지 않아도 될 법한 책들을 산더미처럼 읽어야 한다는
점입니다. 실제로 읽는 책들 중 '와!' 하고 감탄하게 되는
책은 아주 일부분에 불과합니다. 그런 보석 같은 책을
찾아내기 위해 수많은 평범한 책을 통과해야 하는 것이죠.
사실 이건 모든 직업인의 고민과도 같습니다. 최고 수준의
바리스타가 손님에게 맛있는 커피 한 잔을 내어 주기 위해,
그 이면에서 맛없는 커피를 수없이 마시는 고통을 감내하는
것과 같습니다. 저는 요조 님이나 김겨울 작가님도 비슷한
경험을 하셨으리라 생각합니다.

일단은 무턱대고 읽어 보시기를 권합니다. 어떤 책이
좋은지에 대한 정보는 김겨울 작가님의 유튜브나 《서리북》
같은 매체를 통해 얻으시면 됩니다. 다만, 나만의 기준이
생기는 어느 지점까지는 다소 막무가내로 이것저것 읽으며
서점 매상을 올려드리는 과정이 필요합니다. (웃음) 이것이
제가 드릴 수 있는 가장 솔직한 답입니다.

론도 있고 헤르미온느도 있지만
볼드모트를 상대하는 건 꼭 해리포터

김겨울   이하 동문입니다. 저도 늘 자기 데이터베이스가 있어야
       한다고 생각해요. 그래야 자기만의 지도가 생기거든요.
       새로운 책을 보면 그 지도에 위치시킬 수 있게 돼요.
       그러려면 지도가 먼저 있어야 하는데 그 지도를 만들기
       위한 축적의 과정이 있어야 하고, 결국은 말씀하신 것처럼
       시행착오의 과정을 통해서 많은 데이터베이스를 쌓아야
       해요. 그러기 위해서는 먼저 서점에 가셔야 합니다. (웃음)

요조   보탤 말이 없네요. 저도 '어떻게 좋은 책을 고르나요?'라는
      질문을 받으면 두 분께서 해주신 말씀하고 똑같이
      말씀드리는데, 뭘 덧붙이기 너무 힘들죠. 서점에 가서 책을
      많이 사셔야 한다는 말을 제가 하면 좀 설득력이 없잖아요.
      솔직히 그 시행착오 없이 바로바로 좋은 책만 알짜배기로
      읽고 싶은 마음을 누구보다 이해해서 너무 안타깝지만,
      책을 좋아하는 사람들은 그 경험치가 만들어 낸 직관이라는
      게 생겨요. 약간은 설명할 수 없는, 딱 보면 아는 어떤 그런
      느낌이죠.
      본인이 구축할 수밖에 없는 자기만의 독서 세계이기 때문에
      아무리 옆에 론이 있고 헤르미온느가 있다 해도 볼드모트를
      상대하는 건 꼭 해리포터여야 하는 것과 비슷해요. 어쩔 수
      없이 혼자서 해나가야 해요.

AI 시대, 우리가 알던 '읽고 쓰는 감각'은 어떻게 변할까?

청중　AI가 보편화된 요즘, 출판계는 어떤 모습으로 재편될까요?
그리고 '서평'이라는 고유한 비평의 가치는 어떻게
유지될까요?

김두얼　기본적으로 '다이아몬드는 원석이 중요하다'는
입장입니다. 농담 섞인 이야기부터 시작하자면, 저는
'마부작침(磨斧作針)'이라는 한자 성어를 정말 싫어합니다.
도끼를 갈아서 바늘을 만든다는 뜻인데, 보통은 노력의
중요성을 강조할 때 쓰이죠. 그런데 얼마나 큰 낭비입니까?
도끼는 도끼로 써야지, 왜 그걸 굳이 갈아서 바늘을
만드나요? 커다란 다이아몬드 원석이 있다면, 그에 걸맞은
멋진 작품을 만들어야지, 다 쪼개서 자잘한 조각을 만드는 건
의미가 없습니다.
이 말씀을 드리는 이유는 글쓰기에서도 본질이 가장
중요하기 때문입니다. '우주리뷰상' 응모작들을 읽다 보면,
가끔 이런 평을 할 때가 있습니다. "글은 거칠지만 좋다."
혹은 "다듬어지지 않은 날것의 무언가가 있다." 부족함에
대한 지적이 아니라 '원석이 굉장히 좋다'는 극찬으로
이야기합니다. 그런 원석은 결코 쉽게 나오지 않거든요.
원석만 좋다면 조금 덜 다듬어졌더라도 충분히 좋은
글입니다.
만약 AI가 그런 원석까지 만들어 낼 수 있다면 모르겠지만,
현재로서는 불가능합니다. 그래서 우리가 해야 할 일은 AI가
만들지 못하는 그 '원석'을 찾아내는 일입니다. AI의 특성

중 하나는 글을 아주 매끄럽게 쓴다는 것이죠. 하지만 원석 자체가 좋지 않으면 그 매끄러움은 마치 AI가 그린 양식화된 그림처럼 금방 식상하게 느껴질 뿐입니다. 결국 중요한 것은 글의 뼈대와 통찰, 즉 원석입니다.

다행히 우리나라의 상황을 보면 희망적인 구석이 있습니다. AI가 제대로 작동하려면 하드웨어, 알고리즘 그리고 데이터가 좋아야 합니다. 그런데 우리나라는 현재 '데이터'의 질이 너무 낮습니다. 구글 같은 경우, 구텐베르크 프로젝트 등을 통해 방대한 서적을 이미 디지털화했고 이를 기반으로 엄청난 통찰을 끌어냅니다. 셰익스피어에 대한 리포트를 쓰라고 하면 아마 웬만한 사람보다 AI가 훨씬 더 잘 쓸 겁니다.

그래서 저는 적어도 향후 10년 정도는 우리에게 기회가 있다고 생각합니다. AI가 쓰는 글의 퀄리티가 단기간에 우리를 추월하기는 어렵기 때문입니다. 자신만의 고유하고 좋은 원석을 가진 글을 쓴다면, 글쓰기의 세계는 여전히 희망이 있습니다.

김겨울   저는 솔직히 모르겠습니다. AI 관련 질문은 어디 가든지 받는단 말이에요. 강연을 가면 앞으로 어떻게 될지 질문받지만, 솔직히 모르겠어요. 앞으로의 변화는 모르겠지만, 당장 우리한테 닥친 문제들을 해결하는 건 필요하다고 생각합니다. AI를 통해서 저품질의 번역을 거친 책들이 마구잡이로 쏟아지고, AI로 대충 만든 책을 몇천 종씩 찍어 내는 출판사도 생겼으니까요. 이런 부분은 재빠른 규제가 마련되어야 한다고 생각합니다. AI의 발전을 우리가

전혀 예측할 수 없는 것과 마찬가지로 AI 관련 출판이나
독서의 미래도 예측하기 어려운 것 같습니다. 우리나라
한정으로는 편집장님이 말씀해 주신 부분이 큰 도움이
될 거라고 생각합니다.

AI에게 '쓰는 기쁨'과 '읽는 기쁨'을 빼앗기지 말기를

요조　　저 역시 미래를 예측하는 일에는 영 소질이 없습니다. 우리는
지금 한 치 앞도 알 수 없는 모호한 시대를 지나고 있죠.
누군가는 거대한 두려움에 사로잡혀 있고, 또 누군가는 기대
섞인 마음으로 다가올 세상을 기다리기도 합니다. 저는 삶의
면면이 지극히 '구식'에 가까운 사람입니다.
이전에 김겨울 작가님과 대화하다가 제가 OTT 서비스를
전혀 이용하지 않는다는 사실을 밝힌 적이 있는데, 깜짝
놀라시더라고요. "그럼 대체 뭘 보고 사세요?"라고 물으실
정도였죠. (웃음) 삶의 방식 자체가 옛날에 멈춰 있는 것
같아요. 이제야 겨우 챗GPT나 제미나이(Gemini)에 이것저것
물어보며 '이런 기능도 있다니!' 하고 신기해하는 초보
단계일 뿐입니다.
하지만 기술이 아무리 발전해도 여전히 큰 기대를 거는
대상은 인간입니다. 좋은 의미로든 나쁜 의미로든 저를
진정으로 즐겁게 하는 존재는 결국 사람이거든요. 생각해
보면 저를 가장 '빡치게' 하는 존재도 인간이죠. (웃음) 그런
의외성과 감정을 주는 건 인간뿐이기에 AI에 거는 마음이
그리 크지는 않은 것 같습니다.

소망하는 것이 있다면, AI가 '쓰는 기쁨'과 '읽는 기쁨'만큼은 망치지 않았으면 하는 마음뿐입니다. 모르는 건 모르는 대로 두고, 인간이 주는 지독하고도 즐거운 자극에서 제 자리를 지켜보려 합니다.

되돌아본 5년, 내다본 5년

요조   아쉽게도 인사를 드려야 할 시간이 되었습니다. 두 분 오늘 어떠셨나요?

김두얼   이런 형태의 모임이 처음이나 다름없는데, 귀한 시간을 내어 와주신 분들께 감사한 마음입니다. 짧지 않은 시간이 무의미하지 않았기를 진심으로 바랍니다.
2020년 처음《서리북》을 시작할 때는 온라인과 오프라인 그리고 종이 매체라는 세 기둥을 병행하려는 계획이 있었지만, 코로나19란 변수가 계획들을 다소 무너뜨렸죠. 올해부터는 오프라인 접점을 더 넓혀 보려 고민 중입니다. 서평지 특성상 '비평가와의 만남'이 중심이 될 텐데, 형식이 어떠해야 할지는 여전히 숙제입니다. 어떤 방식이든 필자와 독자가 직접 마주하고 대화하는 자리를 계속 기획해 보려 합니다. 많은 관심 부탁드립니다.

김겨울   저는 창간호의 텀블벅 후원자이기도 합니다.《서리북》 4호에 중고 책 쇼핑을 13번 실패한 경험담인 「책 한 권 찾으려다 그 책의 씨를 말린 건에 대하여」 같은 쑥스러운 에세이를 실었던 기억도 나네요. 후원자이자 구독자 그리고 필자의 입장에서 《서리북》이 한국 서평 문화의 중심으로 제 역할을 해주길 진심으로 응원합니다.

요조   틱톡의 짧은 영상이 책의 존재를 알리고, 인스타그램의 감성적인 글이 책을 '사고 싶게' 만든다면, 저는 《서리북》

같은 깊이 있는 서평은 책을 초월해 그 자체로 하나의 독립된 '작품'이 된다고 믿습니다. 이 귀한 글을 쓰는 필자들과의 만남이 앞으로 더 잦아지길 기대합니다. 다음에 또 좋은 기회로, 더 깊은 이야기로 꼭 다시 만났으면 좋겠습니다. **서리북**

김두얼
《서울리뷰오브북스》 편집장. 명지대학교에서 경제사, 제도경제학, 경제학 등을 연구하고 강의한다. 저서로 『경제성장과 사법정책』, 『한국경제사의 재해석』, 『사라지는 것은 아쉬움을 남긴다』, 『살면서 한번은 경제학 공부』가 있다.

요조
뮤지션, 작가. 서울 신촌에서 책방을 운영하고 있다. 발표한 음반으로 1집, 2집 〈나의 쓸모〉, 단편영화로 만든 ep앨범 〈나는 아직도 당신이 궁금하여 자다가도 일어납니다〉를 비롯해 〈우리는 선처럼 가만히 누워〉, 〈이름들〉 등이 있다. 『오늘도, 무사』, 『눈이 아닌 것으로도 읽은 기분』, 『아무튼, 떡볶이』, 『실패를 사랑하는 직업』, 『만지고 싶은 기분』 등의 책을 썼다.

김겨울
고려대학교 심리학과 졸업 후 동 대학원 철학과에서 석사 과정 중에 있다. 에세이 『겨울의 언어』, 시집 『우화들』을 비롯한 여러 권의 책을 냈다. 유튜브 채널 〈겨울서점〉을 운영 중이며, MBC 표준FM 〈라디오 북클럽 김겨울입니다〉를 4년 반 동안 진행했다.

리뷰

서울
리뷰 오브
북스

『해석에 반하여』
수전 손택 지음, 홍한별 옮김
월북, 2025

비평은 고전이 될 수 있는가?
아니, 그래야 하는가?

신형철

『해석에 반하여』(이하 『해석』)의 출간 30주년을 기념해 쓴 「30년이 지난 후」*에서 수전 손택(Susan Sontag)은 독자들이 옛글의 '맥락'을 이해하기 위해선 '상상력'을 발휘할 필요가 있다고 당부한 적이 있다. 그러고도 30년이 더 지나 이젠 예순 살이 된 이 책의 새로운 한국어 번역본이 나왔다.** 부모를 이해하기 위해선 상상력이 필요하겠지만, 조부모를 이해하기 위해선 정보가 필요하다. 특히 이런 비평집의 경우는 더 그럴 수밖에 없다. 비평은 시대에 올라타는 장르이기 때문에 그만큼 시대에 갇힌다. 비평이 고전이 될 수 없다는 건 아니지만, 그게 단지 보편적으로 '좋은 글'이라는 이유 때문이라면, 그건 그 비평에 대한 온당한 대접이 아니게 된다. 이를테면 『해석』을 '권위적인 비평가'의 눈치를 보지 않는 '자율적인 향유자'의 손을 들어주는 책으로, 그러니까 탈역사적으로 수용하면, 이

---

* 수전 손택, 김유경 옮김, 『강조해야 할 것』(이후, 2006), 370쪽.
** 수전 손택, 홍한별 옮김, 『해석에 반하여』(월북, 2025). 번역자의 명망이 무색하지 않게 정확하고 유려한 번역이다. 이하 이 책에서 인용할 경우 본문에 쪽수만 적는다.

는 손택의 본의와도 다를 뿐 아니라 자칫 동시대의 반지성주의에 복무하는 일이 될 수도 있다. 1966년의『해석』과 2026년의『해석』을 겹눈으로 보는 일이 필요하다는 뜻이다.

먼저 확인할 게 있다.『해석』은 비평집인가? 리뷰어는 리뷰를, 비평가는 비평적 에세이(critical essay)를, 학자는 논문을 쓴다. 리뷰의 목적은 제품에 대한 정보를 제공해서 '소비할지 말지'를 결정하도록 돕는 데 있다. 물론 정보의 핵심은 제품의 장단점이다. 반면 비평적 에세이는 ('작품 분석' 유형과 '이슈 개입' 유형 중 전자에 대해서만 말하자면) 특정한 비평가가 소비할 가치가 있는 제품을 '실제로 소비할 때' 어떤 일이 벌어지는지를 보여 주는 작업이다. 사용 사례를 시연한다는 의미에서 말 그대로 퍼포먼스에 가깝다. 이를 통해 작품은 제 가능성을 실현하거나 자기를 뛰어넘는다. 그렇다면 비평에서 연구가 분리되어 나오는 지점은 어디인가. 비평으로 산출되는 인식적 가치가 다소 느슨한 것이라면(입장, 이해, 지혜, 사상 등으로 불린다), 연구는 검증할 수 있는 '지식'의 생산을 목표로 삼는다. 그래서 감수성보다는 방법론이, 기예보다는 절차가 더 중요하다.『해석』에 실린 작업이 어떤 유형에 속하는지는 작가 자신이 다음과 같이 밝혀 두었다.

> 이 책에 실린 아티클과 리뷰는 내가 1962년에서 1965년 사이에 쓴 글들이다. (……) 여기 실은 에세이들에서 특정 예술 작품을 많이 거론하고 비평가의 임무에 대해서도 암시적으로 언급하긴 하나, 이 가운데 엄밀한 의미의 비평이라 할 만한 글은 거의 없다는 점도 안다. 저널리즘에 속하는 글 몇 편을 제외하고 대부분은 이른바 메타비평이 아닐까 싶다. (13쪽)

"엄밀한 의미의 비평(criticism proper)"이라는 것은 '작품 분석'

『해석에 반하여』가 출간된 1966년의 수전 손택.(출처: 위키피디아)

유형의 비평적 에세이를 가리킬 것이다. 그게 '거의 없다'는 말은
겸양이 아니라 사실에 가깝다. 로베르 브레송(Robert Bresson)의 영화
세계를 다룬 긴 분량의 작가론과 장뤽 고다르(Jean-Luc Godard)의 영
화 〈비브르 사 비〉를 정밀하게 읽은 작품론 같은 게 있지만, 이 책
의 핵심은 확실히 '이슈 개입' 유형의 비평적 에세이, 그중에서도
"특정한 판단과 취향의 근간이 되는 이론적 가정"(14쪽)을 파헤치
는 작업으로서의 '메타비평'이 맞다. 「해석에 반하여」와 「스타일
에 관하여」 같은 글이 그에 속한다. 여기에 한 유형을 추가한다면,
어떤 "특정한 판단과 취향"이 개념화되지 못한 채 감수성으로만
존재할 때 바로 그것을 이론화하는 어려운 작업이 이 책에 있다고
할 수 있다. 예컨대 「'캠프'에 관한 노트」와 「하나의 문화와 새로운
감수성」 같은 글은 학자라면 10년은 지나야 건드렸을 현장의 징후

를 기민하게 포착한 미학적 시론(試論)이다. 요컨대 『해석』은 비평집이되, 메타적이고 시론적인, 그런 의미에서 용감한 책이다. 그런데 이 책은 여전히 용감한가? 혹은 이 책을 어떻게 읽어야 우리가 용감해지는가?*

'반(反)하여'를 해석하기

해석에 반대한다는 선언에 동조하기 전에, 반대해야 마땅한 그 해석이란 게 무엇인지를 분명히 할 필요가 있을 것이다. 예술을 현실의 '그림' 혹은 현실에 대한 '진술'로 파악하는 오랜 관습이 내용 중심주의를 낳았다는 것, 내용이 강조되니 해석이 요구되고 또 해석을 강조하니 내용이 요구되는 순환이 발생했다는 것, 그러나 예술 경험의 핵심은 내용에 대한 해석이 아니라 다른 무엇이라는 게 손택의 일차적인 주장이다.(32쪽) 이런 주장이 손택만의 것은 아니다. 내용 강조가 실용적 가치에 대한 집착의 산물이라 의심하며 유미주의자들이 반발했고(19세기 말), 형식이야말로 예술성의 근원이라 주장하며 형식주의자들도 봉기했다(20세기 초). 그러나 이런 반작용은 언제나 상대적 가치만을 가진다. 내용을 해석하는 작업은 감각이 부족한 현학자들의 소일거리가 아니라 예술을 사상과 연결하고 문화에 통합해 그 위상을 높이는 귀한 과업이다. 형식주의와

---

* 내가 두 유형이라고 부른 메타비평과 시론적 스케치는 『해석』만이 아니라 손택의 비평에서 언제나 박동하는 두 개의 심장이다. 하나는 '-에 반하여' 뛰고, 다른 하나는 '-에 관하여' 뛴다. 전자는 반시대적 비판을, 후자는 선구적 옹호를 수행한다. 두 번째 평론집에서 가장 훌륭한 글에 해당하는 「포르노그래피적 상상력」과 「침묵의 예술」도 유사한 구도를 이룬다. 전자는 포르노그래피를 대하는 당대의 기준에 '반하여' 쓰였고, 후자는 새롭게 부상하는 '침묵'이라는 미적 요소에 '관하여' 쓰였다고 본다면 말이다. 따지고 보면 가야 할 것을 배웅하고 와야 할 것을 마중 나가는 이런 작업이 본래 비평가의 사명이라고 말해도 틀리지 않다.

유미주의는 얻는 만큼 잃는 게 있고, 그런 한에서 절대적으로 옳을 순 없다. 그래서 두 진영(?)의 대립은 '적대적 공존'의 한 사례다. 우리는 해석 일반이 아니라 특정한 해석만 반대할 수 있다.

> 여기에서 해석이란 말을 나는 특정한 코드, 해석의 어떤 '규칙들'을 보여 주는 의식적 행위라는 뜻으로 썼다.(23쪽)

'보여 주다'로 번역된 단어는 'illustrate'다. 해석은 코드/규칙들의 한낱 사례 혹은 예증에 불과하다는 강한 의미다. 어떤 해석 활동에선 해석자보다 코드/규칙이 더 주도적인, 심지어 지배적인 역할을 한다는 뜻이고, 그 코드와 규칙을 아는 사람이라면 아직 시작되지도 않은 해석의 결과를 어느 정도는 예측할 수 있다는 뉘앙스까지 담았다. 그래서 손택은 어떤 해석은 번역과 같다고 적는다.(23-24쪽) 그가 번역을 대단찮게 여긴다는 의심도 생기는데, 여하튼 손택의 취지는 번역이 모종의 변환 작업이라면 해석 역시 그렇다는 것이다. 왜 다들 예술 작품을 다른 것으로 바꾸지 못해 안달하는가. 게다가 바꿔 놓은 결과물이라는 게 그토록 뻔할 거였다면 무엇을 위한 안달인가. 그러면서 그게 작품의 '심층적' 의미라고 우기기까지 하면 곤란하지 않은가. 손택이 '해석'이라는 말 앞에 "반동적이고 무도하고 비겁하고 억압적인"(26쪽)이라는 무시무시한 수식어들을 떠올릴 때 그는 거의 화가 나 있다. 하긴 자기의 구애를 뿌리치며 도망치다 월계수가 된 다프네를 앞에 두고 아폴론이 이 월계수야말로 다프네의 본질이라고 말한다면 그가 애초에 다프네를 사랑하긴 했는지 의심할 수밖에 없다.

　그런데 사실 아폴론이 다프네를 쫓아다닌 건 에로스의 화살을 맞았기 때문이다. 그렇다면 해석자들이 맞은 것은? '이론'의 화살이다. 손택은 그게 마르크스와 프로이트의 화살이라고 꼬집어 말한다.(25쪽) 그때는 당대 최고의 마르크스주의 이론가 게오르그 루카치(Georg Lukács)의 문학 비평이 어떤 후광을 두른 채로 영어권에 소개되기 시작하던 때였고, 유럽 학자들의 망명 이후 미국에 뿌리내린 정신분석학에 대한 학문적 존중이 절정에 이른 때이기도 했다. 바로 그때 손택은 루카치의 열정과 수난에 존경을 표하면서도 그의 미학이 고루하다고 불평하고, 성적 긴장으로 팽팽한 잉마르 베리만(Ingmar Bergman)의 영화 〈침묵〉(1963)에 뜬금없이 등장하는 탱크를 보면서는 저걸 '남근'으로 해석할 이들이 있겠거니 하며 진저리를 친다. 소위 '이론의 시대'가 본격적으로 도래하기도 전에 그 폐해를 선구적으로 지적한 사례이기도 하고, 오늘날 관습화/제도화된 '비판(critique)'의 실효성을 문제 삼는 '포스트크리틱(post-critique)' 논의의 초기 버전이라고 볼 여지도 있다. 그러나 기소가 이 정도 수준에서 이루어지면 큰 의미가 있다고 하긴 어렵다. 당연히 옳은 지적이기 때문이다. 언제나 옳다면 언제나 완전히 옳지는 않게 된다.

도덕주의에 반하여

사실 손택의 진짜 타깃은 마르크스와 프로이트를 참칭하는 환원주의적 해석학 그 자체가 아니라 그 배후에 있는 당대의 공기였다. 이는 「스타일에 관하여」에서 더욱 분명해진다. 이 글 역시 스타일(형식)은 부차적인 것으로 치부하고 예술의 진술(내용)에만 주목하는 세간의 경향을 타박하는 것으로 시작하지만, 그런 관행의 원인을 어떤 이들의 미학적 오류가 아니라 더 근원적인 열정에서 찾는다. "문화 전체가 공유하는"(47쪽) 그 열정의 이름은 '도덕주의'다. 근엄한 마르크스주의는 말할 것도 없고 프로이트 역시 도덕 사상가로 해석하던 게 당시 분위기였다. 가장 낮은 차원의 도덕주의적 비평은 "실제 삶의 어떤 행위에 반응하는 것과 똑같이 예술 작품 안의 무엇에 도덕적으로 반응하는"(48쪽) 것으로 나타난다. 손택은 출간 당시 격렬한 찬반양론의 대상이 된 노먼 메일러(Norman Mailer)의 『아메리칸 드림』(1965)에서 남편이 아내를 죽이고도 처벌받지 않는다는 사실에 격분하는 이들을 "고상한 도덕주의적 판단"(49쪽)의 예로 든다.* 그러나 도덕주의에 반대한다는 것은 도덕성 그 자체를 거부하는 일과는 다르기 때문에 손택은 도덕성을 제 관점 안으로 포괄해 구제하지 않으면 안 된다.

> 도덕성을 단수적인 것,** 즉 의식에서 이루어지는 일반적 결정으로 이해한다면 예술에 대한 우리의 반응은 바로 예술이 우리 감수성과 의식에 활기를 불어넣는다는 점에서 '도덕적'이라고 할 수 있다. 감수성이 도덕적 선택 능력을 기르고 행동하게 부추기기 때문이다.(51쪽)

도덕성을 '복수적인' 규범 목록이 아니라 '단수적인' 일반 역량이라 본다면, 그 역량이 어디서 어떻게 형성되는지에 대한 질문이 따라 나온다. 그 힘은 감수성(sensibility)에서 나온다는 것, 또 감수성은 예술로 함양된다는 것이 손택의 주장이다. 그렇다면 도덕적

---

* 『해석』보다 4년 늦게 출간된 『성 정치학』(1970)에서 케이트 밀렛(Kate Millett)이 『아메리칸 드림』을 읽는 방식은 전혀 달랐다. 밀렛에게 그 소설은 여성을 폭력적으로 통제하는 것을 남성다움으로 합리화하는 가부장제의 서사적 실천이라는 점에서 용서하기 어려운 것이었다. 이 차이를 여기서 자세히 논하기는 어려우니, 손택이 '도덕'을 본 곳에서 밀렛은 '정치'를 읽었다는 정도로만 요약하기로 하자.
** 이번 국역본이 "도덕성을 독자적인 것, 즉 의식에서 이루어지는 일반적 결정으로 이해한다면"(51쪽)이라고 옮긴 것을 수정했다. 원문은 "if we understand morality in the singular, as a generic decision on the part of consciousness"다.

예술과 비도덕적 예술이 있는 게 아니라 예술 그 자체가 도덕적이라는 말도 가능해진다. 인지적인 것 안으로 도덕적인 것을 포섭하는 이런 관점은 예술 작품의 도덕성을, 특히 비도덕적인 작품의 궁극적 도덕성을 주장하는 방식 중 하나로 간주될 수 있다. 손택은 예술과 도덕의 관계를 이 정도로 처리하고 스타일에 대한 논의로 돌아가서, 스타일을 한 개인 고유의 '의지'의 표현으로 이해하는, '의지의 스타일로서의 예술'이라는 니체적인 시각을 자신의 예술관으로 제시하면서 「스타일에 관하여」를 끝낸다.* 그러나 이상의 논의는 앞서 본 낮은 차원의 도덕주의를 비판할 순 있어도 높은 차원의 도덕주의가 할 수 있는 일, 이를테면 "생각의 역사를 탐구하고 현대 문화를 진단하고 사회적 연대를 이루어내는"(45쪽) 일을 대체할 순 없다. 손택은 왜 이런 노선을 택했을까.

트릴링에게서 손택으로

1948년으로 가보자. 열다섯 살 손택은 그해 《파르티잔 리뷰》에 실린 라이오넬 트릴링(Lionel Trilling)의 글을 처음으로 읽었다. "그 이래로 제 꿈은 어른이 돼서 뉴욕으로 이주한 다음 《파르티잔 리뷰》에 글을 싣는 것이었습니다."** 소설가 손택의 경우는 어떨지 몰라도 비평가 손택의 출생 연도는 바로 1948년이라고 적시할 수 있다는 뜻이다. 이번엔 1976년이다. 소설가 시그리드 누네즈(Sigrid Nunez)는 당시 남자 친구의 어머니였던 손택과 가까이 지냈는데, 그 전해에 트릴링과 한나 아렌트(Hannah Arendt)가 잇달아 사망한 이후로 손

---

* 이런 관점은 두 번째 평론집인 『급진적 의지의 스타일(*Styles of Radical Will*)』(1969)의 제목에 집약되어 있다.
** 다니엘 슈라이버, 한재호 옮김, 『수전 손택: 영혼과 매혹』(글항아리, 2000), 61-62쪽.

택이 "고아가 된" 기분이라는 말을 자주 했다고 증언한다.* 이 두 고백을 조합하면 트릴링은 손택의 상상적 아버지와도 같은 존재였다는 결론을 내려도 좋겠단 생각이 든다. (물론 손택이 트릴링의 유일한 자식은 아니지만 말이다.) 그런데 내가 여기서 이 진부한 '부녀' 은유를 동원해서 말하고자 하는 바는 손택이 부친 리어왕을 존경하는 만큼 그에게 퉁명스레 맞선 코딜리어이기도 했다는 사실이다. 도덕적 비평에 대한 손택의 자의식은 트릴링의 위압적 영향력에 대한 반작용이었을 것이라고 보아도 틀리지 않다는 뜻이다.

　'뉴욕 지식인(New York Intellectuals)'이라 불린 '유대계-반스탈린주의-좌파' 성향의 지식인 그룹이 있었다. 트릴링은 당대에 이미 이 그룹의 상징적 인물로 여겨졌고 지금도 그렇다. 그의 사유를 요약하기 적절한 문구인 '지성적이어야 한다는 도덕적 의무'**를 '도덕적이어야 한다는 지성적 의무'로 바꿔 읽는 사람이 있어도 용서해야 한다. 여기서 중요한 것은 지성과 도덕의 강고한 결합이기 때문이다. 도덕적 비평을 도덕주의적 비평으로 주저앉히지 않는 것이 바로 '지성'이라는 내포가 거기 담겨 있다. 그 지성에 힘입어 트릴링 특유의 '도덕적 상상력', '도덕적 현실주의(realism)' 같은 것들이 작동한다. 전자는 삶을 도덕적 긴장의 장으로 여기며 도덕적 판단의 복잡성을 사유하는 열정이고, 후자는 가장 해방적인 그 도덕적 열정이 가장 억압적인 것으로 반전될 수 있음을 명심하는 성찰적 태도다. 이런 입장은 (미국적) 리버럴리즘을 향한 것이었지만, 트릴링은 그 입장에 자족하기보다는(그랬던 이들은 훗날 신보수주의로 전향한

---

* 시그리드 누네즈, 홍한별 옮김, 『우리가 사는 방식』(코쿤북스, 2021), 11쪽.
** 사후 출간된 평론 선집의 타이틀로, 원 출처는 트릴링의 스승인 존 어스킨(John Erskine)의 에세이 제목이다. Lionel Trilling, *The Moral Obligation to Be Intelligent: Selected Essays*, Edited by Leon Wieseltier, New York: Farrar, Straus and Giroux, 2000.

다), 그 내부에 싹트는 안일함을 부단히 고발하는 내부 비판자의 역할에 말년까지 열중했다.

손택이 트릴링의 '도덕적 상상력'과 '도덕적 현실주의'에 반대했을까? 오히려 동의했기 때문에, 그리고 그 프로젝트가 트릴링으로 이미 충분하다고 여겼기 때문에 자신은 다른 길을 택한 것에 가까울 것이다. 그래서 예술로 "생각의 역사를 탐구하고 현대 문화를 진단하고 사회적 연대를 이루어내는"(45쪽) 것이 무엇보다 가치 있는 일임을 알면서도, 예술로 그런 일을 하자고 주장하는 비평가들의 끝에 서기보다는, 다음처럼 말하는 비평가의 맨 앞에 서야 했다. '비평의 기능은 이게 왜 예술인지를 보여 주거나, 심지어 그냥 예술의 예술임 그 자체를 보여 주는 것이다.'* 손택이 자신에게 어떤 속박으로 작용할 수도 있을 이런 문장을 위험을 감수하고 쓴 것은(실제로 손택의 글은 앞의 규정을 스스로 초과한다는 점에서) 단적으로 말하면 '트릴링 이후'를 선언하기 위해서였다. 이는 장르의 차원에서는 '문학 이후'를 향한 것이기도 했다. 도덕적 사유에 특화된 장르라는 이유로 문학을 우대한 트릴링(과 그의 세대)에 맞서기라도 하듯, 손택은 『해석』 곳곳에서 '낙후된 미국 문학 vs. 전위적인 유럽 영화'라는 구도를 반복하면서 영화를 고급문화의 첨병으로 환대한다.

수전 손택 되기

손택이 트릴링을 의식했다는 말이 손택의 모든 선택을 전략적인 것으로 본다는 말은 아니다. 당연히 기질의 발로이기도 했다. 예컨

---

* 「해석에 반하여」에 있는 손택의 다음 문장(36쪽)을 변형했다. "비평의 기능은 그것이 [예술 작품이―인용자] 어떻게 그런지를 또는 그것을 있는 그대로 보이는 것이지 그게 무엇을 뜻하는지를 보이는 것이 아니다."(The function of criticism should be to show how it is what it is, even that it is what it is, rather than to show what it means.)

대 "우리에게는 해석학이 아닌 예술의 성애학이 필요하다"라거나 "예술은 유혹이지 강간이 아니다"* 같은 유명한 문장들을 트릴링은 결코 쓸 수 없었을 것이다. 손택은 그걸 쓰기 위해서 쓴 게 아니라 쓸 수 있는 사람이기 때문에 썼다. 아마 당대의 남성 '뉴욕 지식인'들, 즉 대체로 우아하고 가끔 신랄했지만 거의 에로틱하진 않았던 그들은 이런 (손택의 책 제목 하나를 활용하자면) '은유로서의 섹스' 앞에서 눈살을 찌푸렸을지 모른다. 그러나 정확히 이게 은유가 아니라는 점이 중요하다. 손택이 어떤 것은 그 자체로 정당하기 때문에 '정당화'가 필요 없다는 식의 말을 자주 할 때, 그 '어떤 것'에 해당하는 두 가지가 바로 예술과 성이다.** 그에게 예술과 성은 '인간 의지의 스타일화'라는 점에서 같은 레토릭을 공유하는 공동 주어였고, 그렇기 때문에 판관들의 도덕주의에서 보호되어야 할 것이었다. 외설 시비에 휘말린 영화 〈황홀한 피조물들(Flaming Creatures)〉(1963)을 위해 쓴 글의 결말이다.

> 〈황홀한 피조물들〉이 움직이는 공간은 미국 비평가들이 전통적으로 예술을 위치 짓곤 했던 도덕적 관념의 공간이 아니다. 내가 하고 싶은 말은 (……) 미학적 공간, 쾌락의 공간도 있다는 것이다. 잭 스미스의 영화는 이런 공간에서 움직이고 이곳에 존재한다.(334쪽)

---

* 이번 번역본의 역자 홍한별은 'rape'를 '강간'이 아니라 '강압'으로 순화(?)했지만 강간을 은유로 사용하는 것에 대한 불편함은 우리의 것이지 손택의 것은 아니었을 것이라고, 어쩌면 그 불편함을 자극하는 것조차도 손택의 의도였을지 모른다고 생각하는 나로선 되돌려 놓지 않을 수 없었다.

** 예술에 대해선 「해석에 반하여」와 「스타일에 관하여」 곳곳에서, 성에 대해선 이런 문장에서 사례를 찾을 수 있다. "내가 하려는 말은 삶의 어떤 요소, 특히 성적 쾌락에 대해서는 반드시 입장을 가질 필요가 없다는 것이다."(332쪽)

후안 페르난도 바스토스(Juan Fernando Bastos)가 《게이 앤 레즈비언 리뷰》
2009년 5-6월호 표지로 그린 수전 손택의 초상화.(출처: 위키미디어)

　　손택의 글도 "미학적 공간, 쾌락의 공간"에서 움직이고 그곳
에 존재하길 원했다. 언제부터였을까. 대학 조기 입학 제도가 있던
당시 손택은 열여섯 살에 시카고대학교에 입학했고, 1년 뒤 사회
학과 강사 필립 리프와 결혼했으며, 열아홉 살에 아들을 낳았다. 그
러나 이는 손택의 진정한 삶을 위한 프롤로그일 뿐이었다. 박사 논

문을 쓰던 중에 프랑스에 간 손택은 거기서 (그가 언제나 경험할 준비가 되어 있던) 새로운 삶을 경험했다. 동성애를 체험하면서 '해방감'(손택의 표현)을 느꼈고, 최신 아방가르드 예술을 향유했으며, 미국에선 진보적인 이들조차 불편해할 급진적 정치학에 익숙해졌다. 이는 손택으로 하여금 작가가 되기로 결심하게(즉 논문을 포기하게) 했고, 이혼을 감행하게 했으며, '뉴욕 지식인' 그룹에 3세대로 합류하게 했다. 이후 이 특별한 지적 재능의 소유자가 해야 할 일은 그가 좋아했던 오스카 와일드(Oscar Wilde) 풍의 모토를 실천하는 것이었다. 삶을 예술 작품으로 만들기, 혹은 수전 손택 되기. 이 과정에서 정당화되어야 할 것은 아무것도 없었다. 모든 것은 그 자체로 정당했으므로.

　이런 흐름에서 보면 그를 최초로 유명하게 만든 글이 「'캠프'에 관한 노트」(1964)인 것은 필연적인 일처럼 느껴진다. 누구도 설명하지 못한/않은 감수성에 처음으로 개념과 논리를 입히는, 포착과 표현의 재능이 눈부신 글이다. 이 에세이에 견주면 「해석에 반하여」나 「스타일에 관하여」조차도 평범해 보일 정도다. "캠프의 본질은 부자연스러운 것, [즉—인용자 삽입] 인위적이고 과장된 것에 대한 사랑이다."(391쪽) 당대 게이 하위문화의 취향을 가리키는 은어였던 '캠프(camp)'를 주류 문화 사전에 등재하는 데 성공한 이 글로 손택은 뉴욕 지식인 그룹에 혼란과 충격을 선사했다.* "취향보다 결정적인 것은 없다. (……) 지성도 사실은 취향이다."(392쪽)

---

* 손택의 전기적 사실을 다루는 거의 모든 자료는 이 글이 가져온 파장을 회고하면서 흥분한다. 앞에서 인용한 다니엘 슈라이버(Daniel Schreiber)가 쓴 평전에서 한 대목을 옮기자. "비평 에세이 한 편으로 31세 여성이 지성계의 스타 반열에 올랐다는 사실이 오늘날에는 이상하게 들리겠지만, 1964년 미국의 동부 해안 지역에서는 가능한 일이었다."(162쪽) 당시 《뉴욕 타임스》 비평가 엘리엇 프리몬트 스미스(Eliot Fremont-Smith)의 글에 담긴 흥분은 지금도 읽는 이를 감염시킨다. "갑자기 수전 손택이 거기에 존재했다. 그는 알려진 게 아니라 선포됐다."(앞의 책, 163쪽에서 재인용)

"감수성은 (사상과 달리) 논하기가 정말 어렵다."(391쪽) 취향으로 지성을, 감수성으로 사상을 삼켜 버리는 이 문장들을 보라. 그런 다음, 뉴욕 지식인 그룹이 '수전 손택'이라는 이름의 통합체(성, 예술, 정치) 앞에서 그를 머리가 셋인 키메라(괴물)와 헤카테(여신) 중 무엇에 비유하는 게 좋을지 고민하는 모습을 상상해 보라.

30년의 시간이 바꾼 것

그러나 우리는 여기서 손택의 차별화 전략 내부에 존재하는 긴장을 지적하지 않으면 안 된다. 손택이 "현대 감수성을 선도하는 두 가지 힘은 유대인의 도덕적 진지함과 동성애적 탐미주의와 아이러니"(413쪽)라고 분석하는 대목은 마치 두 세대를 링 위에 마주 세우는 페이스-오프(face-off) 행사처럼 보이지만, 손택의 위치는 보기만큼 명확하지 않다. 그가 캠프적 감수성을 전적으로 좋아하지 않았다는 것 자체는 문제될 게 없을 수 있다. 바로 그랬기 때문에 그는 캠프에 관하여 쓸 수 있었으니까. "어떤 감수성에 이름을 붙이고 지형을 그리고 역사를 설명하려면 깊은 공감과 함께 약간의 혐오가 필요하다."(392쪽) 그런데 이 거리감이 그가 캠프를 '오직' 감수성의 차원에서만 다루는 데 영향을 미쳤다면? "캠프 감수성이 비참여적·탈정치적이거나 아니면 적어도 비정치적이라는 것은 말할 것도 없다."(394쪽) 이렇게 그가 캠프 내부의 실존적·정치적 목소리를 듣지 못했다는 것은, 적어도 10대 후반 이후 양성애자로 살았던 손택이 그 사실을 부인한 적도 없지만(유명세 때문에 그럴 수도 없었거니와) 그렇다고 적극적으로 알리려고 한 적도 없다는 것과 부정할 수 없는 관련이 있어 보인다.

이 미묘한 간극이 30년 후에는 더 분명해진다. 다시 「30년이 지난 후」를 보자. 자신의 책이 "1960년대라고 불리는 그 신화적 시대의 핵심 텍스트로 간주되고 있다는 사실"을 잘 알고 있지만 그건 내키지 않는 수식어라고 한 뒤에 그는 이렇게 적었다. "게다가 그때는 '1960년대'도 아니었다."* 그는 자신이 뒤에 올 세대의 선두에 서 있었다기보다는 앞 세대의 끝에 있었다는 얘길 하는 것일까. 그렇다. 심지어 그는 자신이 투쟁적인 유미주의자였지만 도덕주의자가 아닌 것도 아니었다고, "거의 드러나버린 도덕주의자 (barely closeted moralist)"였으니 자신에게도 일말의 도덕주의가 있음을 알 만한 사람들은 알았을 것이라고 말한다. 자신이 어떤 위반적 예술들을 찬양한 것도 정전의 질서가 당분간 견고할 것이라 예상했기 때문이고, 그 위반들이 오히려 기존 질서에 "유익한(salutary)" 효과를 미칠 것이라고 믿었기 때문이라는 해명이 뒤를 잇는다. 트릴링과 《파르티잔 리뷰》가 상징하던 그 기존 질서 말이다. 손택은 말을 바꾼 것일까? 그게 아니라면, 적어도 자신 안에 모순적인 입장이 공존했음을 그제야 깨닫게 된 것일까? 트릴링이 되기엔 너무 캠프적이고, 캠프적이기엔 너무 트릴링을 닮은 자신을 말이다.

　　그렇기도 하겠지만 다른 대답도 가능하다. 1990년대 후반의 손택은 1960년대 중반에 자신이 의식하며 맞섰던 그 기존 질서에 오히려 "존경"을 표할 필요가 있다고 느꼈다.** 상황이 바뀌었기 때문이다. 그때는 끄떡없을 줄 알았던 도덕적 진지함의 질서가 무너졌고, 자신이 옹호했던 급진적인 것들은 소비 자본주의의 상품

---

* 수전 손택, 『강조해야 할 것』, 앞의 책, 365쪽. 국역본이 누락한 작은 따옴표를 넣었다. 자신이 글을 쓴 1964-1965년이 훗날 신화화된 그 '1960년대'가 아직은 아니었다는 뜻으로 한 말이다. 이하 윗단락에 인용된 같은 글의 문구들은 모두 원문을 토대로 수정해 옮긴 것이며 지면 여건상 그 내용을 일일이 적지 않기로 한다.

** 이 글 첫머리에 인용한 문장을 국역본에 빠진 말을 넣어 다시 옮기면 다음과 같다. "나는 독자에게 이 에세이가 씌어지게 된 더 큰 [존경(admiration)의―인용자] 맥락을 놓치지 말라고(이를 위해서는 상상력을 발휘해야 할 것이다) 말하고 싶다."(370쪽)

으로 재탄생했다. 1960년대의 '손택'을 뒤집어야 1990년대에도
바로 그 '손택'이 될 수 있는 것이었다. 그러니 손택은 언제나 급진
적이었다. 다만 나침반이 가리키는 방향이 달라졌을 뿐이다. 이제
우리는 자연스럽게 이런 질문을 떠올린다. '손택이 60주년 기념판
에 새로운 서문을 쓴다면?' 나는 그가 또 한 번 방향을 틀었을 것이
라고 짐작한다. 우리 시대가 다시 한번 낮은 차원의 도덕주의(그러니
까 트릴링의 그것과는 다른)에 깊이 영향받고 있다고 나는 느끼기 때문이
다. 이 판단이 옳다면 우리는 『해석』에 실린 글을 다시 1960년대의
방식으로 읽어야 하고, 더 나아가 (불편하다는 의미에서 진정으로 급진적인)
'포르노그래피'에 대한 글을, '파시즘의 미학'에 대한 글을 내처 읽
어야 한다.* 그리고 자문해야 할 것이다. 2026년의 우리는 1966년
의 손택을 감당할 수 있는가? 비평은 고전이 되기보다는 무기가 되
는 편이 낫다. 그러나 그 무기는, 바위나 나무에 꽂힌 채 주인을 기
다리던 신화 시대의 칼처럼, 동시대를 정확히 거스를 사람만이 뽑
아낸다. ▮서리북▮

---

* 두 번째 평론집에 수록된 「포르노그래피적 상상력」(『급진적 의지의 스타일』, 1969)과
세 번째 평론집에 수록된 「매혹적인 파시즘」(『토성의 영향 아래』, 1980)을 가리킨다.

신형철
본지 편집위원. 문학평론가. 서울대학교 영어영문학과(비교문학 협동과정)에 재직 중이다. 2005년
계간 《문학동네》에 글을 발표하면서 비평 활동을 시작했다. 『몰락의 에티카』, 『느낌의 공동체』,
『정확한 사랑의 실험』, 『슬픔을 공부하는 슬픔』, 『인생의 역사』를 출간했다.

📖 손택은 사후 출간된 『문학은 자유다』를 포함 총 다섯 권의 평론집을 냈다. 문화사적 중요성으로는 『해석에 반하여』를 능가할 수 없지만 완성도에서는 두 번째 평론집 『급진적 의지의 스타일』(1969)이 첫손에 꼽힌다. 손택의 비평가적 역량은 물론 실천적 열정이 최고의 밀도로 담긴 책이다. 특히 후자와 관련해 발표 당시 큰 반발을 산 「미국에서 일어나고 있는 일」(1966)이 중요하다. 이 글이 공정하지 않다고 판단할 여지도 분명 있지만 이 글을 지금 다시 읽어야 할 이유는 그보다 더 충분하다. 손택이 살아 있어 현재의 미국을 목격했다면 어떤 글을 썼을지 다소 간곡한 심정으로 짐작하면서 말이다. (완성도 높은 번역으로 재출간되기를 기대한다.)

『급진적 의지의 스타일』
수전 손택 지음
이병용 외 옮김
현대미학사, 2004

"백인종은 인류 역사에서 암적인 존재이다. 백인 문명과 그것의 이데올로기와 발명품들이 뻗어나가는 모든 곳에서 자율적인 문명을 파괴하고, 지구의 생태학적 균형을 흐트러뜨리며, 이제는 생명 그 자신의 존재를 위협한다."
— 책 속에서

📖 「매혹적인 파시즘」(1974)은 세 번째 평론집 『토성의 영향 아래』(1980)에 수록되었고, 최근 편집된 선집 『여자에 관하여』(2023)에도 들어 있다. 이 글에서 손택은 두 가지 일을 한다. 첫째, 나치 예술가 레니 리펜슈탈이 (드문 여성 감독을 향한 존중의 분위기에서) 탈정치화되어 복권되는 현상에 대한 단호한 거부, 둘째, 나치즘의 이미지가 성애화되고("나치즘은 섹시하다") SM이 은밀하게 유행하는 현상의 정신적 맥락에 대한 특유의 밀착 분석. 이 글이 발표된 직후 에이드리언 리치는 손택이 보여 준 전자에서의 단호함과 후자에서의 관대함 사이의 격차를 비판했다. 리치에게 이 간극은 손택이 여성주의적 관점의 결함에 지나치게 단호하고 남성적 가치의 권력적 속성엔 관대하다는 점을 반영하는 것으로 보였다. 시의성이 여전한 논쟁이다.

『여자에 관하여』
수전 손택 지음
김하현 옮김
윌북, 2025

"10년 전에는 소수의 취향이나 상반된[대항적인—인용자] 취향으로서 대단히 옹호할 가치가 있어 보였던 예술이 오늘날에는 더 이상 옹호할 수 없게 되기도 하는데, 그 예술이 불러일으키는 윤리적·문화적 문제가 전과 달리 심각하고 심지어 위험해졌기 때문이다. (……) 취향은 맥락이며, 그 맥락이 달라졌다." — 책 속에서

『슬램덩크』(신장재편판, 전20권)
이노우에 다케히코 만화
대원씨아이, 2007

『슬램덩크』 다시 읽기: 패배를 통해 승리하는 법

선우훈

전설이 된 농구 만화

만화 독자라면 『슬램덩크』를 모르는 사람은 없을 것이다. 만화 독자가 아니더라도, "왼손은 거들 뿐"(24권, 206쪽)이라거나 "포기하면 그 순간이 바로 시합 종료"(22권, 206쪽) 같은 대사는 들어 본 적 있을 것이다. 1990년부터 1996년까지 《주간소년점프》에 연재되었던 이노우에 다케히코의 이 작품은 전 세계 누적 판매량 1억 8,500만 부를 기록하며 일본 만화사에서 스포츠 부문 부동의 1위이자 역대 일본 만화 판매량 7위에 올라와 있다.* 게다가 작품이 완결된 지 25년이 훌쩍 넘은 지난 2022년, 극장판 애니메이션 〈더 퍼스트 슬램덩크〉가 개봉해 글로벌 흥행 수익 1억 달러를 돌파했고, 국내 관객 수 490만 명을 기록하는 기염을 토했다.

    하지만 이런 엄청난 판매량이나 흥행만으로는 이 작품의 위상을 충분히 설명할 수 없다. 『슬램덩크』는 판타지에 가깝던 기존의 비현실적인 스포츠 만화들과는 달리 경기 규칙과 선수들의 포

---

* 출처: mangazenkan.com(일본 만화 누적 판매 부수 집계 사이트).

지션, 플레이의 감각까지 소개하며 스포츠 만화의 문법을 새롭게 썼고 일본과 한국 등 동아시아에 농구 붐을 불러일으키기도 했다. 이후 등장한 무수히 많은 스포츠 만화는 모두 『슬램덩크』가 세운 문법의 영향 아래 있다. 그 때문에 『슬램덩크』는 '능력 배틀물'의 전형을 확립한 『드래곤볼』과 함께 '소년 만화'라는 장르 자체를 정의한 작품으로 불려도 과하지 않다. 전투 대신 스포츠를, 초능력 대신 육체 능력을, 세계의 구원 대신 코트 위의 승패를 선택했지만, 그럼에도 『슬램덩크』는 소년 만화가 가질 수 있는 거의 모든 정서를 가장 밀도 높게 응축해 낸 텍스트다.

　　『슬램덩크』의 줄거리는 간단하다. 북산고등학교에 막 입학한 불량 학생 강백호는 같은 학교 여학생인 채소연에게 첫눈에 반해, 그에게 잘 보이려 농구를 시작한다. 규칙조차 모르는 초보지만, 주장 채치수의 혹독한 훈련 아래 타고난 신체 능력과 승부욕으로 농구 기초부터 차근차근 배워 나간다. 채치수 혼자 지탱하던 북산고 농구부(이하 북산)는 슈퍼 루키 서태웅의 합류, 송태섭과 정대만의 복귀를 계기로 빠르게 전력을 갖추고, 강백호의 급격한 성장에 힘입어 지역 강호와 치열한 예선을 거친 뒤 전국 대회 출전권을 획득한다. 북산은 전국 대회 2회전에서 절대 강자인 전년도 우승 팀 산왕공고 농구부(이하 산왕)와 맞붙는다. 근본적인 실력 차와 부상, 체력 고갈을 겪으며 한계를 넘어선 경기 끝에 북산은 산왕을 격파하지만, 이후 다음 경기에서 거짓말처럼 패하며 시즌을 마감한다. 이 단순한 서사가 어떻게 30년 넘도록 무수히 많은 독자를 사로잡는 것일까?

NBA 모방과 '검은 피부'의 번안

『슬램덩크』의 탄생 배경에는 1990년대 NBA라는 시대적 맥락이

있다. 연재 당시 일본에서 농구는 비주류 스포츠였지만, 미국에서
는 마이클 조던(Michael Jordan)이 이끄는 프로 농구팀 시카고 불스가
전 지구적 아이콘으로 부상하고 있었다. NBA 농구의 빠른 공수
전환, 화려한 개인기와 공중 플레이는 전 세계에 생중계되며 흑인
선수들의 신체 능력을 처음으로 대중에게 부각했고, 이는 백인 중
심의 주류 사회에서 이들의 존재를 증명하는 신체적 저항이자 투
쟁으로 작용하기도 했다. 이노우에는 사진을 참고하는 작법을 통
해 흑인 선수들이 가진 이 폭발적인 운동 역학의 리얼리티를 '펜
선'으로 포획해 만화 컷 안에 이식했다. 『슬램덩크』는 이전 스포츠
만화들과 달리 기술의 명칭이나 승부의 서사가 아니라 점프의 각
도나 착지의 균형, 몸의 궤적 등 움직임을 특히 중요시했다. 경기
장면의 구도 역시 중계 카메라나 경기 사진을 연상시키는 컷들이
자주 사용되어, 실제 스포츠 중계를 보는 듯한 감각을 전해 준다.

　　NBA가 『슬램덩크』에 끼친 영향은 작화 수준에 머물지 않는
다. 만화의 서사 구조 자체가 시카고 불스의 성공 신화와 겹쳐 있
다. 채치수 원맨팀에 가까웠던 북산이 데니스 로드맨(Dennis Rodman)
을 연상시키는 강백호와 문제아들을 영입해 최강의 팀으로 거듭
나는 과정은 당시 불스의 서사와 유사하다. 또한 『슬램덩크』는 흑
인 문화를 더 깊은 층위에서 일본의 소년 만화 문법으로 번역하기
도 했다. 농구와 결부된 흑인 하위문화는 일본의 '양키(불량 청소년)'
문화로 현지화되었다. 힙합 패션과 길거리 농구의 자유분방, 규율
에 대한 저항 정신은 리젠트*를 한 불량 학생들의 코드로 대체되었
다. 즉, 강백호 군단이 보여 주는 일탈과 폭력성은 미국 흑인 게토
문화의 '일본식 번안'인 셈이다.

---

* 앞 머리카락을 위로 빗어 넘기고, 옆 머리카락을 뒤로 빗어 붙인 머리 모양.

문제적인 것은 인종적 기호의 차용 방식이다. 흑인 선수들이 보여 준 폭발적인 신체 능력은 정밀하게 포착되었지만, 그 신체가 수행한 정치적 저항은 표백되었다. 강백호를 비롯한 일본 고등학생들은 흑인의 신체성을 수행하지만, 그 역사적 맥락은 공유하지 않기에, 결국 정치적 무게가 거세되어 기능적으로만 완결된 '하드 바디'*만이 남는다. 또한 작가는 흑인 선수들의 신체적 특징인 곱슬머리, 두꺼운 입술, 압도적인 피지컬을 북산의 채치수, 능남고 농구부의 변덕규, 황태산 등 여러 캐릭터에게 부여했는데 이들의 특징은 '고릴라', '원숭이', '두목 원숭이' 같은 별명으로 희화화된다. 이는 서구의 팝 컬처를 동경하면서도 그 안에 내재된 인종적 맥락을 소거하고 대상화해 소비하던 1990년대 동아시아의 태도를 보여 준다.

이러한 혐의를 작가도 인식했는지, 2007년 완전판부터는 표지에 등장하는 선수들의 외형을 좀 더 일본인의 이미지에 가깝게 다시 그렸다. 흥미로운 점은 2022년의 극장판 〈더 퍼스트 슬램덩크〉 역시 동일한 관점에서 이러한 과거의 차용을 세련되게 세탁했다는 사실이다. 영화는 송태섭을 주인공으로 내세우며 그에게 오키나와 출신이라는 설정을 부여한다(이는 1998년 발표된 단편 만화 「피어스」의 내용을 확장한 것이다). 오키나와는 일본 내부에 있는 타자이자 역사적 상처를 지닌 공간이다. 송태섭의 곱슬머리와 어두운 피부, 마이클 조던을 연상시키는 귀걸이는 더 이상 흑인 선수의 흉내 내기가 아니라 '류큐인(오키나와 토착 민족)'이라는 정체성으로 재정의된다. 이는 원작에 내재하던 인종적 전유의 흔적을 일본 내부의 다양

---

* 미국 여성학자 수잔 제퍼드(Susan Jeffords)가 정의한 개념으로, 기계처럼 완벽하게 통제되는 불멸의 남성 육체를 의미한다.

성 담론으로 영리하게 봉합하려는 시도로도 읽힌다.

소년 만화란 무엇인가: 내재화의 기제

『슬램덩크』를 더 깊이 독해하기 위해서는 '소년 만화'라는 장르의 본질을 짚고 넘어가야 한다. 흔히 소년 만화를 모험, 성장, 경쟁, 우정 등의 주제와 역동적 작화 양식을 공유하는 미학적 장르로 여기지만, 사실 일본의 출판 잡지 시스템이 만들어 낸 산업적 분류로서 보아야만 장르적 특징을 더 잘 이해할 수 있다. 소년 만화의 가장 큰 특징은 완결을 향해 나아가는 서사가 아니라 인기가 지속되는 한 다음 적이 끊임없이 등장해야 하는 '무한 연장의 세계'라는 점이며, 이는 산업적 특징에서 기인한다. 이런 소년 만화의 구조에서 주인공은 성장을 완료하지 못한 채 영원히 승리를 위해 노력하는 존재로 남아야 한다.

　시스템은 10대 소년들에게 재미를 미끼로 사회가 권장하는 윤리를 내재화하는 거대한 교육 장치로 기능한다. '노력하면 승리한다'는 명제는 공정해 보이지만, 이는 현실의 구조적 모순을 은폐하고 모든 책임을 개인의 육체적·정신적 수련으로 돌리는 '신체 중심의 능력주의'를 주입한다. 어찌 보면 이것은 신자유주의적 자기계발 서사의 원형이기도 하다. 『슬램덩크』는 NBA와 마이클 조던 그리고 나이키 운동화가 상징하던 1990년대의 경쟁적 규율을 대중문화적으로 번안한 작품이다. 1990년대 이전의 일본 스포츠가 정신력 위주의 '근성'을 강조했다면, 『슬램덩크』는 과학적이고 관리된 육체의 시대를 열었다. 강백호는 근성으로 싸우는 것 같지만, 사실은 타고난 신체 능력과 운동 신경, 올바른 지도하에 습득한 기술로 승부한다. 이것이 10대들에게는 너의 몸을 효율적으로 갈고 닦으라는 새로운 주문으로 작용했다.

농구부의 패배를 자책하는 강백호를 서태웅이 무심하게 위로하는 장면, 서태웅이 윤대협과 일대일 대결 연습을 떠올리는 장면의 실루엣은 유독 낭만적이다.(12권, 173쪽, 23권, 77쪽)(출처: 필자 제공)

또 이 같은 무한한 확장은 체제 자체에 관한 질문을 유예함으로써 정치적 전복의 가능성을 원천적으로 차단한다. 소년 만화는 독자가 성인이 되어 사회의 부속품으로 기능할 수 있도록 청소년기에 발현되는 저항 에너지를 전복적 정치 행위가 아닌 '스포츠'나 '배틀'이라는 규칙이 통제하는 안전한 장에서 소진하게 하는 탈정치적 공간을 제안하는 것이다. 이 세계의 한계는 소년 만화에 여성 캐릭터가 배치되는 방식에서 더욱 잘 드러난다. 여성들이 서사의 주체가 아닌 보상으로 대상화되거나 보조적 역할로 고착되는 현상은 소년 만화가 상정하는 '보편'이 사실은 '남성'이며, 심층적으로 기성의 가부장적 위계질서를 답습하는 편협한 세계임을 방증한다. 즉, 소년 만화 속 탈정치적 공간은 사실 이런 측면에서 가장 정치적이며 기성의 정치 지형에 복무한다.

닫힌 세계의 균열: BL과 여성의 시선

이 견고한 성채에 균열을 내는 것은 역설적으로 여성 독자들의 시선이다. 『슬램덩크』의 장기 홍행과 생명력의 상당 부분은 BL(Boys Love) 팬덤에 빚지고 있다. 『슬램덩크』는 소년 만화로서는 드물게 방대한 여성 팬덤을 양산했으며, 그들에 의해 연재 당시부터 압도적인 규모의 동인(2차 창작) 문화가 형성되었다. 특히 〈더 퍼스트 슬램덩크〉의 홍행은 과거 팬덤에 새로운 세대의 팬덤이 더해지며 2차 창작을 폭발적으로 재점화했다. 남성 독자들이 '농구 기술'과 '승패'에 집중할 때, 여성 독자들은 캐릭터 간의 관계에서 발생하는 미묘한 감정의 층위를 포착한 것이다.

이 같은 독법을 일부 여성 독자들의 특수한 소비 형태로만 보기는 어렵다. 『슬램덩크』 자체가 이성애자 남성 간의 교감과 유대는 본질적으로 동성애적 욕망의 연속선상에 있다는 것을 부지불식간에 그려낸다. 육체의 격돌과 거친 호흡, 비 오듯 쏟아지는 땀, 시선의 교환은 작가의 의도와 무관하게 '우정'이라는 안전한 기표로 봉합될 수 없는 뜨거운 잉여 에너지를 발산한다. 서태웅과 윤대협이 일대일 대결에서 주고받는 호흡, 혹은 강백호와 서태웅 사이의 혐오와 신뢰가 뒤섞인 양가적 감정 등은 '뜨거운 코트를 가르며' 강렬한 성적 긴장을 형성한다. 『슬램덩크』는 스포츠라는 경쟁의 장을 빌려 이성애 규범에 숨은 남성 간의 농밀한 정동을 가시화한다. 여성 독자들은 이 틈새를 파고들어 소년 만화가 억압해 둔 관계의 가능성을 BL이라는 코드로 해방시킨다. 즉, 소년 만화가 유지하려는 가부장적이고 탈정치적인 질서는 여성들의 퀴어적 독해에 의해 끊임없이 교란되고 재구성된다.

긴장이 가장 극적으로 드러나는 부분은 정대만의 서사다. 정대만은 중학생 시절부터 촉망받던 선수였으나 부상으로 좌절을

소위 '서비스 신'이라 불리는 소년 만화의 불필요한 노출 장면은 예외적으로 여성 캐릭터가 아닌
채치수에게 할당되었다.(5권, 159쪽)(출처: 필자 제공)

정대만이 자신의 폭력이 사실 감독을 향한 인정 투쟁이었다는 사실을 깨닫는 장면은 순정 만화의
문법을 연상시킨다.(7권, 59쪽)(출처: 필자 제공)

겪고 채치수에게 스포트라이트를 빼앗기자 농구부를 탈퇴했다. 이에 마초적 폭력성으로 위장했던 그가 안 선생님 앞에 무릎 꿇고 "농구가 하고 싶어요"라며 오열하는 장면은 단순한 스포츠 참여 의사를 넘어 '아버지(멘토)'의 인정을 갈구하는 처절한 고백이자 결핍된 주체가 존재를 의탁하는 인정 투쟁이다. 정대만이 불량배로서 보여 준 것이 남성적인 '하드 바디'의 과시였다면, 그가 무릎을 꿇는 장면은 그것이 해체되어 감정을 가진 '소프트 바디'로 전환되며 그의 육체가 재해석되는 순간이다. 공교롭게도 이 장면은 『슬램덩크』에 처음으로 입체적인 인물이 등장한 순간이며, 북산이라는 팀이 비로소 전력을 갖추는 순간이자 본격적으로 만화에 서사적 깊이와 재미가 발생하는 순간이기도 하다.

산왕전: 가장 정치적인 패배

다시 돌아와 『슬램덩크』의 결말을 보자. 북산의 마지막 상대인 산왕은 무척 상징적인 팀이다. 전원 삭발한 머리, 한 치의 오차도 없는 조직력, 절대적인 위계질서. 산왕 선수들의 육체는 마치 '제국주의 일본군'이나 고도성장기 일본을 지탱한 '기업 전사'들을 연상시킨다. 반면 북산은 빨간 머리 강백호, 장발의 정대만, 짝짝이 눈썹 송태섭 등 제각각의 개성이 충돌하는 이질적 집합체다. 이 경기는 시스템과 개인의 충돌로도 읽힌다. 경기 후반, 강백호는 '선수 생명이 끝날지도 모르는' 등 부상을 입는다. 재출전을 만류하는 감독에게 "영감님의 영광의 시대는 언제였죠? 난 지금입니다!"라고 외치는 강백호의 대사는 그 함의를 보면 소년 만화 역사상 가장 비장한 선언이다. 이 장면은 언뜻 2차 세계대전 당시 가미카제 특공대의 옥쇄 미학을 재현하는 것처럼 비치기도 한다. 전체(농구부)를 위해 개인을 불사르는 파시즘적 희생 제의 말이다.

개성적인 북산고 학생들과 대비되는 산왕공고 학생들의 균일성.(19권, 148-149쪽, 20권, 60쪽)(출처: 필자 제공)

　　하지만 북산은 다음 경기에서 '거짓말처럼' 참패하고, 작품은 거기서 끝난다. 이 패배는 이 비장미의 성격을 완전히 전복시킨다. 북산이 우승했다면 대의를 위한 숭고한 희생으로 신격화되었을 강백호의 부상은 패배 덕분에 '자신의 실존 순간을 위한 선택'으로 남는다. 작가는 주인공을 패배시킴으로써 소년 만화의 영원한 굴레인 '무한한 승리와 확장'의 고리를 끊어 냈다. 승리만이 가치가 있는 세계, 다음 단계의 적을 위해 끊임없이 강해져야만 하는 능력주의의 무한궤도에서 강백호는 '부상'과 '패배'를 통해 탈출한다.

　　따라서 산왕전은 '전체주의적 규율(산왕)'과 '자유주의적 개인(북산)'의 대결이자, 과거의 일본과 미래의 일본이 격돌하는 정치적

산왕전 승리 후 잡지사에서 찍은 북산의 단체 사진. 하지만 이후 3회전에서 참패를 당했기 때문에,
이 사진이 표지로 사용되는 일은 없었다.(24권, 232쪽)(출처: 필자 제공)

알레고리다. 북산은 NBA(미국)의 스타일을 입은 '새로운 세대'다.
이들이 산왕이라는 구체제를 무너뜨리는 것은 2차 세계대전 패전
이후 일본 사회를 억눌러 왔던 미국에 대한 콤플렉스의 반영이자
열등감의 극복으로 마무리될 수 있었다. 북산이 산왕을 만나는 시
기가 전국 대회 결승이 아니라 2차전이라는 것은 그래서 중요하
다. 아무런 영광을 남기지 못했기 때문에, 허무한 패배를 통해 역설
적으로 콤플렉스의 굴레에서 벗어나 영원한 자유를 획득한다.

　　이러한 결말은 편집부의 연재 연장 요구, 즉, 인기작을 계속해
서 쥐어짜려는 자본의 논리에 대항한 작가의 선택이기도 하다. (산
왕전 전후로 언급되는 또 다른 강적 '마성지'나 '김판석'의 존재는 편집부와 조율되지 않
은 채 남겨진, 서사적 절단의 흔적처럼 보인다.) 결국 『슬램덩크』의 엔딩은 시

스템에 복무하는 영원한 승자가 되기를 거부하고, 성장을 완료한 '가장 주체적인 패배자'의 기록이다. 우리는 이 '중단된 시간'에서 비로소 승패를 떠난 삶의 존엄을 목격한다.

소년 만화의 계보와 퇴행

『슬램덩크』 이후 소년 만화의 계보는 어떻게 이어졌을까. 마찬가지로 《주간소년점프》에 연재되며 1억 부 이상의 판매량을 올린 『원피스』, 『나루토』, 『블리치』는 2000년대 전성기를 구가한다. 이들은 '노력하면 된다'고 외쳤지만, 결말에 이르면 주인공들의 성취가 실은 예정된 혈통과 운명(환생/계승)의 산물임이 밝혀진다. 이는 신자유주의 시대의 계급 고착화를 반영하며, 노력의 가치를 스스로 배신하는 퇴행을 보여 주는 듯하다.

　한편, 무한 연장의 늪에 빠진 이 세 작품과는 달리 『강철의 연금술사』나 『진격의 거인』은 치밀한 설계와 서사적 밀도로 2010년대 큰 인기를 얻었다. 하지만 높은 완성도 이면에 전체주의나 군국주의적 멘탈리티를 미화하거나 어쩔 수 없는 것으로 용인하는 위험한 징후가 포착된다. 세계의 모순을 해결하기 위해 '학살'이나 '전쟁'을 묵인하거나 옹호하는 서사는 2010년대 일본 우경화의 흐름과 무관하지 않아 보인다.

　그리고 2020년대, 『귀멸의 칼날』, 『주술회전』, 『체인소맨』의 시대가 도래했다. 이들의 주인공은 더 이상 '호카게(주인공 마을의 지도자 및 최고 직책)'나 '해적왕' 같은 거창한 지위를 꿈꾸지 않는다. 『귀멸의 칼날』은 불확실한 미래 대신 '다이쇼 로망'이라는 가공된 과거의 도덕률과 가족주의로 회귀하는 보수적 안식을 제공하고, 『주술회전』은 기존 만화들을 열화 복제하며, 『체인소맨』의 주인공 '덴지'는 '아침으로 식빵에 잼을 발라 먹고 싶다'는 빈곤의 해결이

나, '여자의 가슴을 만지고 싶다'는 원초적 본능을 충족하기 위해 악마를 베어 넘긴다. 이 세 작품은 각기 회귀, 복제, 생존이라는 다른 방식을 취하지만, 본질적으로는 거대 서사가 붕괴된 시대, 정치의 사사화(私事化)가 완료된 시대의 자화상이라는 점에서 동일하다.

이 황폐한 계보는 사실 『슬램덩크』보다 『드래곤볼』이 탄생시킨 '소년 배틀물'의 문법에 더 가깝다. 그 때문에 소년 만화의 두 경전 중 하나인 『슬램덩크』를 다시 호출하게 된다. 북산의 아이들은 혈통으로 농구하지 않았고, 세상을 구하겠다는 망상에 빠지지도 않았으며, 오직 코트 위의 동료와 자신의 '지금'을 위해 싸우고 패배했다. 시스템이 강요하는 승리의 쳇바퀴를 스스로 부수고 내려온 그 결말이야말로, 지금 우리에게 가장 필요한 '정치적 상상력'일지 모른다. **서리북**

선우훈
본지 편집위원. 만화가. 만화 평론가와 현대미술 작가로도 활동하고 있다. 『데미지 오버 타임』, 『나의 살던 고향은』, 『정읍: 샘골 이야기』, 『세상을 바꾼 노래들』 등의 만화를 그렸다. 만화 비평 웹진 《유어마나》 편집장을 지냈고, 만화 비평 팟캐스트 〈주간웹툰〉을 진행했다. 현재는 온라인서점 알라딘이 운영하는 콘텐츠 플랫폼 〈투비컨티뉴드〉에서 웹툰 『메타모르핀』을 연재 중이다.

📖 식인 거인을 피해 성벽 안에 고립된 채 살아가는 인류의
사투를 다루는 작품으로 거인에게 엄마를 잃은 주인공
'에렌'이 거인의 정체와 세계의 진실에 다가가는 과정을
그린다. 넷플릭스 서비스 이후 한국 젊은 세대에게 폭발적인
반응을 얻으며 비평적 화두가 되기도 한 문제적 작품이다.
거인의 정체와 마주한 이들의 행동은 패배주의와 폐쇄성에
갇힌 현대 일본의 집단 심리를 전후사의 맥락에서 독해하게
한다. 『슬램덩크』가 '패배'를 통해 시스템을 탈출했다면,
이 작품은 시스템의 벽을 부수기 위해 마주해야 하는 참혹한
역사적 대가를 질문한다.

『진격의 거인』
이사야마 하지메 만화
학산문화사, 2011

"바다 너머에는, 자유가 있다. 쭉 그렇게 믿었어. 하지만
틀렸어. 바다 너머에 있는 건 적이야. 아버지의 기억 속에서
봤던 것과 모든 것이 똑같아…… 저 너머에 있는 적……
그들을 전부 다 죽이면, 우리는…… 자유로워질 수 있을까?"
― 책 속에서

📖 육체가 기계로 대체되는 발전된 기술의 세계, 하늘에는
'자렘'이라는 유토피아가 떠 있고 지상에는 쓰레기가 쌓여
가는 '고철 마을'이 있다. 쓰레기 더미에서 건져 올려진
사이보그 소녀 '갈리'가 자신의 잃어버린 기억을 찾는 여정을
그린 사이버 펑크의 고전이다. 여성의 신체를 파편화하고
기계 부품으로 대체하는 극단적 도구화의 시선이,
역설적으로 생물학적 성차를 무너뜨리며 저항하는 주체를
가시화하는 페미니즘적 경로를 열어젖힌다. 『슬램덩크』의
육체가 승리를 위한 효율적 수단이라면, 갈리의 몸은 운명에
맞서 스스로를 재구축하는 실존적 전장이다.

『총몽』(완전판)
키시로 유키토 만화
문학동네, 2020

"현재는 한순간에 과거가 되어 버리지! 누구나 언젠가는
죽어! 운명은 인간의 지식을 뛰어넘어 미쳐 날뛴다고!
그게 당연하다는 듯이 말이야! 난 그런 이 세상 전부를
증오해! 열역학 제2법칙을 증오해!"― 책 속에서

『넷플릭스 딜레마: 한국은 어떻게 넷플릭스의 하위 파트너가 되었는가』
김아영 지음
현실문화, 2025

달콤했던 넷플릭스의 초대,
체제 너머를 꿈꾸는 K-콘텐츠

김윤지

최근 한국 문화 산업의 성장이 세계적으로 큰 주목을 받고 있다. K-팝과 K-드라마, 영화가 해외에 폭넓게 소개되면서 많은 세계인이 K-콘텐츠와 함께 한국을 떠올린다. 처음 만난 외국인과 간단한 스몰 토크를 하면 나도 보지 못한 한국 드라마들이 대화 주제로 떠오르는 경우도 많다. 한국에 대한 관심이 관광으로 이어져, 고운 한복을 입고 경복궁 주변을 돌아다니는 외국인 관광객들 모습은 이제 일상적인 서울 풍경이 되었다.

　한국 문화 산업의 성장은 1990년대부터 정치적 민주화와 여러 경제, 기술 환경의 변화에서 일구어 온 성과지만, 폭발적 확산이 가능했던 데에는 글로벌 OTT(Over The Top)인 넷플릭스가 기여한 바도 크다. 방송사 전파를 통해 드라마를 보던 시절에는 전파의 시간적, 공간적 한계로 인해 한국 드라마들을 세계 시장에 폭넓게 소개하고 판매하는 것이 어려웠다. 2000년대 중반 이후 초고속 인터넷이 가정으로 보급되면서 한국 드라마가 세계적으로 공유되는 일이 늘어났지만, 어둠의 경로를 통한 해적물인 경우가 많았다.

한국 방송 영상 산업에 드리운 넷플릭스의 명과 암

2016년 한국 시장에 입성한 넷플릭스가 본격적으로 전 세계 유통망을 통해 한국 영상 콘텐츠들을 소개하면서 세계 시청자들의 접근성은 획기적으로 개선되었다. 세계적으로 한국형 좀비와 갓 열풍을 일으킨 〈킹덤〉(2019), 넷플릭스에서 가장 많이 시청한 콘텐츠로 자리 잡은 〈오징어 게임〉(2021), 미국 《타임》지 선정 2025년 최고의 K-드라마로 뽑힌 〈폭삭 속았수다〉(2025)에 이르기까지, 넷플릭스는 글로벌 시장에서 K-콘텐츠가 경쟁력을 갖게 한 일등 공신이다.

폭발적 성장이 있었음에도 최근 드라마와 영화를 제작하는 한국 영상 산업계에 위기감이 커지는 중이다. 해외에 소개되는 드라마가 늘어나면서 제작비가 상승해 드라마 제작 편수가 줄어들고, OTT 구독으로 영화관을 찾는 관객 수가 줄면서 영화 투자·제작 규모가 절반 이하 수준으로 위축되었기 때문이다. 위기의 원인을 이야기할 때도 어김없이 넷플릭스가 등장한다. 넷플릭스가 한국 드라마들을 구매하면서 제작비를 끌어올려 위기를 촉진했고, 넷플릭스의 강한 흡입력으로 인해 사람들이 영화관으로 향하는 발길을 끊었다는 것이다. 넷플릭스가 K-콘텐츠의 성장을 이끈 만큼 산업의 위기도 심화시키는, 그야말로 '딜레마'가 나타났다.

그 때문에 문화 산업 정책과 관련한 회의에 참석하거나 관련한 글을 써야 할 때 매우 곤혹스럽다. 매년 6억 달러(한화 8천억 원 이상)씩 한국 콘텐츠를 구매해 주는 고마운 글로벌 투자자이기도 하지만, 너무나 강력한 힘으로 주변 경쟁자와 연관 산업을 초토화시키는 넷플릭스라는 괴물을 마주해야 하기 때문이다. 넷플릭스를 어떻게 다루어야 할지, 과연 다루어지기는 할지 고민할 수밖에 없다.

게다가 불과 4-5년 전만 해도 넷플릭스 같은 글로벌 구매자의 등장으로, 한국 드라마도 드디어 해외 판매가 손쉬워졌다는 것

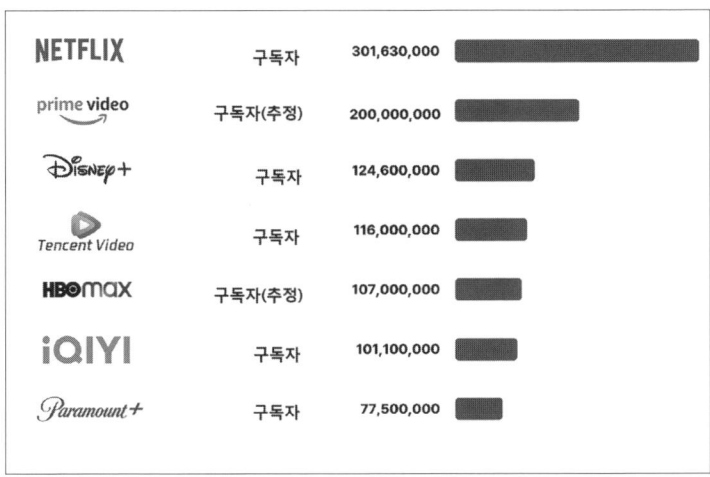

주요 글로벌 SVOD 사업자들의 가입자 수(2024).(출처: FlixPatrol(2025))

을 기쁘게 이야기했을 정도로 변화의 속도도 빠르다. 논의의 주제가 반가움에서 위기로 바뀌는 데 채 3-4년이 걸리지 않았다. 몇 년 전 쓴 글을 스스로 폐기하며 몇 년 뒤를 내다보지 못한 나 자신을 자책해야 한다. 『넷플릭스 딜레마』는 넷플릭스가 국내에 진입한 10년간의 복잡다단한 변화가 어떻게 이렇게나 빠르게 나타났는지를 거시적으로, 미시적으로 꼼꼼하게 복기하는 책이다.

모두 가난했던 시절에서 넷플릭스 계급의 시대로
넷플릭스가 산업에서 차지하는 위상이 워낙 높다 보니 넷플릭스와 관련된 책도 많다. 최근 한국 문화 산업에 대한 서평을 의뢰받았을 때 넷플릭스와 관련된 책을 골라야겠다고 마음먹으면서도 선뜻 어느 책을 선택해야 할지 어려웠던 이유다. 넷플릭스가 국내 시장에 들어온 뒤 한국 드라마 시장이 어떻게 변화했는지를 현장 시각에서 정리한 『넷플릭스 한국 드라마 시장을 바꾸다』(한울, 2021), 현재 한국 드라마들이 넷플릭스 안에서 어떻게 유통되고 어떤 위치를 점하는지를 '국뽕' 싹 걷어 내고 냉철하게 분석한 『애프터 넷플릭스』(21세기북스, 2025) 등 훌륭한 책이 많다.

이런 책들 중 『넷플릭스 딜레마』를 택한 이유는 가장 최근에 나와 이전 책들의 성과를 잘 이어 가면서도, 내가 가장 궁금해했던 '그래서 이 업계 사람들은 실제로 어떻게 생각하며 반응했는가'를 조금 더 생생하게 보여 주었기 때문이다. 저자의 박사 논문을 발전시킨 이 책은 방송 영상 현장 제작자와 관계자 17인에 대한 인터뷰를 중심으로 한국 방송 영상 산업의 변화상을 입체적으로 분석한다. 실제 참여자들의 구체적 느낌과 생각이 궁금했던 나 같은 사람들에게는 매우 귀한, 날 것의 재료들인 셈이다.

예컨대 드라마 제작 종사자들을 만나면 단군 이래 한 번도 좋았던 시절이 없었던 것처럼 이야기한다. 10년 전에도 그랬는데, 1년 전에도 그랬다. 최근에는 강도가 조금 더 세져, 한 애니메이션 사업자가 "원래 '너무 힘들다'는 이야기는 우리 애니메이션 쪽에서 포문을 여는 게 관행인데, 요즘은 드라마 쪽에서 선수를 친다"고 말할 정도다. 그때마다 내 머릿속에서는 5-6년 전과 비교하면 한국 드라마를 사주는 곳이 이렇게 늘어났고, 연간 1조 원에 가까운 수출 통로가 생겨났는데, 왜 다들 어렵다고만 하는지 의문이 들곤 했다.

물론 조금은 과장된 측면도 있고, 재미가 좋은 사업자들은 조용히 미소 지으며 그런 회의에 좀처럼 나타나지 않은 이유도 있다. 하지만 본래 동질했던 업계가 분화하면서 상대적 차이가 생겨난 것이 큰 이유다. 마치 보릿고개 넘던 시절에는 모두가 배고팠지만, 경제가 성장하면서 어느 계급에 속하는지에 따라 부의 크기가 달라진 것처럼 업계에서도 그런 분화가 첨예하게 나타난 것이다. 그

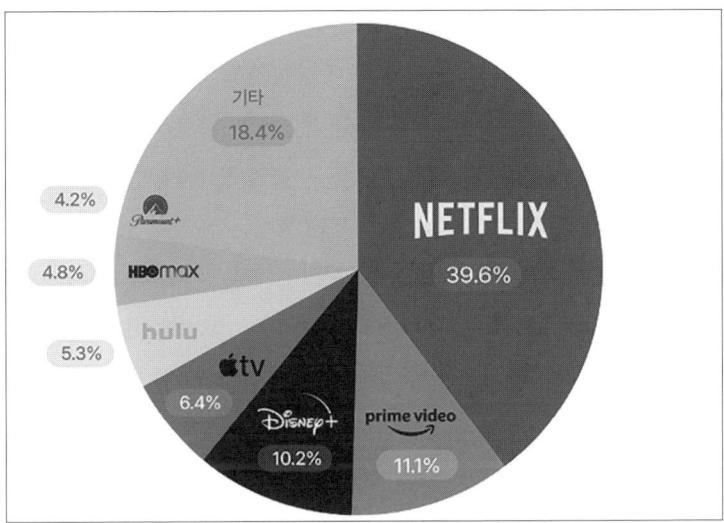

2022년 기준 오리지널 콘텐츠에 대한 수요 점유율. 1위 넷플릭스(39.6%), 2위 아마존프라임
비디오(11.1%), 3위 디즈니플러스(10.2%), 4위 애플티브이(6.4%)로 넷플릭스와 아마존프라임
비디오가 절반 이상을 차지한다.(출처: parrotanalytics)

러니 겨우 세끼를 먹게 되었다고, 이제 먹고살 만하다고 이야기할
수는 없다. 예전만큼 어렵다고만 할 수 없지만, 상대적 박탈감으로
인해 현장 체감은 나아지지 않는 것이다.

넷플릭스 세계 체제를 향한 자발적 복속 과정

『넷플릭스 딜레마』는 넷플릭스를 통해 한국 영상 산업계가 이렇
게 복잡다단한 상황으로 변화해 온 과정을 이매뉴얼 월러스틴
(Immanuel Maurice Wallerstein)의 '세계 체제론'의 틀로 설명한다. 월러
스틴의 세계 체제론은 현대 세계를 개별 국가들의 집합이 아니라
하나의 자본주의적 세계 체제로 파악하는 이론이다. 현 자본주의
체제의 핵심은 '중단 없는 자본 축적'에 있으며, 이는 중심부, 반 주

변부, 주변부로 위계화된 체제의 분업 구조를 통해 달성된다고 본다. 중심부에 속한 국가는 자본과 기술 집약적 수출에 주력하는 반면, 주변부와 반 주변부에서는 상대적으로 노동 집약적인 상품 생산과 수출에 집중한다. 이 과정에서 창출된 잉여 가치는 불평등한 교역 관계를 통해 중심부로 흘러 들어간다는 특징도 있다. 무엇보다 이 체제에는 체제를 합리화하는 '자유주의' 지배 이데올로기가 있고, 세계 체제를 구성하는 국가 대다수가 이 이데올로기를 자발적으로 받아들이며 중심부로 이동하려는 열망을 통해 체제가 강고하게 유지된다는 특성을 갖는다.

세계 체제론은 1980년대 후반에서 1990년대 초반 한국 사회에 소개되어 주로 한국 자본주의의 성격을 분석하는 데 활용되었다. 한국 사회가 처한 국제적 위치 등을 설명할 때 이전 발전 국가론이나 종속 이론으로는 설명하지 못한 구조적 문제를 해석하는 데 유용했기 때문이다. 나 역시 대학 학부에 다닐 무렵 관련 책들을 많이 읽었고, 수출 주도로 성장해 온 한국 경제의 특성, 대기업과 하청 중소기업의 분화 등을 논할 때 자주 언급했던 기억이 있다.

『넷플릭스 딜레마』는 이 틀을 차용해, 한국 방송 영상 산업은 중심부 미국이 소유한 넷플릭스의 위계 구조 아래에 있으며, 반 주변부 국가인 한국이 노동 집약적 생산품인 넷플릭스 오리지널 콘텐츠를 생산하고 수출하는 구조로 파악한다. 콘텐츠를 교역하는 과정에서 발생하는 이윤은 중심부 넷플릭스로 흘러 들어가 축적되지만, 한국에는 남지 않는다. 넷플릭스의 하위 파트너 지위를 차지한 한국 방송 영상 산업은 넷플릭스처럼 글로벌 영상 산업에서 헤게모니를 쥔 OTT 플랫폼 구축을 열망한다. 무엇보다 현재 같은 구조는 미국의 착취와 종속이 아닌 '중심부 미국의 초대'에 의해 이루어진, 한국 방송 영상 산업의 '세계 체제로 향하는 뒤늦은 편입'에 의해 정착되었다고 분석한다. 이 과정에서 방송 영상물을 이윤 획득을 위한 생산품으로만 보는 시각이 확산한 것도 큰 변화다.

세계 체제론이 다른 종속 이론이나 발전 이론과 가장 구별되는 지점은 반 주변부 국가나 사업자들이 단순히 억압적인 구조에 놓인 수동적 존재가 아니라는 사실을 밝혀낸 것이다. 이들은 체제 내에서 상승할 기회를 찾아 자발적으로 움직이는 능동적인 주체로 묘사된다. 즉, 이들은 글로벌 시장에서 경제적 이익을 추구하고 경쟁하면서 더 높은 위치로 올라가려는 욕망을 갖는데, 현재 한국 방송 영상 산업에서도 이러한 점이 그대로 재현된다는 것이다.

실제로 넷플릭스 등장 이전의 방송 외주 제작 환경과 비교할 때 넷플릭스는 사업자들에게 더 나은 경제적 보상, 더 많은 제작 자율성, 더 개선된 제작 환경을 제공했다.『넷플릭스 딜레마』는 넷플릭스가 제시한 것들이 왜 제작자들에게 매력적이었는지, 열악했던 우리 방송 제작 환경 역사를 촘촘히 설명함으로써 보여 준다. 경제적 보상이 높다는 점 하나만으로도 모든 것을 설명할 수 있는데, 글로벌 시스템 중심부는 이들에게 명예와 사회적 위신의 상승까지 부여했기 때문이다. 사업자들의 자발적 복속 과정에 대한 주석인 셈이다.

그들(넷플릭스)이 룰을 만들고 그 룰을 제작자들도 다 원했잖아요. 초반에는 다 따라가고 싶고 넷플릭스에 가면 굉장히 잘나가는 것 같고, 갑자기 강남 사람 된 것 같은. '나 꽤나 잘하는구나, 선택받았구나', 이렇게. (146쪽)

이런 배경이 있기에 현재 구조를 다시 해체하고 재건하는 것 혹은 개선하는 것도 쉽지 않다. 넷플릭스가 산업의 발목을 잡는다고 주장하지만, 세계 체제에 편입된 상황에서 이들을 벗어나는 것도 어렵다. 2026년까지 연간 6억 달러씩 한국 콘텐츠를 구매하겠다고 선언한 넷플릭스가 향후 얼마나 구매액을 늘릴지, 혹시나 구매액을 줄이지는 않을지 전전긍긍하는 것이 한국 방송 영상 산업계의 실상이다. 하지만 돈만 요구해서는 이 체제에 균열을 내기 어렵다. 넷플릭스 체제의 반 주변부에 성공적으로 자리 잡은 한국은 그래서 이들에게 무엇을 요구하며, 무엇을 지향해야 할까.

『넷플릭스 딜레마』는 현장 제작자들의 입을 통해 '데이터 주도권'도 매우 중요하다고 이야기한다. 넷플릭스가 과거의 글로벌 미디어 기업들과 다른 점이 있다면 직접 방대한 데이터를 구축하고 이를 기반으로 사업을 한다는 점이다. 이들은 콘텐츠 제작비, 시청 시간, 시청률, 시청 행태, 시청자 구성 등 모든 데이터에 대한 접근을 배제하면서 제작자들에게도 철저히 함구하도록 하는 것으로 유명하다. 제작자들도 계약서에 명기된 제작비 외에는 콘텐츠에 대한 어떤 정보도 받지 못한다. 국경이 무력화된 플랫폼 비즈니스에서 데이터의 활용과 접근은 산업의 가장 중요한 열쇠가 되기 때문이다. 따라서 향후 넷플릭스와 거래할 때에도 더 많은 제작비만큼 데이터 접근성을 요구하는 것이 중요하다는 주장이다. 앞으로 더 좋은 콘텐츠는 더 많은 데이터 분석 위에서 나올 가능성이 높고, 한국이 스스로 대안을 마련하기 위해서라도 자신들의 데이터를 쥐어야만 한다.

삼시 세끼를 챙긴 자들의 다음 꿈

강연이나 인터뷰할 때면 한국의 영상 콘텐츠들이 세계인들을 사로잡는 원인에 대하여 자주 질문받곤 한다. 여러 진단이 가능하지만, 세계 어느 나라에서도 발견하기 어려운 역동적인 역사를 가졌

콘텐츠 제작비, 시청 시간, 시청률, 시청 행태, 시청자 구성 등의 데이터 활용과 접근이 콘텐츠 제작의 핵심 가치가 될 것이다.(출처: 디지털데일리)

다는 점을 주로 이야기해 왔다. 압축적인 경제 성장, 격렬한 민주화 과정과 쟁취, 그 사이에 나타나는 여러 사회 갈등 등이 한국 영상 콘텐츠의 소재 화수분이 되었기 때문이다. 하지만 그런 소재가 있다 고 하더라도 그것을 담아낼 제작력이 없었다면 흩어지는 이야기로 만 존재했을 터다. 한국의 방송 영상 산업은 그런 생생한 재료들로 솜씨 좋게 영상물을 만들면서 장인의 위치로 올라섰다. 그런 솜씨 를 보고 넷플릭스도 기꺼이 하위 파트너로 한국을 초대했다.

　넷플릭스가 일군 세계 체제에서 하나의 지위를 차지한 한국은 이제 과거의 것과는 다른 고민에 직면했다. 체제의 중심부를 열망하며 체제를 하부로 확산하는 형태를 지향해야 할까, 아니면 그와는 다른 새로운 모델로 진화해야 할까. 이제는 단순히 콘텐츠를 잘 만드는 것에서 벗어나 잘 판매하고 잘 활용하는 쪽으로 선회해야 한다고 주장해 왔지만, 나날이 힘이 세지는 넷플릭스 체제에서 그 답을 찾는 게 쉽지는 않다.

『넷플릭스 딜레마』는 이런 우리의 상황을 다시 되돌아보며 한 단계 넘어서는 해법을 어떻게 찾아야 할지, 삼시 세끼를 챙기면 그다음은 무엇을 꿈꾸어야 하는지 생각하게 해준다. 어려울 때마다 늘 새로운 꿈을 찾는 일은 한국 방송 영상 산업이 여러 보릿고개를 넘어왔던 동력이기도 하기 때문이다. **서리북**

김윤지

인류학과 경제학을 공부했고, 영화, 드라마, K-팝 등 한국 문화 산업의 산업화에 관한 연구를 해왔다. 『박스오피스 경제학』(2016), 『한류외전』(2023) 등도 집필했다. 현재 한국수출입은행 해외경제연구소에서 일하고 있다.

📖 넷플릭스는 한국 콘텐츠를 세계적으로 확산한 일등 공신이다. 넷플릭스 안에서 한국 콘텐츠의 성적도 좋아 구매도 많이 한다. 그렇다면 의문이 생길 수 있다. HBO나 아마존프라임 같은 다른 글로벌 OTT에서는 왜 넷플릭스만큼 한국 콘텐츠를 구매하지 않을까? 넷플릭스가 아닌 다른 OTT에 한국 콘텐츠를 많이 판매할 수 있다면 넷플릭스에 대한 종속성도 줄어들지 않을까? 이 책에서는 현재 넷플릭스 안에서 유통되는 한국 콘텐츠들의 위상과 지역적 특징 등을 폭넓은 데이터로 분석해 그 의문에 대한 실마리를 풀어 준다.

『애프터 넷플릭스: 한국 콘텐츠 비즈니스의 글로벌 생존 해법』
조영신 지음
21세기북스, 2025

"한국은 분명 콘텐츠 강국이다. 그러나 이 강국의 의미는 제한적이고, 상대적이다. 전 세계 콘텐츠 시장은 북미 콘텐츠와 그 외 콘텐츠로 구분되며, 우리는 그 외 콘텐츠 시장에서만 상대적 우위를 가지고 있을 뿐이다. 비영어권 1위란 명칭은 정확히 한국 콘텐츠가 '그 외 시장에서만 강국'이라는 것을 드러내는 용어다. 콘텐츠 구매자인 OTT 사업자 처지에서 본다면 한국과 동남아시아 시장을 중요한 시장으로 생각하는 OTT 사업자만 한국 콘텐츠를 구매할 동기가 있을 뿐이다." ─ 책 속에서

📖 넷플릭스 같은 OTT와 유튜브 등을 통해 콘텐츠의 양이 많이 늘어나면서 현재 세계인의 콘텐츠 시청 습관은 빠르게 변화하고 있다. 특히 Z세대를 비롯해 인터넷과 함께 성장한 세대들은 '시간 가성비'를 선호하며 긴 콘텐츠를 보지 않고, 영화관 방문도 꺼린다. 이에 따라 콘텐츠 자체의 스타일도 변했고 흥행 양극화도 커지고 있다. 이 책은 왜 이런 변화가 생겨났는지 '빨리 감기'라는 속성을 통해 분석한다.

『영화를 빨리 감기로 보는 사람들』
이나다 도요시 지음
황미숙 옮김
현대지성, 2022

"시간 가성비 지상주의 뒤에는 시간 낭비에 대한 두려움이 있다. 스포일러 사이트의 줄거리를 먼저 읽는다는 사람에게 이유를 묻자 이런 답이 돌아왔다. '볼 가치가 있는지 없는지를 먼저 판단한 후에 보고 싶어요. 시간 낭비를 하고 싶지 않으니까'"
"친구들과 소통하기 위해, 단톡방에서의 단합을 유지하기 위해, 30년 전에 비하면 아마도 몇십 배, 몇백 배로 쏟아지는 콘텐츠를 차례로 체크해야 한다. 빨리 감기를 하지 않으면 소화가 불가능하니 귀한 돈을 그냥 날려버리는 셈이 된다. 어쨌거나 그들은 여유가 없다. 시간적, 금전적으로도 그렇고 무엇보다 정신적으로 그러하다." ─ 책 속에서

디자인의 유령들

오창섭

안그라픽스

『디자인의 유령들』
오창섭 지음
안그라픽스, 2025

유령을 직시하기

정재완

30년의 시차를 둔 도발적인 질문: 왜 디자이너는 생각하지 못하는가

1997년, 디자인 비평가 마이클 베이루트(Michael Bierut), 윌리엄 드렌텔(William Drenttel), 스티븐 헬러(Steven Heller)가 엮은 디자인 비평집 『가까이에서 보기(*Looking Closer*)』(1994)가 한국에 번역되어 소개되었다. 당시 국내판 제목은 가히 파격적이었다. 『왜 디자이너는 생각하지 못하는가?』(정글, 1997)

　　디자인을 공부하던 학생들에게 이 강렬한 제목은 단번에 뇌리에 각인되었다. '디자이너가 생각하지 못한다고?'라는 반감은 이내 '디자이너가 생각하지 못하는 것은 세상 어디나 마찬가지구나'라는 자조 섞인 수긍으로 변했다. 디자인에 관한 이론적 텍스트가 턱없이 부족하던 시절, 이 도발적인 질문은 우리 디자인계의 아픈 곳을 찌르는 날카로운 칼날이었다. 그로부터 30여 년이 흐른 지금, 우리는 다시 한번 질문 앞에 선다. "왜 디자이너는 '여전히' 생각하지 못하는가?" 혹은 "우리는 무엇을 생각하지 '않고' 있는가?" 오창섭의 저서 『디자인의 유령들』은 이 끈질긴 질문에 대하여 저자가 내놓은 답변이다.

경계를 가로지르는 디자인 연구자, 오창섭의 실천적 연대기

『디자인의 유령들』은 대학에서 산업 디자인을 가르치는 오창섭의 연구 연대기이자, 디자인 이론과 현장을 가로질러 온 기록이다. 흥미로운 점은 산업 디자인 전공자인 그를 시각 디자인 현장에서 자주 마주친다는 사실이다. 그의 활동은 그래픽 디자인 맥락 안에서 읽힌다. 시각, 산업, 공예 등으로 디자인을 엄격히 분류해 전문성을 담보하려는 학계의 주류적 분위기에서, 오창섭은 협업과 통섭이 일어나는 실제 현장의 언어로 디자인을 탐구해 왔다.

저자는 매 학기 학생들과 함께 책을 만드는 '출판 실천'을 이어 가고 있다. 그가 이끄는 '메타디자인랩'에서 꾸준히 펴내는 결과물은 글쓰기와 편집 디자인이 유기적으로 결합한 출판물이다. 이 책들은 국내 여러 북페어에서 디자이너 독자들과 직접 호흡하기도 한다. 그런 의미에서 『디자인의 유령들』은 단순한 비평서를 넘어 분과주의에 갇힌 디자인 담론을 확장하려는 시도로 읽힌다.

특히 주목할 점은 저자가 채택한 '가상 인터뷰' 형식이다. 스스로 질문을 던지고 답하는 이 장치는 주도면밀하다. 때로는 답하기 곤란한 지점에서 "답을 얻는다고 해서 무엇이 달라질 수 있을까 하는 회의가 듭니다"라며 솔직하게 멈춰 서기도 한다. 스스로 질문을 던지되 결론을 강요하지 않는 서술 방식은 디자인 문화 담론이 완성된 결과물이 아니라 끊임없이 회의하고 질문해야 하는 과정임을 보여 준다.

세 개의 유령: 디자인 문화, 공공성 그리고 작가주의 디자인

저자는 한국 디자인계의 문제적 사건들을 '유령'이라 명명한다. 유령이란, 실체는 불분명하지만, 현상을 지배하는 '죽은 산 자'다. 과거에 매듭지어졌어야 하지만, 여전히 현재를 배회하며 우리를 구

저자가 기획, 저술, 참여한 출판물들.(출처:metadesignlab)

속하는 담론들이다. 저자는 이 유령들을 디자인 문화, 공공성, 작가
주의 디자인이라는 세 가지 범주로 소환한다. 그리고 산 것도 죽은
것도 아닌 유령들이 어떻게 한국 디자인의 지형을 만들었는지 추
적한다. 책 전체를 관통하는 키워드는 디자인 문화, 일상, 공공성,
디자인 작품으로서의 전시, 작가주의 디자인 등이다. 시기로 보면
1990년대 이후부터 현재까지 디자인을 둘러싼 인물과 사건을 다
룬다.

유령 1: 디자인 문화의 유령, 담론의 출현과 확장

1990년대 이후 한국 디자인은 '국가와 산업 선전의 효율적 수단'
이라는 과거의 틀에서 벗어나기 시작했다. 저자는 디자인을 일상
의 삶과 문화로서 바라보기 시작한 지점들을 포착한다. 특히 디자
인 평론가 김민수의 『모던디자인 비평』(안그라픽스, 1994), 『21세기 디
자인 문화 탐사』(솔, 1997), 『디자인 문화 비평』(안그라픽스, 1999) 같은
저작들이 한국 디자인계에 미친 영향과 그 이후의 전개 과정을 추
적한다. 저자는 디자인 문화 담론을 단절된 선이 아니라 여러 선이
엉킨 '회집체'로 파악한다.

> 문: 이로써 김민수의 저술을 따라가면서 디자인 문화 담론의 내용과
> 관련 연결망을 드러내겠다는 애초의 계획은 어느 정도 달성되었다
> 고 할 수 있겠네요. 하지만 뭔가 부족하다는 생각은 떨칠 수 없습니
> 다. 무엇일까요?
> 답: 저는 디자인 문화 담론이 한 가닥의 선이라고 생각하지 않습니
> 다. 그것은 선들의 연결망, 다시 말해 선들의 회집체라고 할 수 있죠.
> (……) 어떤 배경이 지금까지 밟아온 선들과 연결되고, 또 새로운 연
> 결선들과 이어지고 있는지를 드러내야 합니다.(54-55쪽)

그는 자신의 저서 『디자인과 키치』(토마토, 1997)를 통해 생산 중심의 디자인 보기를 비판하고, 수용의 관점에서 디자인을 바라볼 것을 제안했다. 이는 디자인의 존재 이유를 공장이나 사무실에서 일상의 장소로 이동시키는 기획이었다.

> 문: 당신의 『디자인과 키치』도 그 무렵에 출간되지 않았나요?
> 답: 『21세기 디자인 문화 탐사』가 출간된 직후였죠. 『디자인과 키치』에서 저는 생산 중심적 디자인 보기를 비판하면서 수용의 관점에서 디자인 보기라는 새로운 관점을 제시하고자 했어요. 그것은 경제적 부가가치 창출을 목적으로 공장이나 회사 사무실 주변을 어슬렁거리던 디자인의 처소를 일상 삶의 장소로 이동시키는 기획이었습니다. (⋯⋯) 저는 특정 미학적 현상을 부정하는 예술계의 용법에서 탈맥락화해 사회 속에서 인간 행위자와 비인간 행위자가 보여줄 수 있는 관계 유형으로 키치의 개념을 확장했습니다.(55-57쪽)

이 시기에 형성된 문화 담론은 디자인의 개념과 역할을 확장하는 계기가 되었다. 이는 당시 해외에서 유입된 디자인 텍스트와 스타 디자이너들에게 영향받은 면도 없지 않을 것이다. 이와 함께 1980년대 후반 정치적 민주화, 해외여행 자율화, 개인 컴퓨터와 인터넷 보급을 경험하며 성장한 세대에게, 그리고 IMF 사태를 겪으면서 직업과 일터의 구조적 파괴를 마주했던 이들에게, 변화한 사회 문화적 환경에 걸맞은 새로운 디자인 개념을 정립하는 일은 피할 수 없는 숙제였을 것이다.

유령 2: 공공 디자인의 유령, 사적 욕망의 공적 전이

이어지는 장에서 저자는 출판 실천을 통해 만들어진 디자인 문화 담론이 전시라는 실천 영역으로 전이되는 과정을 살핀다. 「문화산업진흥기본법」 제정(1999), 한가람디자인미술관 설립(1999), 한국디자인문화재단 설립(2008) 등 저자가 가까이에서 경험한 바를 토대로 상세히 기록한다. 디자인미술관과 디자인문화재단에서 기획한 전시 《디자인 발견: 일상 속의 디자인 문화》(1999), 《간판을 보다》(2000), 《de-sign korea: 디자인의 공공성에 대한 상상》(2001), 《디자인 교육 2001: 한국 디자인 교육의 전망》, 《한국의 시각 문화와 디자인 40년》(2008) 등은 "전시를 중심으로 공공 디자인, 유니버설 디자인, 디자인사, 디자인 교육은 물론이고, 생활 속에서 디자인이 어떻게 존재할 수 있는지를 다룸으로써 디자인 문화 담론이 제기한 문제의식을 확장하고 발전시켜 나"간 것으로 평가받는다.(102쪽)

오창섭의 탐구는 자연스럽게 디자인의 '공공성'으로 향한다. 저자는 한국 디자인 역량이 사적 영역의 욕망을 충족하는 데 매몰된 사이 정작 공적 영역은 소외시켰다고 지적한다.

> 한국에서 디자인은 산업의 장에 머물며 사적 영역에 자리하는 개인들의 욕망을 자극하고 충족시키는 데 역량을 쏟아왔다. 그렇게 디자인의 역량이 사적 영역에 집중됨에 따라 공적 영역은 디자인으로부터 소외되는 결과가 초래되었다.(111쪽)

2000년대 초반, 《de-sign korea: 디자인의 공공성에 대한 상상》 전시가 '각종 증명서, 교과서, 거리 상점, 공공 화장실, 정류장, 공공 기관 웹사이트' 등을 주제로 삼았을 때의 파격은 디자인의 공공성에 대한 자각이었다. 이후 일어난 자동차 번호판 디자인(2004), 축구 국가대표팀 유니폼 디자인(2004) 등 일련의 디자인 사

《de-sign korea: 디자인의 공공성에 대한 상상》 전시장 풍경.(사진: 김상규)(출처: 안그라픽스 제공)

건들은 논란의 여지는 있지만, 공공의 영역에서 디자인의 필요성이 확대되는 순간으로, '공공 디자인'이라는 화두를 사회에 알렸다.

그러나 이후의 흐름에 대하여 저자는 냉소적이다. 「공공디자인의 진흥에 관한 법률」(이하 「공공디자인법」, 2015) 제정 과정에서 공공 디자인이 '공간' 중심으로 정의되며 특정 분과의 헤게모니 쟁탈전으로 변질된 과정을 날카롭게 비판한다.

공간 디자인도 사물을 다루는 제품 디자인이나 이미지를 다루는 시각 디자인처럼 확고한 영역으로 인정받아야 마땅합니다. 하지만 당시 공간 디자인은 그런 위상을 확보하고 있지 못했죠. 조경이나 건축, 토목이 별도의 분야로 분명하게 자리하고 있는 상황에서 그런 위상을 확보하기는 쉽지 않았습니다.(203쪽)

저자가 보기에 현재의 공공 디자인은 국가나 도시의 정체성을 스타일링해 소비를 촉진하는 시장과 크게 다르지 않다.

공공디자인문화포럼은 공공 디자인의 대상 영역이라고 규정한 도시 환경, 공공 건축, 교통 시설, 편의 시설, 공급 시설, 정보 매체, 상징 매체의 디자인을 통해 국가 단위의 정체성을, 혹은 도시 단위의 정체성을 만들 수 있다는 메시지를 국회와 행정기관, 지자체 등을 향해 반복적으로 발신했습니다. 그런데 거기에서의 디자인은 일반 산업 제품이나 시각물의 디자인과 다르지 않은 것이었습니다. 자본주의 시장 경제체제에서 스타일을 매력적으로 만듦으로써 소비자의 관심을 유도하고 그것을 통해 소비를 촉진하는 활동으로서의 디자인과 다르지 않은 디자인이었다는 말입니다.(212-213쪽)

저자는 미술관과 디자이너의 실천으로 이어졌던 앞선 디자인 문화 담론 활동이 어느덧 특정 분과의 사업 영역으로 자리매김한 현실 그리고 그것의 법적 장치인 「공공디자인법」 제정으로 인해 수포로 돌아간 미술관과 디자이너의 노력을 지적한다. 또한 국가나 지자체 주도로 이루어지는 공공 디자인의 허구성을 비판한다. 시민의 삶과 밀착하지 못한 채 행정적 성과로만 존재하는 공공 디자인은 우리에게 '정서적 불편'만을 남기는 유령이 된 것이다.

유령 3: 작가주의 디자인의 유령, 전유와 신화화의 서사
이 책에서 가장 논쟁적인 대목은 2016년 전시 《그래픽 디자인, 2005-2015, 서울》과 기획자 김형진에 대한 비평이다. 저자는 '소규모 디자인 스튜디오'라는 동시대의 생동감 넘치는 현상이 특정

기획자에 의해 어떻게 신화화되고 전유되었는지를 집요하게 파고 든다. 그리고 이를 '영웅주의'로 포장하는 과정을 비판한다.

> 해당 현상들을 자신들의 것으로 전유하려는 움직이기 나타나기 시 작했다. (……) 전유의 서사 속에서 소규모 디자인 스튜디오 현상은 전통적인 존재 방식으로부터 이탈해 새로운 길을 가려는 소수의 영 웅적 디자이너가 만들어낸 몸짓이자 성취로 미화되었다. 그뿐 아니 라 2005년이라는 특정한 시점에 특정 인물에 의해 시작된 현상으로 신화화되었다.(259쪽)

저자는 해당 전시가 2005년이라는 특정 시점을 인위적으로 설정함으로써 안상수, 김두섭 등 앞선 세대의 활동을 의도적으로 배제하고, 자신들이 '시작 주체'임을 분명히 하려 했다고 지적한 다. 이는 역사적 연속성을 끊어내고 소수의 영웅적 서사로 미화하 려는 작가주의적 욕망의 산물이라는 것이다.

당시 내가 현장에서 본 전시는 한국 그래픽 디자인 역사를 다 루는 일반적인 문법, 즉 '전통의 계승과 재해석'이라는 관점과는 궤를 달리했다. 오히려 과거와 단절함으로써 새로운 역사를 써 내 려가겠다는 기획자의 의지가 매우 선명한 전시였다. 기획의 글에 서부터 '공평하지 않고 불안정한' 항목들을 다룬다고 선언하며 시 도했던 생경한 연출은 유효했다. 이는 젊은 디자이너들의 호응을 이끌어 냈고, 기획 주체와 참여 디자이너들이 디자인 신(scene)의 주 역으로 부상하는 계기가 되기도 했다. 결과적으로 이 전시를 기획 자의 작가주의적 욕망이 투사된 산물로 볼 것인지, 아니면 어제와 결별함으로써 '우리에게 남은 내일'을 직시하려 했던 '정직하고 직접적인' 시도로 평가할 것인지의 문제는 여전히 우리에게 쉽지 않은 질문으로 남아 있다. 책의 후반부에서 저자는 독립 출판의 기원을 디자인 전시와 연결한다. 전시가 디자인을 '작품'으로 격상시켰고, 이에 매혹된 디자이너들이 작가주의적 흐름을 형성했다는 분석이다.

> 매력적인 디자인 전시회 출현, 전시가 만들어내는 작품으로서 디자인, 그것을 통한 작가주의 디자이너의 등장, 그들의 작업에 매혹당한 이들과 그런 디자인을 향한 그들의 욕망, 디자인 업계의 암울한 현실, 그런 현실에 회의를 품은 디자이너들의 이탈 움직임은 2000년대 디자인의 새로운 배치를 이루었고, 서로 관계하며 작가주의 디자인 현상이라 부를 만한 새로운 흐름을 만들어갔다.(323쪽)

다만, 이 지점은 더 많은 논의가 필요해 보인다. 독립 출판이나 소규모 스튜디오의 출현은 디자인적 욕망의 발현뿐만 아니라 생산 수단의 민주화와 독자의 취향 분화라는 더 넓은 구조적 맥락 안에서 읽어야 하기 때문이다.

최근 독립 출판의 지형은 한층 세밀하게 분화하는 양상을 띤다. 작가주의적 관점에서 접근하는 디자이너의 독립 출판과 대중성 및 사업성을 지향하는 출판인으로서의 독립 출판이 그것이다. 두 흐름 모두 그래픽 디자인의 범주 안에서 발생하지만, 전자에 비해 후자가 직면한 사업적 층위의 고민은 훨씬 복잡하다. 단순한 물성 실험이나 창작의 잉여, 혹은 자기 만족의 차원을 넘어 '지속 가능성'이라는 현실적 과제를 마주해야 하기 때문이다. 출판이라는 견고한 시스템에서의 '독립'은 여전히 지난한 일임에도 불구하고, 많은 그래픽 디자이너가 출판을 갈망한다. 갈수록 경쟁이 치열해지는 아트북페어 현장은 이를 증명한다.

2025년 도쿄 아트북페어 현장.(출처: 필자 제공)

선정과 배제 그리고 권력의 지형도

비평의 생동감은 이 책이 지닌 훌륭한 미덕이다. 저자는 가능한 실명을 거론함으로써 역사적 사실과 기록의 구체성을 확보한다. 그러나 서술의 과정에서 필연적으로 발생하는 '선정'은 비평가의 막강한 권력이자 동시에 곤란한 명에이기도 하다. 이름을 불러 주는 행위는 누군가를 역사의 무대로 올리지만, 그 시야 밖에 존재하는 수많은 사건과 인물은 '배제'의 영역으로 밀려나기 때문이다.

내가 이 책에서 느끼는 아쉬움은 여기에 있다. 저자가 서술하는 논의의 중심은 철저히 제도권 주류, 혹은 특정 학맥 중심의 인물들에 쏠려 있다. 책에 등장하는 주요 인물들이 형성한 한국 디자인 담론의 층위는 견고하지만, 그 밖에서 묵묵히 디자인 작업을 실천하는 수많은 비주류 디자이너의 일상은 여전히 '배제의 역사'로 남는다. 그럼에도 저자가 비판하고 경계하는 신화화와 영웅주의의 문제점을 직시하는 것만으로도 이 책을 읽을 가치는 충분하다.

『디자인의 유령들』은 한국 디자인 문화 담론의 출현과 전개 과정을 치밀하게 기록하고 편집한 지도다. 저자의 말대로 유령은 '죽은 산 자'다. 디자인의 유령은 희미하지만, 우리를 지배하는 의심스러운 존재다. 유령은 디자인 산업과 문화, 공공성과 시장 논리, 디자인 현장의 실무와 작가주의적 전시 사이의 간극을 지금도 유유히 떠돈다.

이 책은 우리에게 묻는다. 무엇을 기록할 것인가? 누구의 깃발을 역사로 인정할 것인가? 역사와 비평의 서술 앞에서 선정과 배제의 논란은 앞으로도 계속되겠지만, 제도권 주류의 서사를 넘어 삶의 현장에서 묵묵히 작동하는 디자인의 실체를 목격하려는 시도를 멈추지 않아야 우리는 비로소 유령의 그림자에서 벗어날 것이다. 유령을 직시하는 것, 그것이야말로 우리가 '생각하는 디자이너'가 되기 위해 필요한 방법이다. **서리북**

정재완

본지 편집위원. 북디자이너. 영남대학교 시각디자인학과 교수로 재직 중이다.

📖 한국 디자인 문화 담론의 형성 과정을 보다 깊이 보려면
1990년대를 제대로 이해해야 한다. 책은 '1990년대는
언제부터인가'라는 흥미로운 질문을 시작으로 1990년대에
발행된 문예 계간 잡지를 통해 '응답하라 시리즈'류의
노스탤지어 콘텐츠가 아닌 문제적 시대의 1990년대를
살펴본다.

"1990년대를 '문화의 시대'라고 언명한 앞의 문장에서
주목할 단어는 '부드러운'이라는 형용사다. '문화의
시대'라고 할 때 1980년대적인 '정치와 함께하는 문화'가
아니라 '정치에서 떠난 문화'라는 어감이 담겨 있는 것이다.
그리하여 '이념에서 문화로', '문학에서 문화로' 등이
1980년대와는 달라진 1990년대의 특징을 드러내는 명제로
자주 거론되었다. 하지만 '문화'는 포괄적이고 다층적인
개념이기에 1990년대가 과연 어떠한 '문화의 시대'였는지는
당대에도 해석이 분분했고, 오늘날에도 되돌아봐야 할
물음으로 남아 있다." ─ 책 속에서

『모든 현재의 시작,
1990년대』
윤여일 지음
돌베개, 2023

📖 『GRAPHIC』은 '#8: small studio'(2003), '#34:
XS: young studio collection'(2015)에 이어 '#46:
Studio Directory'(2020)에서 한국 그래픽 디자인
신(scene)의 소규모 스튜디오와 프리랜서를 인터뷰했다.
저마다가 가진 개성과 다양한 입장은 『디자인의 유령들』
3부를 입체적으로 이해하는 데 도움이 된다.

"1980년 이후 출생한 직업 디자이너를 대상으로 한 것으로,
대부분은 기성세대 혹은 기득권과는 거리가 먼, 여전히
성장하거나 이제 막 출발하는 세대의 목록이라 해도 좋을
것 같다. 스튜디오 성격이나 규모 등은 고려하지 않았다.
말하자면 '선별'이 아니라 '망라'에 촛점을 맞춘 결과라 할
수 있는데, 이로써 우리는 제각각 나름의 방식으로 존재하는
한국의 젊은 그래픽 스튜디오의 면면을 어느 정도는 파악할
수 있게 된다." ─ 책 속에서

『GRAPHIC #46: 스튜디오
디렉터리』
김광철, 박연주 편집
프로파간다, 2020

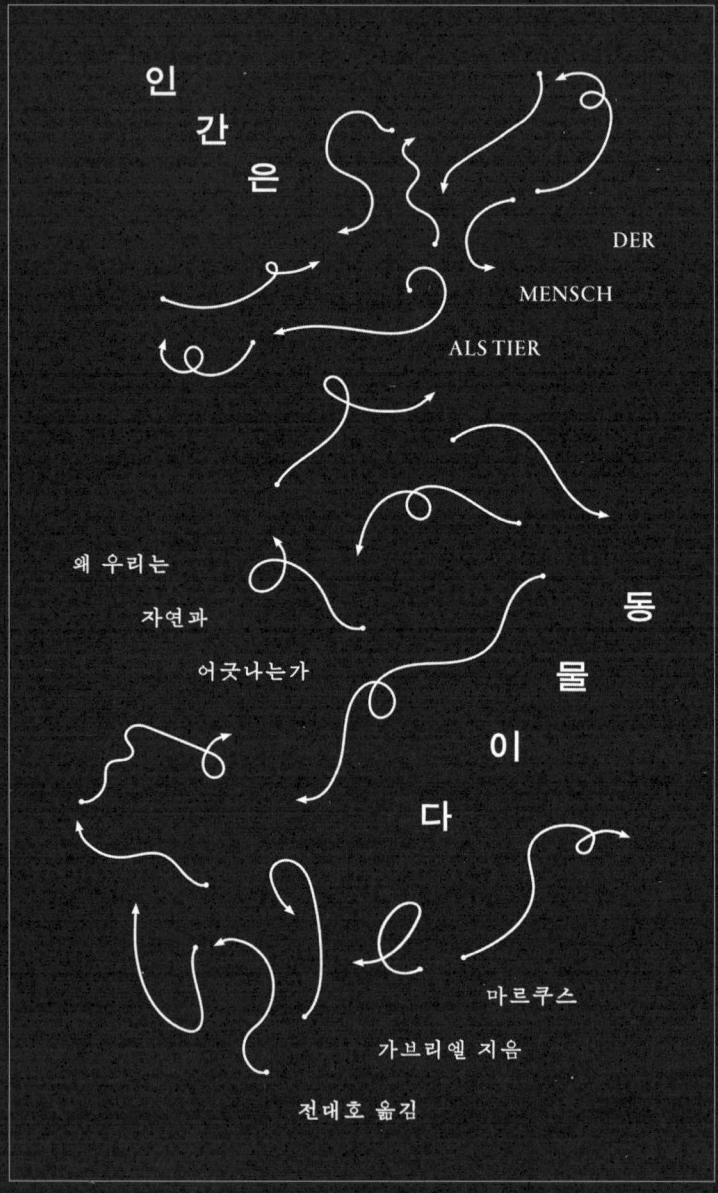

인간은

은

DER

MENSCH

ALS TIER

왜 우리는

자연과

어긋나는가

동

물

이

다

마르쿠스

가브리엘 지음

전대호 옮김

『인간은 동물이다: 왜 우리는 자연과 어긋나는가』
마르쿠스 가브리엘 지음, 전대호 옮김
열린책들, 2025

분류되지 않는 인간과
도덕적 사실이라는 신화:
동물도 신도 아닌 존재를 둘러싼
철학적 곤경에 대하여

정우현

분류학자 칼 폰 린네(Carl von Linné)는 1735년 발표한 『자연의 체계』에서 처음으로 인간을 원숭이와 함께 영장목으로 묶었다. 이는 인간을 신적 질서의 정점으로 본 오랜 관념을 무너뜨리고 인간 역시자연법칙에 따라 분류 가능한 존재임을 선언한 것이었다. 그는 이명법(二名法)을 이용해 인간에게 '호모 사피엔스(*Homo sápiens*)'라는 종명을 부여했는데, 이는 '슬기로운 사람'이라는 뜻의 라틴어다. 린네는 책에서 수백 종에 이르는 생물을 분류하고, 각각의 형태적 특징을 해부학적 설명과 더불어 자세히 기록했다.

그러나 호모 사피엔스 항목을 설명할 때는 특별한 부연 없이 '노스케 테 입숨(Nosce te ipsum)'이라고만 간단히 적었다. 이는 '너 자신을 알라'라는 뜻의 라틴어 문장으로, 과거 소크라테스가 한 말을 그대로 인용한 것이었다. 인간은 자신의 정체와 위치를 스스로 알 수 있는 특별한 존재라는 자부심이었을까, 아니면 아직 자신에 대하여 모르는 게 많은 미지의 존재라는 겸손의 표현이었을까? 어쩌면 인간을 설명하는 최종 권한은 외부의 관찰이 아니라 자기 인식에 있는 것이라며 분류상 예외를 설정해 둔 린네의 은밀한 시도였

자크-루이 다비드(Jacques-Louis David)의 1787년 작 〈소크라테스의 죽음〉. 기술적 전능성이 인간에게 신성을 부여하는 것은 아니다.(출처: 위키미디어)

는지도 모른다. 이는 인간을 다른 영장류와 함께 묶어 두면서도 단순한 생물학적 객체가 아닌 인식의 주체로 남겨 둠으로써 인간을 자연 안으로 던져 넣으려는 과학적 급진성과 인간에게만 남겨진 철학적 특권 사이의 긴장을 조용히 드러낸 장면으로 보인다. 린네는 인간을 완전히 객체화하는 데 끝내 주저한 셈이다.

한편 '호모 데우스(Homo Deus)'는 '호모 사피엔스'처럼 생물학적 분류명도 아니고 철학이나 과학에서 체계적으로 사용해 온 정식 개념도 아니지만, 여러 분야의 다양한 맥락에서 비유적으로 떠돌던 수사적 표현의 하나다. '신은 죽었다'라고 선언한 프리드리히 니체(Friedrich Nietzsche) 이후 신의 자리를 대신할 유일한 존재로 인간을 격상시켰으며, 실제로 인간이 자신의 존재 의미와 가치를 스스로 창조하는 존재로 곧 변모하리라는 기대를 내포하는 용어라 볼 수 있다. 특히 인지 능력이나 신체적 한계를 극복하고 수명을

대폭 연장하게 하는 기술적 도약을 통해 인간을 불멸의 존재로 만
들고자 하는 트랜스휴머니즘(transhumanism) 담론에서 암묵적으로
전제하는 개념이다.

　　유발 하라리(Yuval Noah Harari)는 동명의 책 『호모 데우스』(김영사,
2023)에서 '신이 되고자 하는 인간'의 욕망을 회의적으로 보며 경
고장을 던진다. 초월적 도덕성이나 지혜가 아닌 기술적 전능성이
인간에게 신성을 부여하는 것은 아니라는 지적이다. 호모 사피엔
스와 호모 데우스는 개념적으로 크게 달라 보이지만, 결국 인간을
하나의 동물로 보는 관점에 입각한 기계론적 생명관의 시작과 끝
이라 할 수 있다. 그러나 아이러니하게도 '너 자신을 알라'라는 표
현으로 인간을 동물 중 하나로 선언하면서도 동물과 완전히 같지
않음을 인정해야 했던 린네의 고충은 과학이 극도로 고도화된 오
늘날에도 아직 해결되지 않은 듯하다. 트랜스휴머니스트들 역시
유전적, 기술 공학적 진보를 통해 인체를 개조하고 개선하는 기계
적 방법만으로는 인간이 신적인 존재에 도달할 수 없음을 알고 있
기 때문이다.

인간이 동물이 아닌 이유

이처럼 인간은 결국 동물도 신도 될 수 없다는 게 철학자 마르쿠스
가브리엘(Markus Gabriel)의 주장이다. 그는 신작 『인간은 동물이다』
에서 인간이 다름 아닌 '정신적 생물'임을 새삼 강조한다. (그런 면
에서 이 책의 제목은 자칫 혼동을 가져올 수 있다. 독일어 원제는 『동물로서의 인간(Der
Mensch als Tier)』이기에, 우리말로는 오히려 '인간은 동물이 아니다'라고 뒤집어 번역하
는 게 내용상 더 적절해 보인다.) '왜 우리는 자연과 어긋나는가'라는 부제
는 인간이 자연에 속해 있으면서도 동시에 자연과 어울리지 않는
존재임을 지적한다.

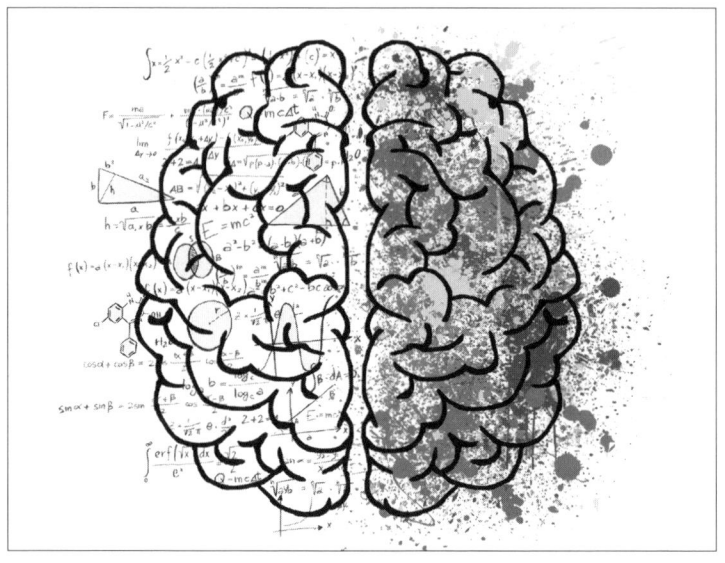

자신이 정신적 생물임을 받아들인 인간은 자연스럽게 도덕의 필요성을 환기한다.(출처: pxhere)

가브리엘은 이전 저서 『나는 뇌가 아니다』(열린책들, 2018)에서 인간의 자아와 자유 의지를 뇌의 활동으로 치환하려는 현대 신경과학의 생물학적 결정론을 비판한 바 있다. 그는 뇌가 정신을 형성하는 데 필요한 '생물학적 조건'일 뿐 정신 그 자체는 아니라고 주장했는데, 이 주장을 신작에서도 지속해서 언급하며 논의를 점차 확장한다. 저자는 1장에서 인간이란 그저 동물이 아니기 때문에 우리 삶은 무의미한 것이 아니며, 따라서 삶은 생존 그 이상의 것이 된다고 논의를 이어 간다.

인간과 동물을 명확히 구분하려는 유신론적 인간관을 제외하면, 인간이 스스로를 동물로 이해해 온 일은 인류의 오랜 정신사에서 특별할 게 없는, 사실상 보편적인 태도였다. 최근에 와서 달라진

점이 있다면 본능이나 뇌, 유전자 같은 생물학적 요인이 인간을 규
정하며 인간의 운명마저 무의식적으로 좌우한다는, 다소 급진적
인 관점이 추가로 덧붙었다는 정도일 것이다.(37쪽) 다른 동물과 마
찬가지로 인간 역시 존재해야 할 이유가 따로 있지 않으며, 따라서
우리 삶도 특별한 의미가 없다는 게 현대 과학이 내린 유력한 결론
이다. 이는 20세기 이후 찰스 다윈(Charles Robert Darwin)의 자연 선택
설과 그레고어 멘델(Gregor Johann Mendel)의 유전 법칙이 결합하면서
현대 진화론의 기초를 이룬 신다윈주의(Neo-Darwinism)가 광범위하
게 확산한 결과이기도 하다.

　　그러나 실은 대부분의 인간이 자신을 동물 그 이상으로 인식
한다. 우리가 가진 자기 인식 능력, 고차원적인 언어와 이성은 인간
이 다른 동물에서 진화한 결과로 만들어지긴 했으나 적어도 진화
의 중간이 아닌 최종 산물이자 정점이라고 여기게 한다. 아리스토
텔레스는 인간과 동물의 가장 큰 차이점을 '논리'의 유무로 보았
으며, 르네 데카르트(René Descartes)는 그것을 '영혼'의 유무로 보았
다. 가브리엘은 입장이 약간 다르다. 그는 인간 그 자체가 동물이
아니라 자기 정의를 통해서 비로소 동물이 된다고 말한다. 요컨대
인간은 자기를 동물로 간주하기 때문에 동물이라는 것이다.(44쪽)

　　저자가 이렇게 말하는 이유는 그가 인간을 구성하는 가장 중
요한 요소를 신체가 아닌 정신으로 보기 때문이다. 정신의 존재인
인간이 다른 동물들과 구별되는 가장 큰 차이는 생물학적으로 주어
진 것이 아니라 인간 스스로에 의해 설정된 것이라는 말이다.(51쪽)
그것은 바로 물질로 설명할 수 없는 정신이다. 우리는 보통 '건강
한 몸에 건강한 정신이 깃든다'는 격언에 더 익숙하지만, 가브리
엘에 따르면 신체가 정신 안에 있는 것이지, 정신이 신체 안에 있
는 것이 아니다.(181쪽) 따라서 동물성에 관한 진화 생물학적 탐구

로는 인간을 온전히 설명할 수 없다고 보는 것이 분명해진다. 그는 인간상을 재정립하고자 한다.

　　인간이 정신적 존재라는 것은 '신실재론(neo-realism)'의 핵심 주장이다. 실재론(realism)이란 인간의 관념이나 감각과는 독립적으로 객관적 실재가 존재한다는 개념인데, 저자가 주장하는 신실재론은 실재론의 기본 전제를 유지하면서도 과학만이 독점적으로 이러한 실재를 입증할 수 있다는 과학 중심주의적 주장에 반대하는 입장을 말한다. 과학은 강력한 설득력을 가짐에도 불구하고, 과학적 방법을 사용해 답할 수 있는 문제들에만 한정된다. 그러니까 신실재론에 따르면 우리가 처한 현실은 단일한 것이 아니라 다층적이고 복합적이어서 과학으로 다 설명할 수 없는 다양한 의미의 장으로 구성된 세계임이 드러난다.

인간이 정신적 존재라는 사실이 도덕적 실재를 담보하는가

인간은 자신이 정신적 생물임을 받아들이는 순간 더 이상 동물의 세계에 머물 수 없음을 알게 된다. 이는 마치 선악과를 따먹은 아담과 이브가 스스로 벌거벗었음을 깨닫고 부끄러워한 것만큼이나 자연스럽게 도덕의 필요성을 환기한다. 가브리엘은 도덕성이 인간에게 가장 중요한 조건임을 주장하기 위해 다윈을 인용했다. 다윈은 일찍이 『인간의 유래와 성선택』에서 "인간과 동물 사이의 모든 차이 중 가장 중요한 것은 도덕감 혹은 양심"이라는 견해에 전적으로 지지를 표한 바 있다.(62쪽)

　　같은 책에서 다윈은 놀랍게도 임마누엘 칸트(Immanuel Kant)의 『실천이성비판』에 나오는 구절도 인용하는데, 여기서 가브리엘은 다윈이 도덕적으로 선한 행위가 보편적으로 타당하다는, 이른바 '정언명령(定言命令)'을 핵심으로 한 칸트주의의 전통을 계승함에 주목한다.(63쪽) 이는 저자가 윤리적 사실의 실재성을 주장하는데 주요한 근거로 제시된다. 즉 도덕적 가치가 인간의 주관적 구성물이 아니라 우주에 존재하는 행성이나 숫자처럼 실재하는 '사실'이라는 주장이다. 이것이 그가 말하는 '도덕적 신실재론'인데, 이는 신이나 이성에 근거하지 않으며 시대와 문화에도 종속되지 않는 도덕적 가치가 실재한다고 보는 입장이다.

가브리엘의 도덕적 사실 논증이 칸트의 정언명령과 보편주의에 빚진다는 점은 현대의 다원주의적 시각에서 의문을 낳는다. 데이비드 흄(David Hume)은 이성을 '열정의 노예'라고 말했으며, 도덕적 판단은 객관적 사실에 기반하는 게 아니라 인간의 '시인(approval)'과 '부인(disapproval)'의 감정, 즉 정념에 좌우되는 행위에 불과하다고 보았다. 현대 윤리학자 알래스데어 매킨타이어(Alasdair MacIntyre)도 도덕이 공동체의 '전통'과 '서사(narrative)' 내에서만 의미를 갖는다고 주장했다. 보편적 도덕 사실이란 존재하지 않으며, 특정 시대와 사회가 공통으로 추구하는 '탁월성'만이 실재한다는 것이다.

만약 우리가 가브리엘의 손을 들어준다면, 도덕적 진보란 우리가 과거에 미처 발견하지 못했던 '도덕적 사실'을 마치 '과학적 발견'처럼 점진적으로 알아 가는 과정을 뜻하게 된다. 그는 이것이야말로 우리의 도덕적 사명이며, 인간적 삶의 의미란 바로 이것을 발견하고 실천하는 데 있다고 본다.

사실 '도덕적 신실재론'은 이 책보다 약 2년 전에 출간된 가브리엘의 또 다른 책 『어두운 시대에도 도덕은 진보한다』(열린책들, 2024)에서 먼저 소개된 바 있다. 거기서 그는 도덕적 사실 논증에 있어 치명적인 약점을 노출한다. 낙태, 전쟁, 사형 등이 도덕적으로 옳은 일인지 판단하는 일에 과연 객관적이며 보편타당한 무오(無誤)의 기준이 있을까? 칸트주의적 윤리는 '인간을 수단이 아닌 목적으로 대우하라'는 강력한 기준을 제시하는 데 비해, 실상은 현실의 수많은 도덕적 딜레마 앞에서 지나치게 형식적이고 경직되어 있다는 비판을 면하기 어렵다.

  가브리엘은 낙태가 살인이라고 말하면서도 임신부의 생명을 구하는 것이 관건이라면 사정이 다르다고 말한다. 이는 절대적 기준이 아닌 상대적 기준이 필요함을 보여 주는 대목이다. 또한 그는 태아가 명백히 인간으로 간주될 만큼 발달해 태아의 생명을 끊으면 안 되는 특정 시점이 존재한다는 사실을 명확히 해야 한다고 주장하면서도, 임신 몇 주차부터 낙태가 살인인지는 판단하고 싶지 않다고 얼버무린다.* 물론 언제부터 태아가 인간으로 인정받는지에 대하여 과학이나 철학이 합의된 정답지를 내놓은 적은 없다. 이는 돌멩이가 몇 개부터 무더기가 되는지 알 길이 없다는 그 유명한 '무더기의 역설(sorites paradox)'에 직면한 꼴이다. 태아가 인간으로서 법적 또는 도덕적 지위를 획득하는 시점 역시 확실하게 말할 수 없고 안개 속에 가려져 있다.

  그러나 이 시점이 언제인지 아무도 모른다는 점이 중요한 것은 아니다. 문제는 가브리엘이 말하는 '도덕적 사실'이 성립하려면 이 시점이 명확하고도 명백하게 실재해야만 한다는 사실이다. 그리고 그 시점을 정확히 알아내 도덕적 실천에 적용하는 일이 바로 도덕적 진보라 불리는 셈이다. 그것이 과연 가능할까? 낙태나 사형 제도에서 발생하는 도덕적 가치의 충돌은 정답이 없는 비극적 선택의 문제이지, 발견되기를 기다리는 '도덕적 사실'이 아니다. 이

---

* 마르쿠스 가브리엘, 전대호 옮김, 『어두운 시대에도 도덕은 진보한다』(열린책들, 2024), 229쪽.

사야 벌린(Isaiah Berlin)은 인간이 추구하는 근본적인 가치들——자유, 평등, 정의 등——이 서로 충돌할 때 이를 모두 만족시킬 '단 하나의 보편적 해답'은 없다고 보았다. 하물며 도덕의 문제랴.

도덕의 스펙트럼 위에서 방황하는 인간성이라는 신화

저자의 논증에서 가장 분명히 드러나는 약점 가운데 하나는 도덕적 기준이 객관적이라고 단언하면서도 그 근거가 철학적으로나 과학적으로 충분히 정식화되어 있지 않다는 점이다. 그의 주장이 드러내는 자신감에 비해 논증은 다소 거칠고 설득력은 빈약하다. 도덕이 자연에서 비롯한 것도 아니고 초월적 존재가 부여한 것도 아니라면, 결국 그것은 인간의 존재와 함께 형성된 정신의 산물일 수밖에 없다. 그렇다면 인간이 진화를 통해 동물에서 점진적으로 변모해 왔다는 사실을 인정하는 한, 우리의 '정신' 역시 어느 한순간 갑작스레 완성된 것이 아니라 특정한 시점에서 생겨나 점차 고도화되어 왔을 것이다. 그렇다면 막 인간이 되었던 오래전 유인원의 정신과 오늘을 살아가는 우리가 지닌 정신이 동일한 윤리적 기준을 공유하며, 더 나아가 그 기준이 영원히 불변한다고 주장하는 것이 과연 가능할까?

또 하나의 문제는, 인간을 동물과 구별 짓는 핵심 요소로 도덕을 내세우면서도 저자 스스로가 그 경계를 이미 허물어 놓았다는 점이다. 전작에서 그는 인간이 아닌 동물들 역시 체계적인 도덕적 행동과 판단을 보이는 경우가 있다고 인정한 바 있다.* 그런데도 그는 '자연은 도약하지 않는다(natura non facit saltum)'라는 격언을 끌어와 자연이 본질적으로 '점진적' 구조를 지닌다는 점을 근거로

---

* 같은 책, 184쪽.

삼는다. 그러나 이러한 설명은 오히려 인간이 동물에서 진화하는 과정 중 도덕적 특이점이 존재했는지, 있었다면 그것이 언제이며 무엇이었는지를 특정하기 어렵다는 사실을 다시금 드러낼 뿐이다. 그럼에도 그는 인간의 도덕성이 동물의 도덕성보다 더 높다며, 결국 과학적으로도 철학적으로도 엄밀하지 못한 가치 판단에 기댄다. 논증이라기보다는 신념의 고백에 가깝다. 이는 인간과 동물 사이에 단절된 경계가 놓여 있다기보다는 오히려 연속적이고 긴 스펙트럼이 펼쳐져 있음을 스스로 증언하는 것은 아닐까.

『인간은 동물이다』에서도 이런 애매한 기술이 반복된다. 그는 다른 동물과 우리 사이에 실제로 연속성이 존재하지만, 이 연속성이 있음을 발견하고 거기에 의미를 부여한 과학적 성취야말로 인간과 동물 사이에 불연속성이 있음을 뒷받침하는 증거라고 말한다.(95쪽) 인간은 자신의 동물성을 확인하면서 동시에 그 동물성을 떨쳐 내려는 가련한 모순의 존재다.

한편 대니얼 데닛(Daniel Dennett)은 생물학적 연속성 위에서 정신을 파악하려 한다는 점에서 가브리엘과 완전히 다른 관점을 취한다. 데닛에게 정신은 어느 날 갑자기 나타난 신비한 실체가 아니다. 그는 단세포 생물이나 동물, 심지어 정교한 체스 프로그램도 일정한 목적을 가지고 움직이는 것처럼 보인다면, 우리가 그것들에 '믿음'이나 '욕구'가 있다고 가정하는 '지향적 태도'를 취할 수 있다고 본다.* 그에게 정신이란 진화라는 긴 스펙트럼 위에서 점진적으로 발달한 기능적 장치일 뿐이다. 린 마굴리스(Lynn Margulis) 역시 정신이 세포들 사이에서 일어나는 상호 작용의 결과일지 모른다고 생각한다. 그녀는 『생명이란 무엇인가』(리수, 2016)에서 박테리아들도

---

* 대니얼 데닛, 이희재 옮김, 『마음의 진화』(사이언스북스, 2006), 70-71쪽.

자기 참조적이고 자기 성찰적인 정신적 속성을 가진다고 썼다.

무지의 윤리학인가, 윤리학적 무지인가

가브리엘은 도덕적 가치가 주관적 감정이나 문화적 관습에 불과
하다는 상대주의적 관점을 '가치 허무주의'라 칭하기도 한다.* 그
러나 그런 판단에는 오해의 소지가 있다. 사람들이 서로 다른 도덕
적 기준을 가지고 있다고 해도 그것은 민주적 사회에서 흔히 발생
할 수 있는 일이며, 이는 대화와 타협을 통해 합의점을 찾아가면
될 일이다. 그것은 허무하지 않다! 가브리엘은 도덕적 가치가 보편
적일 때라야 거기에 맞춰 사람들을 계몽할 수 있고, 사람들이 계몽
된 다음이라야 비로소 사회적 연대를 위해 뜻을 모을 것으로 생각
하는 듯하다.(169쪽)

　　인간 삶의 의미는 순수한 유기적 생존 그 이상에 있다. 가브
리엘이 언급했듯 좋은 삶이란 우리가 인간적이며 도덕적인 진보
를 함께 일궈 가는 것이다.(193쪽) 하지만 우리가 도덕적 진보를 성
취하기 위해 도덕의 객관적 실재가 반드시 전제되어야 하는 것은
아니다. 모든 개인이 삶에서 의미를 발견할 자유는 본질적으로 사
회적이지만, 각 개인의 삶의 의미가 보편적인 단 한 가지로 수렴될
이유도 그럴 필요도 없어 보인다. 이는 그가 중요시하는 자유주의
적 다원주의(liberal pluralism) 이념에도 어긋난다.

　　마지막 3장에서 가브리엘은 자연과학적 발견을 통해 인간을
온전히 이해하는 것은 불가능하며, 따라서 과학이 삶의 의미 여부
를 판단할 수 없음을 다시 한번 강조한다. 그러면서 그는 '무지의

---

* 마르쿠스 가브리엘, 전대호 옮김, 『어두운 시대에도 도덕은 진보한다』(열린책들,
2024), 66쪽.

게프하르트 푸겔(Gebhard Fugel)의 〈시내산에서 하나님으로부터 십계명을 받는 모세〉(19세기 말).
중요한 것은 '무엇이 선(옳음)인지' 알아내는 것보다 '어떻게 그 선을 실천할 것인지'이다.
(출처: 위키미디어)

윤리학'을 정초할 것을 요청하는데, 여기서 무지의 윤리학이란 우
리가 과학을 통해 무지의 영역을 남김없이 탐사한다는 것은 불가
능하므로, 인류의 역사적, 사회 정치적 진로를 결정하기 위해 과학

을 길잡이로 삼아서는 안 된다는 것을 지적하는 말이다.(323쪽) 더
욱이 인류세에 접어들면서 인간은 자기 절멸의 위기에 임박했는
데, 이것이야말로 윤리학적인 숙고와 분리된 채 질주하는 과학 기
술의 진보에 끝없이 의지한 탓이라 할 수 있다.

　　무지의 윤리학의 핵심은 자연과 정신이 동물로서의 인간에게
어느 정도까지 열려 있고 어느 정도까지 낯설고 은폐된 채로 머무
는지 명확히 밝히는 데 있다.(329-330쪽) 따라서 가브리엘의 윤리
학은 견해가 아니라 '앎'에 기초를 둔다. 이 윤리학의 토대는 어떤
사회적 합의를 통해서도 바꿀 수 없는 무조건적인 규범성의 인식
에 있다. 그러나 사람들이 보통 윤리학에 기대하는 것은 이론이 아
니라 실천의 문제다. 윤리에 대하여 배우고자 할 때 더 중요한 것
은 '무엇이 선(옳음)인지' 알아내는 것보다 '어떻게 그 선을 실천할
것인지'이다. 아리스토텔레스가 『니코마코스 윤리학』에서 강조
한 바도 윤리학이란 선이 무엇인지 정의하는 게 아니라 인간이 선
하게 살도록 훈련시키는 학문이라는 점이다.

　　가브리엘이 논의의 말미까지 인식론적 앎의 가능성에 집중하
며 우리의 무지나 인식적 겸손도 윤리학적으로 다룰 수 있어야 한
다고 주장할수록 그 개념조차 쉽지 않은 '무지의 윤리학'이 오히
려 '윤리학적 무지'로 이어질 위험이 있다는 우려를 남긴다. 도덕
적 진보를 논할 때 그것이 주로 의미하는 바가 '무엇이 도덕적 실
재인지 알아내려고 분투하는 것'에 머물면, 도덕적 진보는 의도치
않게 실천적 의지와 동력을 잃어버릴 위험이 있다.

　　이 책이 도덕의 실재성을 입증하는 데 있어 전작인 『어두운
시대에도 도덕은 진보한다』를 넘어 한층 더 확고한 단계로 나아가
지는 못했다는 점은 아쉬움으로 남는다. 아울러 메리 미즐리(Mary
Midgley)의 『짐승과 인간』(위고, 2025)이 텍스트 전반에서 단 한 차례

도 언급되지 않았다는 사실 역시 다소 의외다. 『짐승과 인간』은 인간을 동물이라는 본래의 맥락에 놓고, 절대적 기준 없이도 성립하는 도덕성이 우리의 친척 동물종에서 어떻게 관찰되는지를 설득력 있게 보여 준 저작이다. 그런 점에서 인간과 동물의 차이를 논하거나 도덕적 사실의 절대성 여부를 다루는 이 책의 문제의식에 비추어 볼 때 미즐리의 논의는 훌륭한 비교 대상으로 기능할 수 있었을 것이다. 서리북

정우현
본지 편집위원. 덕성여자대학교 약학과 교수이자 분자생물학자. 유전체 손상과 불안정성을 일으키는 여러 요인과 스트레스에 대한 생명의 다양한 대응 기전을 연구한다. 생물학에는 다른 학문이 놓치고 있는, 무언가 아주 중요한 것이 숨어 있다고 믿는다. 주요 저서로는 『생명을 묻다』, 『나쁜 유전자』가 있다.

📖 이전의 철학자들이 전통적으로 인간을 이해하기 위해
다른 동물종과 구별되는 인간만의 특징에 집중했다면,
미즐리는 동물 행동학의 최신 성과들을 철학 연구의 장으로
들여와 인간과 동물의 유사성을 탐구했다. 인간 본성에 대한
그녀의 비판적 연구는 인문학을 과학의 시녀로 삼으려는
환원주의와 과학 만능주의의 허식에 경고를 던짐과 동시에
플라톤에서 장 폴 사르트르에 이르기까지의 전통 철학과
심리학이 인간의 본성을 얼마나 왜곡하고 있었는지 통쾌하게
지적한다.

"유전자는 결정을 내리지 않으며, 따라서 충고를 받아들일
수 없다. 같은 이유에서 유전자는 도덕을 가질 수도 없다.
유전자가 트럼본을 연주하거나 사회생물학에 관한 책을
쓰지 못하는 것과 마찬가지다." — 책 속에서

『짐승과 인간』
메리 미즐리 지음
권루시안 옮김
위고, 2025

📖 과학 활동의 형식을 결정하는 패러다임이란 특정 시기에
과학자들이 연구하기 위해 공유하는 하나의 신념이지,
절대적인 관점이라 볼 수는 없다. 현대 생물학은 DNA와
유전자로 인간의 이기적 행동뿐 아니라 이타적인 행동 또한
설명할 수 있다고 한다. 심지어 성 선택과 관련된 다양한
행동과 도덕적 판단, 정치 사회적 의사 결정의 과정까지
생물학적 원인으로 대부분 설명할 수 있다고 강조한다.
정말 그럴까?

"진화론이 빚은 생명의 불안정하고도 불투명한 운명을
통해 내가 누구인지, 무엇을 위해 어떻게 살아야 하는지
발견할 수 없다고 해서 실망할 필요는 없다. 생명에 위대한
목적이 깃들어 있음을 발견하는 일은 여전히 많다. 이것이
바로 생물학이 인간의 얼굴을 하고 있는 이유이며, 우리가
생물학을 깊이 사유해야 하는 이유이기도 하다." — 책 속에서

『생명을 묻다』
정우현 지음
이른비, 2022

흩어짐

제자리를 벗어나
퍼지고 나아가는

식물과 인간의 얽힘에 관한
시적 탐구

그리고

아름다움과
소속감이라는

우리의
미적 경험에 관하여

제시카 J. 리 지음 서제인 옮김

에트르

『흩어짐: 제자리를 벗어나 퍼지고 나아가는 식물과 인간의 얽힘에 관한 시적 탐구
그리고 아름다움과 소속감이라는 우리의 미적 경험에 관하여』
제시카 K. 리 지음, 서제인 옮김
에트르, 2026

매개와 사랑

윤경희

식물종 이주와 확산의 역사에 이주민 후손으로서 저자 자신의 가족사를 엮은 에세이, 제시카 K. 리의 『흩어짐』을 읽으며 여러 이미지와 이야기가 머릿속에 모여들었다. 만약 저자를 만난다면 공유하고 싶은 이미지의 이야기. 그중 하나.

2025년 10월 고양시에서 운영하는 예술창작공간 새들에 방문한 적이 있다. 기획자 K의 의뢰를 받아 '식물 디아스포라의 문학과 예술'을 주제로 강연하기 위해서였다. 강연을 마치고 참여자들과 이야기를 나누다 보니 어느덧 통창으로 사양이 스며들었다. K가 여기까지 온 김에 근처를 산책해 보라고 재차 권유했다. 한 번쯤 다녀올 만한 곳이며, 그 풍경이 분명 마음에 들 거라 했다. 집으로 돌아가는 길이 멀었지만, 언제 다시 올지 모르는 동네이기에 제안을 받아들이기로 했다.

앞장서 안내하는 K를 따라 건너편 지하도에 들어서자마자 소스라치게 놀랐다. 어둑한 통로의 시멘트 벽에 백두산 천지를 연상시키는 산악 지대 벽화가 한가득 입혀 있었다. 가파른 능선의 한 면은 차가운 눈으로 덮이고, 비교적 완만한 다른 면에는 짙은 분홍 빛 진달래 군락이 파동쳤다. 시베리아 호랑이 한 마리가 산에서 튀어나와 거대한 위용을 뽐냈다. 이미지의 파열시키는 힘, 그 앞에 맞부딪힌 자를 휘두르며, 속수무책으로. 벽화의 소재와 난한 색조로 인해 이 통로의 지정학적 역사성이 퍼뜩 인식되는 순간이었다.

　고양은 한강 하구에 있는 도시로 북한과 지근거리이다. 남한 정부는 "무장간첩 침투를 막기 위해 1970년 행주산성, 행주대교, 김포대교, 일산대교 등 고양 구간 12.6㎞와 고촌읍 전호리, 일산 대교 등 김포 구간 9.7㎞ 등 총 22.3㎞"*에 철책을 설치하고, 행주, 신평, 장항 등지에 군인 거주 막사와 초소를 지어 상시 감시했다. 세월이 흐르며 남북 관계가 완화됨에 따라 2008년 경기도와 군은 철책 제거에 합의했고, 2012년부터 사업이 시행되었다. 40여 년 동안 민간인 출입이 통제되었던 강변은 뾰족뾰족한 가시철망이 걷히며 산책로와 자전거 도로로 탈바꿈했고, 군막사는 문화와 여가 공간으로 개조되었다.** 예술창작공간 새들은 본래 신평 군막사였던 건물을 미술인 상주 작업실로 변모시킨 것이다. 이는 새들 입구에 설치된 안내문 덕에 이미 인지했던 사실이다. 그러나 이처럼 장소가 겪은 역사를 존중하며 기억을 보존하는 장치는 투명한 유리 통창의 화이트 큐브가 행사하는 강력한 탈색의 효능 앞에서 상대적으로 메시지 전달력이 약화되기 마련이다. 때로 이미지는 언어보다 더 힘이 세다. 이 장소에 분단국의 과거와 현재가 중

---

* 박경만, 「한강 철책, 언제나 다 걷힐까」, 《한겨레신문》, 2017.04.17., https://www.hani.co.kr/arti/area/area_general/791096.html.
** 김명숙, 「'고양'의 군막사… 새로운 '이름'을 얻다」, 《고양일보》, 2022.09.23., https://www.goyang1.com/news/articleView.html?idxno=19255.

광활하고 균질하게 퍼진 가시박 덩굴 풍경.(출처: 필자 제공)

첩되어 있음을 확연하게 깨우쳐 주는 이미지는 새들의 외벽에 칠
해진, 더 이상 아무것도 은폐하지 않는, 국방색 카무플라주 패턴이
아니라, 아마도 막사의 군인들이 초소로 이동할 때 통과했을, 순진
할 정도로 즉물적인, 지하도의 벽화이다.

　　지하도를 빠져나오자 자유로가 끝없이 뻗어 있었다. K가 내
게 보여 주려 한 것은 그러나 탁 트인 시원한 길이 아니었다. K의
손짓에 강변을 따라 여전히 남은 철망 울타리로 눈을 돌렸다. 철망
너머로 진정 놀라운 풍경이 펼쳐져 있었다. 아득히 넓은 강변은 늦
가을임에도 온통 초록빛으로 가득했다. 냉기에 강인한 어떤 식물
이 강변답지 않게 울룩불룩한 지형을 균질하게 뒤덮고 있었다. 자
세히 보니, 지표면 자체가 고르지 않은 게 아니라 키와 모양새가
서로 다른 여러 나무와 풀숲이 이 식물의 조밀한 그물망 아래 담요

처럼 덮여 울룩불룩하게 보이는 것이었다. 가시박 덩굴이었다. 다른 곳에서도 가시박을 보긴 했지만, 이처럼 광활하고 균질하게 퍼진 장관은 처음 마주하는 것이었다. 가시박은 강변의 습지를 벗어나 철망 울타리까지 스멀스멀 세력을 확장해, 철망을 지지대 삼아 기어올라 울타리 꼭대기를 풍성하게 휘감았다.

분단의 영토와 식물적 유령

나는 2000년대 초반 10여 년을 한국 바깥에서 보냈다. 2012년 귀국해 시간과 마음의 여유가 생길 때마다 전국 각지를 여행하다가, 그리고 최근에는 거주지 근교에서도, 내가 이곳에 부재했던 시기 이전에 익숙했던 것과 다른 낯선 풍경이 신속하게 생성되고 있음을 감지한다. 이 시각적 이질감의 가장 큰 요인은 서양등골나물, 환삼덩굴, 가시박 같은 예전에 미처 인지하지 못했던 식물 군락의 확장이다. 특히 가시박 덩굴은 공터와 도로변 산비탈을 너울처럼 온통 뒤덮으며 상기한 바 특유의 울룩불룩한 표면을 만들어 내는데, 이를 마주칠 때마다 나는, 여기는 어디인가, 좌표적 위치 감각이 흔들려 소실됨을 느낀다.

   가시박의 원산지는 북아메리카로, 한반도 유입에 대해서는 1980년대 포천의 군납 식품 공장에서 미국산 수입 콩에 섞여 들어온 씨앗을 공장 밖에 투기했다는 증언과* 1980년대 철원의 미군 부대 근처에서 처음 발견되었다는 보고가 있다.** 1980년대 말에는 안동에서도 관찰되었고, 1990년 안동 하천변에 자생하는 가시박을 오이, 수박, 참외 같은 작물의 접붙이기 대목으로 사용하니 효

---

* 이연식, 〈환경스페셜: 한반도 외래종의 침입 2부작—2편 가시박 대습격〉, 《KBS》, 2009.
** 강병화, 「가시박과 생태계 교란식물」, 『한국잡초학회』 제29권 제2호, 2009, 7쪽.

과가 좋아 아예 '안동오이'라 명명해 보급했다.* 그러나 가시박은 예상치 못한 왕성한 생장력과 확산력으로 인해 불과 십수 년 만에 남한 각지를 뒤덮었고, 결국 정부는 2009년 이를 생태계 교란종으로 지정해 퇴치 작업을 장려했다.

　　가시박이 한반도에 급속도로 퍼진 이유는 강우량이 많아 하천변을 따라 씨앗이 퍼지기 쉽다는 기후적 이점과 함께, 미국에 비해 강변 개발 공사를 자주 시행하기 때문이라는 점이 꼽힌다.** 증언과 학설을 종합하면, 결국, 한반도의 가시박은 순수한 천연의 자연이 아니라 인간이 농경과 토목처럼 자기 이익에 부합하는 산업 활동에서 자연을 교란함에 따라 생겨난 인간과 자연의 혼합체, 즉, 하이브리드다. 여기에 더해, 한반도 가시박 하이브리드의 근원에 군사적 안보주의 또한 결부되어 있음에 주목해야 한다. 가시박은 남한과 북한의 경계에서, 완결되지 않은 전쟁과 분단의 역사에서, 방어와 안보를 목적으로 조성한 군용 치외법권 구역과 군보급품 생산지에서 출몰했고, 자유로 강변처럼 현재는 역사적 효용을 다한 군사 시설 근린에서 번성 중이다. 군사적 안보주의는 적으로 규정한 인간의 침입을 막을 수는 있겠지만, 학계와 언론에서 흔히 괴물, 식물계의 공룡, 유해종, 생태계 파괴범, 근절해야 할 악으로 재현되는 식물의 침범과 확산을 막기는커녕 더욱 조장한다. 인간이 넘은 적 없는 쇠가시 망을 가시박 덩굴은 보란 듯이 넘는다. 인공의 경계선을 무차별한 생명력으로 뒤덮어 지운다. 가시박은 철책의 카무플라주, 미메시스, 도플갱어로서, 인간만이 행위자가 아닌 영토의 역사를, 덩굴과 뿌리의 선으로, 물에 흘려보내는 무수한 씨

---

* 같은 책, 7쪽.
** 이연식, 같은 영상.

가시박 덩굴은 인간이 넘지 못하는 쇠가시 망을 보란 듯이 넘는다.(출처: 필자 제공)

앗들의 궤적으로, 영토 자체에 밀착해 포복하며 역동적으로 기입한다.

　제시카 J. 리의 『흩어짐』에는 이런 이야기가 가득하다. 책의 원제인 『*dispersals*(산포)』는 생물학 용어로, 생물체의 본체나 생식을 담당하는 일부가 발생지 밖으로 이동해 생존의 영역을 확장하는 활동을 뜻한다. 인간계에서 디아스포라에 상응할 것이다. 리는 책 제목으로 디아스포라 대신 생물학 용어를 내세움으로써 이산의 행위자에 관한 관심의 축을 인간에게서 비인간으로 옮긴다. 그런데 실상 인간은 이주 과정에서 의도적으로든 부지불식간에든 비인간 생물종을 대동하므로, 디아스포라는 인간 고유의 것이 아니라 인간과 비인간이 함께 겪는 다종의 사건이라 해야 정확하다. 산포도 마찬가지다. 식물은 서식지를 넓히기 위해 바람, 물, 새, 곤충, 그 외 동물 그리고 인간을 이동의 매개체로 유인한다. 인간이 식용, 약용, 관상용 등 자기 이익을 위해 식물을 발생지에서 옮길 뿐 아니라 식물도 번식의 이익을 위해 인간을 공진화 동반자로 이용하는 것이다. 이산과 산포는 인간과 비인간 양자가 서로에게 풀어낼 수 없는 공통 행위자로 참여하는 공존과 공생의 사건이다. 이를 입증하듯 청년기에 캐나다로 이주한 웨일스인 아버지와 타이완인 어머니에게서 태어나 영국에서 경관미학과 환경역사학을 공부한 작가 리는 『흩어짐』에서 본인의 정체성과 연구 관심사를 얽는다.

식물, 이주, 번역, 정동

『흩어짐』은 리의 어머니의 인공 연못과 수조 이야기로 시작한다. 리의 어머니는 집 정원에 작은 연못을 파고, 수련, 히아신스, 개구리밥, 파피루스, 아이리스, 물상추 같은 식물을 배치하고, 잉어를 풀어 놓고, 중국 도자기로 장식했다. 주로 온대와 열대성 외래종 식물을 이식한 냉대 캐나다의 연못과 겨울용 실내 수조는 이민자에게 고향의 풍경, 기후, 생태계의 견본이자 자신의 인종적, 문화적 근원지와 연결되어 있음을 확인시켜 주는 징표처럼 기능한다.

　리의 어머니가 연못 조경에 그러했듯 리 자신은 수제 간장에

심혈을 기울인다. 캐나다를 떠나 유럽에 거주할 때, 대두와 누룩곰
팡이를 어렵게 구해 시간과 온도를 정확하게 맞추어 끓이고 그것
이 발효되기까지 기다린다. 일 년 가까이 걸리는 완성의 시간 동안,
리는 타이완 친척들의 식생활에 두부, 두유, 간장이 문화적으로나
감성적으로 얼마나 중요한 역할을 담당하는지 상기하면서, "대두
를 먹는 일이 때로 우리 가족의 정체성을 가장 강력하게 표현해 주
는 일로 느껴진다"(200쪽)는 인식에 이른다. 리의 글쓰기는 사적 체
험의 서술에 멈추지 않고, 대두라는 북동아시아 원산 식물종이 미
국 농무부가 국가적 이득을 위해 해외에 파견한 과학자들에 의해
"식물 이주자들(plant immigrants)"(85쪽)이라는 명칭으로 아메리카에
수입된 이력을 훑는다. 그리고 현재 미국 극우파의 선동에서 백인
남성의 우월성을 상징하는 소젖과 대비해 두유를 비롯한 콩 가공
식품에 인종주의 및 이민자, 여성, 성소수자 혐오가 투사되고 있음
을 비판한다. 결국 대두는 자연 그 자체에 그치지 않고, 그것과 같
은 생태계에서 나고 자란 인간의 문화적 정체성을 구성하며, 인간
과 함께 이동하면서 문화 번역과 정동 감응이라는 인간의 행위에
깊이 관여하는 것이다.

　　『흩어짐』에서 리가 언급하는 다른 식물들, 벚나무, 망고, 미역,
차, 배추, 감귤류 등은 대두처럼 아시아 원산지에서 아메리카와 유
럽으로 수입된 것이다. 이 식물들의 산포 궤적은 인간의 식민주의
적 확장과 디아스포라 경로에 덧그어진다. 주로 백인 남성이 정책
과 학술의 권력을 행사하는 국가들에서, 그리고 권력의 구조를 표
상하는 언어에서, 이 식물들은 위대한 자국 탐험가의 업적으로 탈
취되거나, 그것을 데리고 온 이민자들을 향한 혐오를 함께 뒤집어
썼다. 외래종, 침입종, 생태계 교란종 같은 명칭은 식물에 혐오의
정동이 이입되었음을 보여 준다. 리는 『흩어짐』에서 식물은 인간

과 마찬가지로 이주의 과정에서 번역을 겪고, 새 의미들이 기입되고, 기억과 감정이 투사되는 자연문화적 대상임을 거듭 강조한다. 이주 당사자로서 리는 민족주의와 제국주의 어느 쪽에 주류로 포섭되고 순치되기보다는, 물과 흙 사이의 버드나무와 수초, 동독과 서독의 구 경계선에 식재된 벚나무, 황야의 헤더 그리고 해류를 따라 능동적으로 이주하는 해조류에게서 가장자리와 바깥으로 움직여 나가기를 배운다.

『흩어짐』을 읽으며 호기심과 질문이 가지를 뻗는다. 리의 에세이는 주로 인간에 의한 식물 이주의 역사를 다루는데, 여기서 더 나아가, 식물 행동학 분야에서 인간을 이주 매개체로 이용하는 식물에 관한 연구를 찾아 읽고 싶어진다. 그리고 더 나아가, 식물에는 행동뿐만 아니라 감성의 역량이 있음을 상상하며, 그에 따른 식물의 행동 및 환경과의 소통에 생존과 번식 외 미적 의지가 발현함을 증명하려는 연구도 궁금해진다. 한 마디로, 식물이 주체인 미학과 시학을 구상할 수 있지 않을지.

식물이 산포에 동원하는 매개체에는 바람, 물, 새, 곤충, 그 외 동물 등이 있고, 이를 통한 산포를 한국어로 풍매, 수매, 조매, 충매, 동물매라 한다. 영어권에서 이에 대등하는 용어는 각각 anemophily, hydrophily, ornithophily, entomophily, zoophily인데, 축어적으로 바람을 사랑한다는, 물을 사랑한다는, 새를 사랑한다는, 곤충을 사랑한다는, 동물을 사랑한다는 뜻이다. 리가 거듭 주지하듯, 자연의 명명과 번역에는 인간의 문화와 정동이 투사되므로 이는 분명 식물의 행위를 인간 중심적으로 인격화한 용어들이지만, 조금 더 급진적인 다른 관점에서, 우리는 실제로 식물에게 인간처럼 사랑하는 능력이 있다고 가정할 수 있지 않은가. 식물에게서 사랑의 능력을 상상하고 명명한 인간의 언어는 인간 중심적 인격화가 아니라 식물적 진실의 몰인격적 받아쓰기일 수 있지 않은가. 인간은 식물의 산포에 조력하는 행동의 매개체이면서 또한 식물의 글쓰기에 있어서 입과 손을 빌려주는 도구적 매체일 수 있지 않은가. 식물은 사랑을 공기, 물, 동물, 인간 같은 타자들과 공진화하는 동력으로 삼아 왔으며, 이들이 수십억 년 동안 서로를 유인하고 함께 움직인 아름다운 궤적과 풍경을 시라고 하지 못할 이유가 있을까. 그것에 접하는, 얽혀드는, 행성적 존재는 어떻게 될 수 있을까. **서리북**

윤경희
한국예술종합학교, 명지대학교 강사. 문학평론가. 산문집 『분더카머』와 『그림자와 새벽』을 쓰고, 앤 카슨의 『녹스』 및 그림책과 그래픽 노블 여러 권을 번역했다.

📖 전문가가 아닌 한 식물에 대한 우리의 관심과 지식은 각자가 처한 환경에서 흔히 보이는 몇몇 종에 한정되기 마련이다. 『식물』은 자연사와 예술사를 아울러 다종다양한 식물의 형상, 행동, 문화적 역할을 풍부한 도판과 함께 제공하며 미처 살피지 못한 식물의 경이롭고 광대한 세계로 우리를 안내한다.

"화가들이 완벽한 표본을 찾는 일을 멈추고 평범한 채소, 과일, 그리고 꽃들의 아름다움을 표현하기로 한 것은 식물 세밀화에 있어서 혁명적인 일이었다. 그들은 식물들의 아주 세세한 결함들뿐 아니라, 딱정벌레에 의해 훼손되었거나 썩고 있는 잎들까지도 자세히 묘사했다." — 책 속에서

『식물: 대백과사전』
DK 『식물』 편집위원회 지음
박원순 옮김
사이언스북스, 2025

📖 인간종의 활동이 행성의 삶의 모든 조건에 심각한 영향을 끼치는 시대에 진입해, 인간에 관한 학문과 자연에 관한 학문은 더 이상 다른 범주로 분리될 수 없다. 비인간 존재들에 대한 인간의 착취적 폭력을 반성하며 어떻게 새로운 관계를 맺을 수 있는지 모색한다.

"자연과 사회, 인간과 비인간, 개인과 집단을 이전과 다른 새로운 아상블라주(assemblage) 속에서 어떻게 재구성할 것인가? (……) 관계의 생태학은 이러한 재구성을 통해 조성될 것이다. 우리는 세계 곳곳에서 그 조짐의 근거를 알아볼 수 있을 것이며, 인류학은 인간중심주의(anthropocentrism)의 상당 부분을 포기하는 데에 동의해야만 그러한 재구성에 이바지할 수 있을 것이다." — 책 속에서

『타자들의 생태학: 자연과 문화의 이원론을 넘어서는 인류학』
필리프 데스콜라 지음
차은정 옮김
포도밭, 2022.

고전의 강

서울
리뷰 오브
북스

존재양식의 탐구

ENQUÊTE SUR LES MODES D'EXISTENCE

근대인의 인류학

une anthropologie des Modernes

브뤼노 라투르
황장진 옮김

아슬아슬한 존재들이 함께 만드는 세상(2)*: 존재 양식들의 분리와 교차가 빚어내는 다중 우주의 풍경들

홍성욱

지난 호에 실린 『존재양식의 탐구: 근대인의 인류학』에 대한 나의 서평 「아슬아슬한 존재들이 함께 만드는 세상(1): 전사(前史)」(이하 「전사(前史)」)에서는, 소크 연구소(Salk Institute)에서의 과학 인류학적 연구를 바탕으로 1970년대 말에 과학기술학(Science and Technology Studies, 이하 STS) 학계에 등장한 브뤼노 라투르(Bruno Latour)가 이후 약 30년에 걸친 지적 탐험을 통해 어떻게 15개의 존재 양식으로 구성된 다중의 존재론에 도달했는지 살펴보았다.*

  과학기술학자로 널리 알려질 만큼 과학과 기술을 둘러싼 논쟁적인 연구를 지속해서 발표한 라투르가 자신의 다중적 세계에 과학과 기술을 포함한 것은 당연한 일이었다. 또한 종교에 대한 오랜 관심을 고려한다면 종교의 존재 양식이 포함된 것도 충분히 예견할 수 있었고, 과학과 문학을 대칭적으로 분석해 온 전례를 떠올리면 허구적 존재들이 자리를 차지한 것 역시 이해할 수 있었다.

---

* 홍성욱, 「아슬아슬한 존재들이 함께 만드는 세상(1): 전사(前史)」, 《서울리뷰오브북스》 20호, 180-206쪽.

이와 함께 이자벨 스탱게르스(Isabelle Stengers)를 경유한 앨프리드 화이트헤드(Alfred North Whitehead) 철학의 영향에서 재생산의 존재 양식이라는 개념에 이른 과정도 짚어 보았다. 법과 정신 의학에 관한 민족지 연구는 법의 존재 양식과 변신의 존재 양식을 포함하는 계기가 되었고, 정치에 대한 오랜 문제의식은 정치를 하나의 독자적인 존재 양식으로 사유하게 했다. 더 나아가 라투르는 전치사적 존재 양식에 주목하면서, 존재자를 '무엇이다'라는 실체적 규정이 아니라 '어디에, 무엇과 함께, 어떻게 놓였는가'라는 관계적 배치로 이해하기 시작했다. 이러한 사유는 1999년에 발표된 라투르의 논문에서 이미 아홉 가지 '발화 체제'로 정리된 바 있다.*

20세기 말까지 라투르는 이러한 개별적 영역을 '발화 체제'라고 불렀지만, 2000년대 초 에티엔 수리오(Étienne Souriau)의 '존재 양식' 개념을 접한 이후에는 존재 양식이라는 용어를 점차 사용하기 시작했다. 다양한 존재 양식에 대한 오랜 사유가 집약된 결과물이 2012년에 출간된 『존재양식의 탐구』였다. 대체로 이러한 내용이 「전사(前史)」에서 다룬 핵심적인 내용이었다. 이번 서평에서는 『존재양식의 탐구』**를 아래 여섯 가지 질문을 중심으로

---

* 재생산, 치환, 믿음/생략, 기술, 허구, 과학, 정치, 종교/사랑, 법 등의 아홉 가지 발화 체제다(「전사(前史)」 참조).

** 이 책의 초고는 2007년 라투르의 환갑을 기념해서 프랑스 스리지-라-살(Cerisy-la-Salle)에서 열린 '경험적 형이상학의 연습: 브뤼노 라투르의 작업을 중심으로(Exercices de métaphysique empirique: autour des travaux de Bruno Latour)' 학회에서 회람되고 토론되었다. 책은 2012년에 불어판으로, 2013년에 영어판으로 나왔고, 지금까지 12개국 이상의 언어로 번역되었다. Bruno Latour, *Enquête sur les modes d'existence: Une anthropologie des Modernes*(Paris: La Découverte, 2012). Bruno Latour, *An Inquiry into Modes of Existence: An Anthropology of the Moderns*, trans. Catherine Porter(Cambridge, MA: Harvard University Press, 2013). 국내에는 2023년에 번역판이 나왔다. 브뤼노 라투르, 황장진 옮김, 『존재양식의 탐구: 근대인의 인류학』(사월의책, 2023). 이 글에서 인용한 페이지는 국내 번역판의 쪽수다.

분석해 보고자 한다.

왜 인류학인가?

왜 존재가 아니라 존재 양식인가?

왜 '다중'의 존재 양식인가?

어떤 존재 양식이 세상에 존재하는가?

존재 양식의 분리와 교차가 왜 중요한가?

15가지 존재 양식이 전부인가?

왜 인류학인가?

존재 양식은 얼핏 보기에 철학의 존재론이나 형이상학에 속할 법한 개념이지만,『존재양식의 탐구』의 부제에는 뜻밖에도 '인류학'이 포함되어 있다. 이를 이해하기 위해서는 라투르가 1990년대 초에 수행한, 근대성과 근대인에 대한 독창적인 분석으로 잠시 되돌아갈 필요가 있다. 그는 17세기 과학자 로버트 보일(Robert Boyle)과 정치 철학자 토머스 홉스(Thomas Hobbes)가 진공을 둘러싸고 벌인 논쟁을 인류학적으로 재분석하면서, 논쟁의 중심에 있던 진공 펌프라는 비인간 존재를 전면에 등장시켰고, 이 비인간이 인간 행위자들과 결합해 형성하는 이종적인 네트워크를 드러냈다. 그가 밝힌 근대성의 핵심은 흔히 말하듯 자연과 사회의 분리가 아니라 오히려 인간과 비인간이 얽혀 형성하는 이종적 네트워크의 생성과 번식이었다. 이 관점을 받아들이면 주체와 객체의 이분법을 이전처럼 강하게 유지하기는 어려워진다. 자연과 사회의 경계에 균열이 생기면서 인간은 비인간과 불가분하게 연결된 준주체(quasi-subject)가 되고, 객체 역시 인간과의 관계에서 준객체(quasi-object)가 되기 때문이다. 라투르가 보기에 근대 세계는 주체/객체라는 단순

근대인들은 자신들의 간단한 세계 이해를 유일한 존재론으로 간주해 왔다.(출처: 위키미디어)

한 틀로는 도저히 포착할 수 없는, 훨씬 더 복잡하고 화려하며 동시에 지저분하고, 요란하며, 폭력적이고(제국주의를 생각해 보라), 불안정한 세계였다.*

* 보일-홉스 논쟁은 Steven Shapin and Simon Schaffer, *Leviathan and the Air-Pump: Hobbes, Boyle, and the Experimental Life*(Princeton, NJ: Princeton University Press, 1985)에서 자세히 분석되었고, 라투르는 이 책에 대한 서평을 쓰면서 보일-홉스 논쟁에 대한 행위자 네트워크 이론(Actor–Network Theory, 이하 ANT) 관점에서의 재해석을 내놓았다. Bruno Latour, "Postmodern? No, Simply Amodern! Steps Towards an Anthropology of Science", *Studies in the History and Philosophy of Science* Part A 21,

　　그러나 역설적으로 근대인은 주체와 객체라는 두 가지 존재 범주만을 공식적으로 승인해 왔고, 자신들의 간단한 세계 이해를 유일한 존재론으로 간주해 온 집단이기도 했다. 자연은 객관적으로 존재하는 객체이고, 인간은 그 객관적 세계를 이해하고 이에 의미를 부여하는 주체라는 도식이 근대적 세계관의 핵심이었다. 이 세계관에서 세상에 대한 객관적이고 참된 이해는 과학이 제공했다. 법, 정치, 종교, 기술, 도덕, 경제 같은 인간의 다양한 실천들은 과학의 참/거짓이라는 단일한 기준에 의해 평가되었으며, 과학에 비해 상대적으로 부차적이거나 파생적인 것으로 취급되었다. 종교의 의미는 급격히 축소되었고, 정치와 법은 관료적 사실 판단의 문제로 환원되었으며, 기술은 중립적인 도구로 오인되었다. 자본주의 경제 체제 역시 자연법칙처럼 작동하는 신성불가침의 영역으로 간주되기에 이르렀다.

　　근대인은 실제로 다원적인 존재 양식들에서 살아가면서도, 그것을 철학적으로는 인정하지 않았다. 이 숨겨진 다원성을 드러내는 가장 효과적인 방법은 근대인이 실제로 어떤 세계를 살아가고 있는지를 경험적으로 탐구해 보여 주는 인류학적 민족지 방법이다. 『존재양식의 탐구』의 부제가 '근대인의 인류학'인 이유는 바로 여기에 있다. 라투르의 문제의식은 근대인의 내부로 들어가서 그들이 이미 수행하고 있으나, 스스로 말하지 못했던 존재 양식의 다원성을 복원하는 데 있었다. 전통적으로 인류학의 방법론은 원시 부족 같은 타자에게만 적용되곤 했지만, 라투르는 그 시선을 되돌려 근대인인 '우리'를(더욱 정확히 말하면 유럽 근대인을) 탐구의 대상으

---

no. 1(March 1990): 145–171. 라투르의 대표작인 Bruno Latour, *We Have Never Been Modern*, trans. Catherine Porter(Cambridge, MA: Harvard University Press, 1993)은 이 서평의 내용을 근대성 일반으로 더 확장한 것이다.

로 삼았다. 이런 이유로 이 책에는 '경험주의적 철학' 같은 부제가 아니라 '근대인의 인류학'이라는 부제가 붙은 것이다.

왜 존재가 아니라 존재 양식인가?

「전사(前史)」에서 자세히 살펴본 1999년 논문에서 라투르는 9가지 '발화 체제'를 체계화했고, 이후 연구에서는 일부를 제거하고 새로운 체제를 추가하기도 했다. 이처럼 라투르에게 존재 양식 논의의 출발점은 철학적 존재론이 아니라 기호학적 발화 체계였다. 그러나 발화 체제를 에티엔 수리오에게서 가져온 '존재 양식' 개념으로 대체하면서, 그의 논의는 자연스럽게 존재론이나 형이상학과 떼려야 뗄 수 없는 관계를 맺는다. 그런데 책의 제목과 달리 『존재 양식의 탐구』 전체에서 존재 양식이 무엇인지에 대한 명시적 논의는 거의 등장하지 않는다. 존재와 존재 양식의 차이 혹은 존재 양식의 정의를 찾고자 하는 독자는 다른 참고문헌을 병행해야 한다.*

그럼에도 책의 몇몇 부분에서는 라투르가 존재 양식이라는 개념을 사용한 이유를 설명한다. 예컨대 서론에서 그는 "서로 다른 존재 양식들에 대해 말하고 그 양식들을 어느 정도 정밀하게 탐구한다는 것은, 말과 사물, 언어와 존재 사이의 오랜 노동 분업을 재검토한다는 것"이라며, "우리의 목표는 언어의 다양성은 더 적

---

* 다른 일반적인 학술 서적과 달리 이 책에는 각주와 참고문헌이 없다. 대신에 modesofexistence.org라는 웹사이트에 책 전체의 인터렉티브 텍스트(interactive text)를 올려놓았는데, 이 텍스트에서 하이라이트된 부분을 클릭하면 상세한 주로 넘어간다. 이 웹사이트는 책에 등장하는 용어에 대한 설명과 이 글의 뒷부분에서 논의하는 존재 양식들의 '교차'에 대한 상세한 정보도 제공한다. 이 사이트는 '프랑스 국립정치학재단 (Fondation Nationale des Sciences Politiques)'과 라투르가 재직한 시앙스포(Sciences Po)의 지원하에 라투르 외 10명이 넘는 개발자, 관리자, 번역가, 비디오 담당자 등의 협력으로 만들어졌다. 라투르가 사망한 지 3년이 넘었지만, 이 웹사이트는 아직도 잘 운영 중이다.

게 취하고 (……) 존재 안으로 받아들여지는 존재자들의 다양성은 더 많이 취하는 것이다"라고 적었다.(46쪽) 5장에서도 이 주제를 반복한다. "내가 에티엔 수리오에 의해 철학에 훌륭하게 도입된 용어인 존재 양식에 대해 말하기로 한 것은 바로 기호/사물의 구별을 완전히 버리기 위해서이다. 우리는 존재 양식들 간의 거래, 교차, 오해, 융합, 하이브리드, 타협에 대해 말할 수 있겠지만, 세계와 언어 사이의 구별이라는 수사 어구는 더는 사용하지 않아도 될 것이다."(221쪽)

근대인은 주체가 즉각적 경험이나 과학을 통해 참되게 객체를 인식하면, 그때의 언술(지식)과 객체가 일대일로 대응한다고 믿는다. 과학자가 전자(電子)의 발견을 의심의 여지 없이 선언하면, 전자라는 언어와 전자라는 존재가 일치한다는 것이다. 이것이 실재론(realism)의 토대다. 그러나 다른 문화권에서는 하나의 대상에 대하여 다른 언어들이 존재할 수 있다는 사실이 알려지면서 (예를 들어 눈의 흰색을 나타내는 단어가 여럿 존재하는 에스키모 부족의 사례를 생각해 보라) 하나의 세상을 표현하기 위한 언어는 사회에 따라 다를 수 있다는 다문화주의적 접근이 용인되었다. 그렇지만 라투르가 존재 양식 개념을 통해 제안하려는 것은 이런 모든 전통적 언어-대상 관계의 해체다. 전통적 언어-대상 관계가 잘못된 이유는 언어가 임의적이어서가 아니라 대상 자체가 다중이기에 그렇다. 앞서 언급했듯이 그는 "언어의 다양성은 더 적게 취하고, 존재자들의 다양성은 더 많이 취하는" 전략을 택했다. 전통 철학이 하나의 존재에 대하여 여러 다른 언술까지 허용했다면, 라투르의 기획은 복수의 존재 양식이 존재하며, 이래서 세상의 서술이 다채로울 수밖에 없다는 다중적 존재론의 관점을 보여 주는 것이다.

과학적, 정치적, 법적, 종교적, 변신적 존재 양식의 실재성을 인정하는 것은 곧 다중 실재론(multirealism)을 채택하는 것이며, 하나의 유니버스(uni-verse) 대신 멀티버스(multi-verse), 즉 다중 우주(multiverse)에서 살아가려는 선택을 의미한다.* 라투르가 존재 대신 존재 양식이라는 개념을 택한 것은 수리오의 영향을 받은 것으로, 수리오는 이를 다음같이 설명한다. "우리가 알 수 있듯이, 문제는 '존재하다(exist)'라는 말이 그것이 사용되는 모든 서로 다른 방식에서 동일한 의미를 가지는지, 그리고 서로 다른 철학들이 부각하고 구별해 온 다양한 존재 양식들이 과연 완전하게 그리고 동등하게 '존재'라는 이름을 받을 자격이 있는지 여부에 달려 있다."** 다양한 존재 양식이 모두 동등하게 존재한다면 존재는 하나가 아니며, 세상에는 동등하고 환원되지 않는 복수의 존재들이 공존한다.

왜 '다중'의 존재 양식인가?

근대인은 세상을 주체와 객체로 양분했다. 겉보기에는 세상을 단순화하는 전략처럼 보였지만, 역설적으로 이는 근대인의 무능을 심화하는 결과를 낳았다. 과학이 대상에 대한 진리를 기술한다는 인식적 우위를 점한 뒤로, 위험 판단은 시민의 참여 없이 전문가에게 위임되었고, 정치적 갈등은 '사실의 문제'로 환원되었다. 그 결과 근대 시민 사회는 자신이 창조한 사회적·기술적 세계를 조정하

---

* 여기서 다중 우주는 철학자 윌리엄 제임스(William James)가 1895년에 주창한 '도덕적 다중 우주' 같은 철학적 개념이지, 현대 천문학자 일부가 주장하는 천문학적 다중 우주가 아니다.(201쪽) 실제로 다중 우주라는 용어는 제임스가 처음 사용했다.
** 이 인용은 Souriau, *Les différents modes d'existence*, pp. 9-10에 있는 것인데, 여기에서는 Bruno Latour, "Reflections on Etienne Souriau's *Les différents modes d'existence*", in *The Speculative Turn: Continental Materialism and Realism*, ed. Graham Harman, Levi Bryant, and Nick Srnicek(Melbourne: re.press, 2011), pp. 304-333, p. 313에서 재인용했다.

『존재양식의 탐구』는 무엇이 어떤 방식으로 존재하는지를 새롭게 인식하고 재학습하는 것에서
출발하기를 제시한다.(출처: pixnio)

거나 통제하기 힘든 상태에 이르렀으며, 세계를 다룰 능력을 점차
상실했다. 라투르의 표현을 빌리자면, 문제의 원인은 근대인이 자
신이 구축한 세계의 다양성에 비해 지나치게 궁핍한 존재론을 가
졌기 때문이었다. 즉 근대인이 직면한 문제의 근본 원인은 인식
론적 한계 같은 지식의 부족이라기보다는 "존재론적 기근"이 "그
들이 자신의 경험의 다양성을 회복하는 것을 방해"했기 때문이
다.(442-443쪽) 우리가 무엇을 더 알아야 하는지를 추구하는 대신에
『존재양식의 탐구』가 제시하는 처방은 무엇이 어떤 방식으로 존
재하는지를 새롭게 인식하고 재학습하는 것에서 출발한다.

　　라투르에 따르면 이러한 학습은 단지 현학적이거나 사변적인
논의가 아니라 매우 시급한 시대적 과제다. 근대성과 근대인에 대
한 분석에서 그는 '사실물(matter of fact)'과 '우려물(matter of concern)' 사

이의 비가역적인 변환에 주목했다. 실험실에서 만들어진 사실물의 상당수가 우려물로 전환되며, 최근에는 이 같은 전환이 완전히 비가역적으로 바뀌는 동시에 가속화된다는 것이 그의 인식이었다.* 문제들이 극명하게 드러난 것이 바로 라투르가 '가이아의 침입(intrusion of Gaia)'이라고 부른, 인류세 시대의 기후위기였다. "이제 지구, 가이아의 형태로 세계의 침입이 도래했다."(263쪽) 가이아의 침입은 자연이 정치적이고 사회적인 인간의 실천에 강하게 개입하면서 인류의 삶을 위협하는 비인간 행위자로 등장했음을 선포한 사건이었다.

가이아는 근대인이 익숙하게 다뤄 온 기존의 자연 개념으로는 포착할 수 없는 존재였다. 과학적 방법으로만 다룰 수 있는 객체도 아니었고, 신비스러운 유기체적 총체도 아니었다. 가이아는 수많은 인간-비인간 행위자의 상호 작용에서 형성된 불안정한 집합체이며, 인간의 정치적·기술적·경제적 실천에 반응하고 이를 뒤틀어 버리는 비인간 행위자였다.** 근대적 언어와 존재론으로는 가이아가 정치적 전면에 등장하는 상황을 이해하거나 통제하는 것이 불가능했다. 따라서 지금의 핵심 과제는 가이아를 구성하는 다중적 존재들이 어떻게 공존할지를 외교적(diplomatic)으로 모색하는 것이며, 이때 라투르가 제시한 다중 존재론은 곧 가이아의 침입에 대응하는 존재론적 대비라는 실천적 의미를 지닌다.

가이아가 우리와 맞선다면 이제 허용되는 것이 많지 않기 때문이다.

* Bruno Latour, "Why Has Critique Run out of Steam? From Matters of Fact to Matters of Concern", *Critical Inquiry* 30, no. 2(Winter 2004): 225–248.
** Bruno Latour, *Facing Gaia: Eight Lectures on the New Climatic Regime*, trans. Catherine Porter(Cambridge: Polity Press, 2017).

우리가 가이아를 기다리는 동안, 이제 우리를 위협하는 것은 부조리의 감각이 아니라 다가오는 문명에 대한 적절한 준비의 결여이다. 최악의 상황을 막기 위해 우리의 탐구가 미리 찬양하려고 하는 것이 바로 그러한 문명이다.(701쪽)

가이아가 침입하는 인류세 시대에 다중 존재 양식을 논하는 것은, 과학이 무엇을 말할 수 있고 무엇을 말할 수 없는지를, 정치는 무엇을 대표하고 무엇을 협상해야 하는지를, 종교가 누구를 향하고 어떤 메시지를 계속해서 던져야 하는지를, 기술은 어떤 결과에 책임져야 하는지를 다시 배치하는 작업이다. 이를 통해 "전 지구적인 것의 출현, 〈지구〉의 출현에 정면으로 맞설 준비를 더 잘 해낼 수 있을 것이다."(18쪽)

다중 존재론은 한 가지 장애물을 넘어야 한다. 과학, 종교, 정치, 기술, 법, 도덕이 각각 서로 다른 조건에서 정당하게 작동한다면, 진리, 믿음, 공정, 효용, 정의, 선의 기준은 서로 다를 뿐이고, 세상 어디에도 하나의 통일된 기준이 없다는 말인가? 다중 존재 양식의 세상은 '너와 나는 다르다. 우열을 가리는 것은 무의미하다'라는 극단적 상대주의로 귀결되는가? 그렇지만 존재 양식의 다원성을 인정한다는 것이 모두를 상대화하는 것이 아님은 분명하다. 거꾸로 이는 각 영역이 스스로 책임과 한계를 명확히 갖도록 하는 작업이다. 각각의 존재 양식은 서로 다른 진리 진술 체제(regime of veridiction)이며,(274쪽; 11장 참조) 어떤 존재가 지속되기 위해 맞닥뜨리는, 간극을 건너뛰는 이행 방식과 성공 조건의 집합이다. 이런 이행 방식과 성공 조건을 지키지 못하거나 무시할 때 존재 양식은 실패하거나 붕괴한다. 따라서 존재는 보장된 것이 아니라 존재 양식이

종교는 과학이 대신 말할 수 없고, 정치는 과학의 참/거짓 판단을 대체할 수 없으며, 기술은 중립을 가장하면서 결과에 대한 책임을 회피할 수 없다.(출처: 위키미디어)

적정한 조건을 만족할 때 유지되는 '아슬아슬한'* 것들이다. 다중 존재 양식을 논하는 작업은 엉켜서 하나로 간주되던 것들을 떼어 제자리를 찾아 주고, 각각의 역할과 책임을 물음으로써 아슬아슬한 존재들에 더욱 지속적인 삶을 부여하는 실천적 시도다.

존재 양식들은 다른 것으로 쉽게 환원될 수 없기에 하나의 존재 양식의 기준을 다른 존재 양식에 강요하면 충돌이 발생한다. '성모 마리아가 진짜 처녀였다면 어떻게 아이를 밸 수 있었단 말인가? 생물학적 근거를 대 보라.'는 요구는 과학이라는 존재 양식의 기준을 종교라는 존재 양식에 들이댔을 때 생기는 질문이다. 종교인은 이런 질문을 불경하고 모욕적인 질문이라고 느낄 것이며, 반

---

* 라투르에 대하여 오랫동안 연구한 김홍중은 '가까스로-있음'이라는 개념으로 라투르 존재론의 핵심을 짚어 낸다. 이 표현에 전적으로 동의하면서도, 내가 가까스로-있음 대신에 '아슬아슬하다'는 용어를 쓴 것은 가까스로-있음이 과거의 위기를 극복하고 현재의 상태를 묘사하는 뉘앙스가 강한 데 비해, 아슬아슬하다는 표현은 앞으로의 지속이 불안정하고 위태롭다는 점을 더 확실히 드러내는 것 같기 때문이다. 김홍중, 『가까스로-있음: 브뤼노 라투르와 파국의 존재론』(이음, 2025).

면에 과학주의자는 이런 질문에 답하지 않는 종교는 정직하지 못하다고 생각할 것이다. 다중적 존재 양식을 받아들이면, 이런 질문은 '범주 오류(category mistake)'에서 비롯한 무의미한(많은 경우 해로운) 질문임을 알 수 있다.(86-88쪽; 118-119쪽) 종교와 과학은 서로 다른 존재 양식이고, 참/거짓을 판별하는 다른 조건과 기준을 갖는다. 위의 질문은 과학의 조건과 기준을 (물론 당연히 과학도 절대적이지 않다) 종교에 강요한 것이며, 이런 의미에서 범주를 혼동한 것이다.*

　　근대인이 더 이상 근대적 존재론만으로 살아가기 어려운 상황에서 서로 다른 존재 양식이 충돌하지 않고 공존하도록 조율하는 작업이 필요하다. 라투르는 이를 '외교(diplomacy)'라고 부른다. 존재 양식의 외교는 서로 다른 존재 양식이 자신만의 언어, 성공 조건, 책임 범위를 가진다는 사실을 상호 인정하도록 유도하는 실천이다. 외교란 경계를 설정하고, 침범을 중단시키며, 책임지고 협상하는 과정이다.** 종교는 과학이 대신 말할 수 없고, 정치는 과학의 참/거짓 판단을 대체할 수 없으며, 기술은 중립을 가장하면서 결과에 대한 책임을 회피할 수 없다. 존재 양식의 외교는 이렇게 각 양식이 어디까지 말할 수 있고, 어디에서 멈춰야 하는지에 대한 협상을 통해 공존의 조건을 마련하는 어려운 과정이다. 앞서 지적했듯 가이아 시대에 우리가 직면한 난제는 서로 다른 존재 양식이 충돌하지 않고 지속하도록 각 존재 양식의 속성들을 존중하는 태도를 공유하는 데 있다. 자신의 언어로 세계를 설명하기에 앞서 면

---

* 종교에 대한 『존재양식의 탐구』 11장 참조. 라투르는 책이 출간되기 전에도 이런 주장을 담은 논문을 출판했다. Bruno Latour, "Thou Shall Not Freeze-Frame, or How Not to Misunderstand the Science and Religion Debate", in *Science, Religion, and the Human Experience*, ed. James D. Proctor(New York: Oxford University Press, 2005), pp. 27-48.

** 외교에 대해서는 이 책의 「서론: 제도를 다시 신뢰한다고?」, 특히 28-45쪽을 보라.

저 어떤 존재들과 어떤 방식으로 함께 살아가고 있는지를 묻는 태도가 필요하다. 존재 양식의 외교란 바로 이 질문을 포기하지 않는, 가이아 시대의 가장 절실한 정치적 상상력이다.

어떤 존재 양식이 세상에 존재하는가?

이제 앞으로 남은 주제를 다루기 위해 우선 『존재양식의 탐구』에서 제시한 15가지 존재 양식에 익숙해질 필요가 있다. 라투르는 책 말미에 '피벗 테이블(Pivot Table)'이라는 도표를 제시해 재생산[REP], 변신[MET], 습관[HAB], 기술[TEC], 허구[FIC], 지시[REF], 정치[POL], 법[LAW], 종교[REL], 애착[ATT], 조직[ORG], 도덕[MOR], 연결망[NET], 전치사[PRE], 더블 클릭[DC] 등 15가지 존재 양식과 각 특성을 정리한다.*

다만 피벗 테이블의 순서는 15가지 존재 양식이 도입된 책의 순서와 다르다. 『존재양식의 탐구』는 3부(part), 16장(chapter)으로 구성되어 있는데, 존재 양식의 탐구 가능성을 다룬 1부 1장에서 중점적으로 소개되는 존재 양식은 연결망[NET]이다. 이는 ANT에서 논의되던 네트워크와 다르지 않다고 봐도 좋다. 2장에서는 네트워크에 기울기, 방향, 색조, 가치 등을 부여하는 전치사[PRE] 존재 양식이, 3장에서는 과학을 의미하는 지시[REF]와 생명체·무생물의 지속을 나타내는 재생산[REP] 존재 양식이 등장한다. 같은 장에서 더블 클릭[DC]도 소개된다. 2부 7-10장에서는 다원주의 존재 양식에서 얻는 이점을 논하며, 다른 존재에 침투해 원 존재를 바꾸는 변신[MET], 기술[TEC], 소설이나 신화의 주인공 같은 허

---

* 각각은 reproduction, metamorphosis, habit, technology, fiction, reference, politics, law, religion, attachment, organization, morality, network, preposition, double click을 의미한다.

구[FIC] 그리고 불연속을 완만하게 만드는 습관[HAB]이 각각 등장한다. 3부 11-16장에서는 집합체(collectives, 우리가 '사회'라고 부르는 것)를 재정의하며, 종교[REL], 정치[POL], 법[LAW], 조직[ORG], 선물이나 돈의 기초가 되는 애착[ATT], 도덕[MOR]이 자세히 논의된다.* 대체로 각 장이 하나의 존재 양식에 대응하며, 4-6장에서는 존재 양식의 속성에 대한 논의와 함께 존재 양식의 교차를 통해 전통적 철학 개념인 주체(subject)와 객체(object), 물질(matter), 형상(form), 자연(Nature, 인간과 무관하게 존재한다는 의미에서 대문자 N 자연)을 해체하는 논의와, 과학과 정치를 비교하면서 정치를 마치 과학처럼 말하는 (더블클릭 식의) '직설적 말하기', 그리고 정치의 고유성을 인정하는 '잘 말하기'를 비교한다(이후 논의에서는 [지시], [재생산] 같은 방식으로 각각의 존재 양식을 표기하겠다).

「전사(前史)」에서 다루지 못한 존재 양식 중 직관적으로 이해하기 어려운 것들은 [습관], [애착], [더블 클릭] 등이다. 이들은 존재가 유지되는 감각과 위험을 드러낸다. [습관]에서는 존재가 반복을 통해 마찰을 줄이며 안정화되는데, 이는 세계와 관계를 가능하게 하는 조용한 지속 방식이다. 존재 양식이 겪는 불연속을 사상하는 [더블 클릭]과 달리, [습관]은 이를 지우지 않고 감추기만 한다. 존재들은 [습관]에서 흔히 본질이라고 부르는 속성을 획득하지만, 이는 실제 불변의 속성이 아니라 [습관]의 작동 결과다. [애착]은 존재를 중요하게 여기고 돌봄과 관심의 대상으로 삼아 붙들

---

* 『리셋 모더니티(*Reset Modernity!*)』에서 라투르는 [ATT], [ORG], [MOR] 세 가지 존재 양식들은 주체와 객체가 구별되지 않은 채로 다른 존재 양식들을 연결한다는 특이성을 가지며, 이 셋이 결합해서 '경제적 하부 구조'를 재정의한다고 설명한다. Bruno Latour and Christophe Leclercq, eds., *Reset Modernity!*(Cambridge, MA: The MIT Press, 2016), pp. 543-546. 이에 대해서는 뒤에 따로 설명하겠다.

어 매는 존재 양식으로, 이 존재 양식에서 '붙들어 맴'의 지속은 가치 부여의 강도와 헌신적 실천의 정도에 달렸다. 반면 [더블 클릭]은 매개와 절차를 삭제하고 의미나 사실이 즉시 주어지는 듯한 환상을 만드는 존재 양식이다. [더블 클릭]은 [습관]의 반복과 [애착]의 헌신이 요구하는 시간성과 노력을 지워 버리며, 존재 양식의 고유 작동 조건을 무시함으로써 지속을 위태롭게 한다. [더블 클릭]은 존재 양식이 겪는 불연속과 우회를 무시하면서 지름길을 만들려고 하기에 그 결과는 종종 범주적 오류로 기능한다.*

다양한 존재 양식을 찾아내고 제시하는 것만으로는 다중의 세계가 완성되지 않는다. 분화되지 않은 다양한 존재들은 결국 더 근본적인 하나의 존재로 환원된다는 주장에 취약하기 때문이다 ('세상은 눈부시게 다채롭지만 결국 원자로 구성되어 있다'라거나, '말은 서로 다를 수 있지만 본질은 결국 같다'는 논리를 생각해 보라). 따라서 이러한 환원에 저항하려면, 각 존재 양식은 다른 존재 양식과 구별되며, 쉽게 환원되지 않는 고유한 속성을 가져야 한다. 라투르는 이를 다섯 가지 속성으로 정리한다. 공백(hiatus),** 궤적(trajectory), 적정성/비적정성 조건(felicity/infelicity condition),*** 창설하는 존재들(beings to institute),**** 변이

---

* [더블 클릭]은 일종의 반(反, anti)존재 양식으로 소개된다. 여기서 반(反)의 의미는 마치 반(反)물질(anti-matter)이 물질과 만나 이를 소멸시키듯이 [더블 클릭]이 다른 존재 양식과 만났을 때 각각의 존재 양식이 거쳐야 하는 불연속적인 공백을 소멸시킨다는 의미다. Ibid., p. 546.

** 존재 양식이 계속 이어지기 위해서 건너뛰어야 하는 공백을 의미한다. 15가지 존재 양식은 모두 공백을 가지며, 이를 넘어서야 존속된다. 라투르는 이 공백을 초월성(transcendence, 혹은 미니-초월성)과 연결시키고, 세상에 이것 외의 다른 초월성은 존재하지 않는다는 흥미로운 전개를 펼친다.(159쪽; 314-316쪽) 그의 논의에서 이 작은 초월성이 지워지거나 가려지면 우리가 '내재성(immanence)'이라고 부르는 것을 얻는다.(394-395쪽)

*** 존재 양식의 참/거짓을 판별하는 기준이다.

**** 영어 번역본은 "beings to institute"인데 프랑스어 원본에는 "êtres à instaurer"로 되

(alteration)* 등이다. 각 존재 양식은 이 다섯 가지 속성 모두에서 다른 존재 양식과 차별성을 갖는다.

15가지 존재 양식 모두를 다 설명하기는 어렵지만, 몇 가지 예를 들어 보자. 출발점으로 적합한 것은 라투르 사상의 시작인 과학, 즉 [지시]다. 과학자는 실험실에서 새로운 존재를 찾거나 만들어 내고 이에 이름을 붙이곤 한다(앙투안 라부아지에(Antoine-Laurent de Lavoisier)의 산소 발견과 명명을 생각해 보라). 따라서 실험실은 지식(언어)과 존재(사물)가 일대일 관계를 맺는 공간으로 볼 수 있다. 하지만 라투르의 인류학적 연구는 이 연결이 매끈하지 않음을 보여 준다. 실험실의 시료 자체는 데이터가 아니며, 데이터가 곧 그래프는 아니고, 그래프는 모델이 아니며, 모델은 새로운 실재의 발견도 아니다. 라투르가 '공백'이라고 명명한 속성이 이러한 불연속이다. '시료 → 기구 → 데이터·그래프 → 모델 → 새로운 존재자의 발견'이라는 연쇄 곳곳에는 필연적인 공백이 존재한다. 과학자는 이 공백을 적정하게 이어야 하며, 이 과정이 순조롭게 이루어질 때 최종 결과는 다른 실험실로 이동 가능한 기입(inscription)**으로 탄생한다. 이러한 불연속을 극복하며 진행하는 반복적 도약이 [지시] 존재 양식이며, 이러한 도약들이 연결되면서 형성되는 경로가 [지시]의 궤적이다.

어 있다. 한글 번역본에서는 "instaurer"을 '창설하다'로 번역했는데, 여기서 창설은 주체와 대상이 동시에 만들어지는 공동 구성의 과정을 의미한다. 창설되는 존재는 원래 있던 것이 발견되는 것도 아니고, 전적으로 인간에 의해 발명되는 존재도 아니다. 이 점을 지적해 주신 '라투르 연구회'의 박동수, 황장진 선생님께 감사드린다.

* 존재자가 계속 존재하기 위해 반드시 거쳐야 하는 내재적 차별화 과정을 의미한다. 존재 자체가 자신과 어긋나면서 유지되는 방식이며, 내재화된 타자성의 발현으로 해석할 수 있다.

** 도표, 그래프, 논문처럼 한 장소의 결과를 다른 장소와 시간으로 쉽게 옮겨서 활용하도록 만들어진 결과물을 의미한다.

[지시]의 궤적에서 존재자는 단계마다 형태를 바꾸지만, 변형을 되돌릴 수 있고 추적할 수 있을 때만 동일 존재자로 지속된다. 따라서 [지시]에서 연속성은 주어진 것이 아니라 공백을 성공적으로 횡단하는 실천을 통해 성취된다. 적정성 조건은 과학적 진술이 세계를 정확히 반영하는지에 있지 않고, [지시] 사슬이 추적할 수 있고 원리적으로 되돌릴 수 있는지에 달려 있다. 데이터나 그래프가 적정한 이유는 그것이 현상과 다시 연결될 수 있기 때문이다. 이 연결이 끊어지면 [지시]는 비적정해진다. 적정한 과정을 거친 사진, 그래프, 모델은 창설된 존재자(beings to institute)로 남는다. 또한 이런 존재는 멀리 떨어진 실험실로 이동해서 그곳의 형상을 바꾸는데, 이것이 [지시]에서 말하는 변이다. 변이는 시료의 수치화나 그래프 같은 형식의 변환을 통해 지시의 힘을 유지한다. 그렇지만 이 과정이 깨져서 변이가 수사적 비유나 상상적 전환으로 미끄러지면, 존재자는 [지시] 궤적을 벗어나 [허구] 등 다른 존재 양식으로 이행한다.

[지시]와 함께 중요한 존재 양식인 [재생산]을 살펴보자. [재생산]에서 말하는 공백은 개체가 시간에서 동일하게 지속되지 않는다는 사실, 즉 존재가 매 순간 다시 이어져야만 유지된다는 단절에서 발생한다. 유기체, 종, 계보, 기술적 복제물은 모두 동일성의 자연스러운 연속 위에 있지 않으며, 탄생·성장·복제·계승이라는 임계 지점마다 끊어질 위험에 노출된다. [재생산]의 궤적은 이러한 공백을 통과하며 단순한 반복이 아닌 존재가 이어지는 경로가 된다. 이 경로는 무생물의 경우 힘의 선(lines of force)*을 만들고, 생명체

---

* 동일성을 유지하기 위해 끊임없이 반복하며 미세하게 변형된 연쇄로 나타나는 역선(力線)을 의미한다.

의 경우 계승(lineage)을 핵심으로 한다. 이 경우들에도 중요한 것은 동일한 존재의 반복이 아니라 변이를 포함한 연쇄가 끊어지지 않고 이어진다는 점이다. [재생산]에서 연속성은 공백을 건너는 재생산 행위가 성공적으로 누적된 효과로 성립한다. 적정성 조건은 변이를 포함한 계열이 끊기지 않고 유지되는 데 달려 있다. 변이가 과도하거나 계승 관계가 파악되지 않으면 [재생산]은 비적정해진다. 이 양식에서 창설되는 존재자는 종, 계통, 계보, 복제할 형식 같은 지속적 존재자이며, 반복되는 재생산 실천에서만 존재한다. 변이는 계열이 환경과 조건 변화에서도 살아남도록 자신을 미세하게 조정하는 필수 요소이며, 그 변화는 무한히 자유로운 것이 아니라 반드시 계승 가능성의 경계 안에서 작동해야 한다. 경계를 벗어나면 재생산은 더 이상 지속의 모드가 아니라 단절의 사건으로 전락한다.

　　이제 우리가 사회라고 부르는 집합체를 구성하는 [정치]를 살펴보자. [정치]에서 공백은 다수의 이해관계와 목소리가 하나의 '공동의 것'으로 자연스럽게 모이지 않는 데서 발생한다. 정치적 존재는 흩어진 의견·정동·요구를 반복해서 불러 모으는 과정을 통해서만 성립한다. 따라서 [정치]의 궤적은 직선이 아니라 구부러진다. "첫째, 정치가 구부러져야 한다면, 그것은 무엇보다도 정치가 그것의 방향을 돌리고 굽히고 위치를 바꾸게 만드는 쟁점들과 맞닥뜨리기 때문이다. 둘째, 정치의 경로가 구부러진 것은 정치가 매번 문제들, 이슈들, 쟁점들, 사물들 (……) 주위를 돌기 때문이다."(492쪽) 대표(representation)는 항상 출발점으로 되돌아가 다시 호명되고 재확인되어야 하며, 한 번의 위임이나 결정으로 지속되지 않는다. 정치적 적정성은 대표와 대표됨 사이의 왕복이 살아 있는지, 즉 다시 말할 수 있고 다시 들을 수 있는지에 달려 있다. 이 과정에서 창설되는 존재자는 매번 재구성되는 집합적 행위자이며, 변이는 새로운 목소리를 포함하기 위한 필수적 재조정으로 작동한다. 이런 원형의(circular) 순환이 끊기거나 닫히면, 정치는 단순한 합의나 관리로 오인되어 비적정해진다. 반복되는 정치의 원(circle)은 집합체가 스스로를 계속 불러 세우는 [정치] 존재 양식의 고유 궤적이다.

　　[법] 존재 양식의 핵심 특성은 법적인 의미나 정보를 전달하는 것이 아니라 발화, 문서, 행위, 사람들 사이의 끊어진 연계를 다시 묶는 형식적 장치에 있다. 법은 기록, 배정(assignation), 서명, 절차 같은 텍스트적인 형식의 연쇄 속에 사건들을 지속적이고 적절하게 기입함으로써 의무를 안정화한다. 실제로는 연속적이지도 안정적이지도 않은 행위 과정을 마치 우리가 한 말과 행동에 구속되어 있는 것처럼 보이게 하는 역할을 수행한다. 그래서 법은 내용이 비어 있고 형식주의적으로 보이지만, 바로 그 형식에 집착하는 덕분에 책임, 권한, 소유권 같은 법적 주체들을 지속해서 재연결하고 봉합하는 독자적인 존재 양식으로 작동한다.(537-538쪽) [법] 존재 양식에서 공백은 사건과 규범 사이의 단절, 즉 개별적이고 우발적인 사태가 곧바로 법적 판단으로 환원될 수 없다는 데서 발생한다. 법의 궤적은 단순히 사실을 수집하고 규범을 적용하는 직선이 아니라 선례, 해석, 절차를 따라 천천히 이동하는 경로로 구성된다. [법]의 적정성 조건은 판결에서 적법한 절차가 준수되고 논증이 규칙에 따라 전개되었는지에 달려 있다. 이 과정에서 창설되는 존재자는 사건, 권리, 책임, 주체 같은 법적 존재자이며, 이들은 오직 판례와 절차로 존재한다. 변이는 새로운 사건을 기존 법질서에 옮기기 위한 해석의 이동으로 작동하며, 절차가 생략되거나 법이 즉각적 정의로 환원될 때 [법]은 비적정해진다.

　　[종교] 존재 양식은 무조건적인 믿음도, 교리 같은 정보 전달도 아니다. [종교]는 마치 사랑처럼 '존재가 사라질 듯한 순간'에 사람을 다시 불러 세우고 가까이 오게 하는 말의 사건이다. 종교적인 말은 사랑에 충만한 연인의 말과 마찬가지로 설명하거나 설득하지 않으며, "우리에게 '바로 너야, 바로 나야, 바로 우리야'라고 분명히 말을 건넴으로써 우리를 가까이 오게 하고 바로잡는다."(443쪽) 이런 호명은 우리를 죽음·무관심·거리감에서 삶·현존·일체성으로 전환시키는 회심(conversion)을 일으킨다.(454쪽) 그래서 종교는 끊임없는 반복과 갱신에서만 살아남는다. 또한 연약하지만 결정적인 말의 존재 양식이며, 종교적 진리는 그 말이 실제로 누군가를 소생시키고 다시 시작하게 한다는 적정성 조건에 달려 있다. 마치 '사랑한다'라는 고백처럼 종교적 언어는 그것을 듣는 이를 다시 부르고 변화시키는 데 성공할 때만 적정하다.* [종교] 존재 양식에서 공백은 언어가 곧바로 신적 진리를 전달하지 못하는 단절에서 나타난다. 따라서 [종교]의 궤적은 정보를 단순히 전달하는 경로가 아니라 반복적인 호출과 응답을 통해 관계를 새롭게 형성하는 운동이다. [종교]에서 창설되는 존재자는 교리나 명제가 아닌, 신자, 공동체, 구원의 관계 같은 존재자들이다. 이들은 사랑과 헌신의 실천에서만 지속된다. 변이는 사랑의 호소가 다시 살아나도록 말과 몸짓을 새롭게 조율하는 과정이다. 종교가 정보 전달이나 도덕 명령으로 환원될 때 사랑의 호출은 사라지고 [종교]는 비적정한 상태로 전락한다.

---

* 바꾼다는 점에서 [종교]는 [변신]과 흡사한 점이 있다. 그렇지만 [변신]의 경우 나타남과 사라짐을 우리가 통제하고 협상할 수 있는 반면에 [종교]는 그렇지 못하며, [종교]는 "우리를 다른 것으로 여기지 않고 우리에게 다른 방식으로 살 것을 제안한다"라는 차이가 있다.(454쪽)

존재 양식의 분리와 교차가 왜 중요한가?

이러한 라투르의 다중 세계는 전례가 없을 정도로 독창적인 것인
가? 근대성 논의로 돌아가 보자. 근대성을 논할 때 항상 등장하는
독일 철학자 임마누엘 칸트(Immanuel Kant)는 근대성의 요체를 과학,
법·도덕, 미학이라는 세 영역으로 분리했다. 과학의 이름으로 도덕
에 간섭해서는 안 되고, 신의 이름으로 과학에 간섭해서도 안 되며,
진리의 이름으로 아름다움에 간섭할 수 없다는 얘기다.*

〈표〉· 임마누엘 칸트가 제시한 근대성의 요체

	진리의 영역	옳고 그름의 영역	취향의 영역
대상	명제의 진위 여부	규범적 옳고 그름	미적인 조화
분야	과학	도덕과 법	예술, 비평

　　라루트에게서 메타적 성격을 가진 [연결망], [전치사], [습관],
[더블 클릭]을 제외하면, 대략 [지시], [재생산],** [변신], [허구],
[기술]은 자연·과학의 세계에,*** [정치], [법], [종교], [애착], [조

---

* J. Schmidt, "Habermas and the Discourse of Modernity", *Political Theory* 17, 1989, pp. 315-320. 칸트의 구분은 우리가 일상적으로 얘기하는 소위 진·선·미에 해당한다.
** 라투르는 [재생산]이 자연이나 객체와는 전적으로 다른 것이라고 강조했지만, 근대적인 세계관의 관점에서 볼 때 [재생산]은 자연에 가장 가까워 보인다. 이런 이유로 [재생산]이 자연·과학의 세계에 포함되었다.
*** 이 서평에서는 다루지 못했지만, '귀신 씌었다'고 할 때 소환되는 '귀신' 같은 [변신] 존재나 소설 주인공 햄릿, 셜록 홈즈 같은 [허구] 존재들이 실재한다는 라투르의 주장은 흥미로우면서 또 논쟁적이다. [허구]의 존재자들에 대한 논의로는, 김보현, 「브뤼노 라투르의 비근대적(non-moderne) 허구적 존재들: 등장인물의 재현에서 재생산으로」, 『한국프랑스어문교육학회지』 제86집(2024): 227-265가 있다.

직], [도덕]은 사회·법·도덕의 세계에 해당한다고 볼 수 있다. 이런 관점에서 보면, 라투르가 각각의 존재 양식의 독자성과 고유성을 강조하는 것은 칸트가 과학 체제와 법·도덕 체제의 독자성과 고유성을 강조한 것과 크게 다르지 않아 보인다.

　　그러나 중요한 차이가 있다. 라투르의 다중 우주에서는 존재 양식의 교차가 가능하다는 점이다. 교차는 하나의 존재 양식이 다른 양식의 힘을 빌려 새로운 속성을 획득하게 할 수 있다. 예를 들어 [연결망]과 [전치사]가 교차([연결망·전치사])하면 연결망에 방향과 가치를 부여한다. 이는 ANT가 평평하고(flat) 몰가치적이라는 비판에 대하여 오랫동안 지연했던 화답이기도 하다. [재생산]과 [기술], [변신]과 [기술]이 교차하면 진흙은 멋진 토기가 되고, 잘린 나무는 훌륭한 탁자로 변신한다. 여기에 한 인물의 얼굴이 새겨지면([변신·허구]) 허구적 존재자가 나타난다. 반면 [허구]와 [더블 클릭]이 교차하면 허구적 존재자가 단순한 상상의 창조물, 진실이 아닌 것으로 폄하된다. 또한 교차에는 위험도 존재하는데, [지시·종교]는 종교를 합리적 지식으로 이해하려는 왜곡된 시도를, [지시·정치]의 융합체(amalgam)는 정치적 논쟁을 과학적 논증으로 일방 종결하려는 빗나간 시도를 낳는다. 후자는 공적 논쟁을 마무리하기 위해 과학을 '납치한' 상황과 같다.

　　교차가 고착하면 또 다른 문제가 발생한다. 라투르가 모든 교차 중에서 가장 중요하다고 평가한 [지시]와 [재생산]의 교차를 생각해 보자. [지시·재생산]의 교차란 과학의 참조 사슬이 세계의 재생산적 연속성에 정확히 걸려들어 안정화되는 지점을 가리킨다. [재생산] 존재 양식에 의해 세포 분열, 지층 형성, 궤도 반복, 화학 반응은 반복하고, 따라서 과학 연구의 대상이 된다. 과학은 '샘플 → 기기 → 데이터·그래프 → 모델'을 거치며 단계적으로 대상을 추적할 수 있다. 이 교차에서 과학적 진술은 세계의 지속적 재생산에 의존해 끊어지지 않는 연쇄를 형성하며, 그 결과 [지시]의 성공이 가능해진다. 문제는 이 성공적 결합이 융합체로 굳어지면서 무시무시한 오해를 낳는다는 점이다. 존재의 안정성([재생산])이 인식의 투명성([지시])으로 오인되고, [지시]의 매개와 변환의 사슬은 망각된다. 이러면 과학적 사실이 마치 세계에 직접 대응하는 것처럼 보인다. 과학적 지식은 매개된 실천의 결과가 아니라 외부에 이미 주어진 실재의 거울로 이해된다. 이에 따라 '자연이 스스로 말한다'라는 인식이 생겨난다. 인간의 인식과 무관하게 실재하는 자연, 과학의 개입과 무관하게 오래전부터 존재해 온 자연이라는 관념이 여기서 비롯한다. 이러한 근대적 오해가 [지시·재생산]의 결과다.

　　[지시]와 [재생산]이라는 두 존재 양식이 교차하면서, 우리는 세계 어딘가에 객관적이고 단일하며 인간과 무관하게 존재하는 '자연'이 있다고 믿는다. 이때 자연은 인간의 행위나 해석과는 상관없이 스스로 작동하는 외부의 필연적 실재로 간주된다. 그 결과, 자연을 이해한다고 주장하는 과학은 단순한 하나의 실천이나 담론이 아니라 정치·윤리·법·종교보다 더 근본적이고 상위에 있는 권위를 획득한다. '과학은 이렇게 말한다'는 식의 발화가 더는 설명이나 논쟁이 필요 없는 결정적 근거처럼 작동하는 이유, 즉 [더블클릭]의 태도는 바로 여기서 발생한다. 이와 동시에 [정치], [법], [도덕], [종교] 같은 다른 존재 양식은 각자 고유한 방식으로 진리와 적정성을 가짐에도 불구하고, 마치 과학이 밝혀낸 자연의 진리라는 초월적 기준 앞에서 자신의 정당성을 증명해야 하는 것처럼 취급된다. 이에 따라, 이들 존재 양식은 스스로의 논리를 설명하기보다 '객관적 자연' 혹은 '참된 과학'에 얼마나 부합하는지를 묻는

외부의 잣대에 종속된다.

이런 상황에 맞서 과학적 진리는 움직이지 않는 객관적 자연을 단순히 반영하기만 한 결과가 아니라는 사실을 보여 주려는 인류학적 연구는 중요한 철학적 의미를 지닌다. 그것은 자연이나 물질이 독립적이고 자명한 실재라는 믿음 자체가 사실은 [지시]와 [재생산]의 특정한 결합을 통해 형성된 역사적·제도적 산물임을 드러내는 작업이기 때문이다. 이런 점에서 존재 양식의 교차에 관한 인류학적 탐구는 과학기술학의 영역을 넘어, 근대적 자연 개념이 어떻게 성립해 왔는지를 해체하는 비판적 철학 기획이라고 할 수 있다.

15가지 존재 양식이 전부인가?

라투르의 이전 작업을 떠올려 보면, 『존재양식의 탐구』에 반드시 등장해야 할 것 같지만, 끝내 한 번도 모습을 드러내지 않는 단어가 있다. 바로 테크노사이언스(technoscience)다. 우리말로 번역하기 쉽지 않아* 대개 음차로 표기하는 이 개념은 라투르가 『실험실 생활』(한울아카데미, 2019)에서 처음 사용한 이후 과학기술학을 대표하는 핵심 개념어로 자리 잡았다.** 그는 이 용어를 통해 과학적 사실의 구성과 기술적 인공물의 구성이 서로 분리될 수 없을 정도로 밀접하게 얽혀 있으며, 더 나아가 근본적인 수준에서 서로서로 구성한다는 점을 강조했다. 그런데 이 같은 문제의식과 달리 『존재양

---

* 테크노사이언스를 '기술 과학'으로 번역하면 우리가 일상어로 사용하는 과학기술의 순서만을 바꾼 것이 된다. 이런 이유에서 일본에서도 テクノサイエンス(테쿠노사이엔수)라는 음역어를 주로 사용한다. 다만 중국에서는 技术科学(기술 과학[지슈커쉐])로 번역하고 技术科学(technoscience)라고 영어를 병기하는 경우가 많다.
** 미국 과학기술학회인 4S 학회의 뉴스레터의 타이틀이 'Technoscience'이다.

테크노사이언스는 그 중요성에 비해 『존재양식의 탐구』에서는 한 차례도 등장하지 않는다.
(출처: miricle)

식의 탐구』에서는 테크노사이언스라는 용어가 단 한 차례라도 등장하거나 직접적으로 논의되지 않는다. 그 대신 라투르는 과학을 [지시]라는 존재 양식으로, 기술을 [기술]이라는 또 다른 존재 양식으로 구분해 각각을 독립적으로 분석한다.

　　역사를 거슬러 올라가 보면 침묵의 이유가 더 분명해진다. 테크노사이언스는 보일과 홉스가 진공 펌프를 둘러싸고 논쟁을 벌이던 17세기 이후에 비로소 모습을 드러내기 시작했는데, 이 시기는 인간과 비인간이 잡종적인 네트워크를 본격적으로 형성하기 시작한 역사적 국면과 겹친다. 이 관점에서 보면 테크노사이언스란 하나의 고유한 존재 양식보다는, 17세기에 발생한 [지시]와 [기술]의 특정한 교차가 이후 반복하고 안정화되면서 굳어진 결과다.* 본래 [지시]와 [기술]은 각기 다른 간격과 궤적 그리고 상이한 적정성 조건을 지닌 별개의 존재 양식이지만, 이들의 교차가 장기간 제도화되고 고착되면서 마치 '테크노사이언스'라는 단일한 존재가 있는 것처럼 여겨졌다. 이런 점에서 테크노사이언스는 고유한 존재 양식이 아니라 [지시·기술]의 교차 이후에 근대적 개념어 사전에 등록된 항목이다.

비슷한 것이 경제(economy)다. 라투르는 『존재양식의 탐구』에서 경제를 독자적인 존재 양식으로 인정하지 않는데, 이는 경제가 고유한 규칙이나 법칙, 궤적에 따라 스스로 존재하는 자율적 실체가 아니기 때문이다. 우리가 '경제'라고 부르는 것은 이윤, 시장, 화폐 같은 요소들이 자연스럽게 작동하는 하나의 폐쇄된 체계가 아니라 [애착]의 신뢰와 관여, [조직]의 제도화, [도덕]의 도덕적 판단 그리고 법적, 기술적 장치와 담론적 수행성 등이 얽혀 만들어진 복합적 효과다. 경제는 [법]이나 [도덕]처럼 고유한 적정성 조건을 갖지 않으며, 이윤이나 수요-공급 같은 지표 자체가 창설된 존재를 산출하지도 않는다. 따라서 라투르에게 경제는 [정치]나 [지시]처럼 스스로 완결된 영역이 아니라 언제나 다른 존재 양식을 통해서만 작동하는 것이다. 경제의 독자성과 고유성은 해체되어야 할 근대적 허구에 가깝다.

경제를 구성하는 핵심적 존재 양식은 [조직], [애착], [도덕]이

---

* 앞에서 논의한 보일의 진공 펌프가 이런 과학-기술의 초기 하이브리드였다.

고 여기에 [법], [정치], [기술] 등이 그때그때 더해진다. 라투르에게 [조직]은 조직화가 반복되는 행위 방식으로서, 행위자들이 대본(script)*을 따라 이동하고 다시 재배치되는 전치사적 존재 양식에 가깝다. 이러한 조직화는 위에서 내려오는 조직이라는 초월적 구조에 의해 지탱되지 않으며, 대본과 만기**를 통한 공백과 단절, 재투입, 거래 비용 같은 불연속의 통과에서만 지속된다. 라투르의 [조직] 존재 양식에서 조직은 미리 주어진 경제를 관리하는 구조가 아니라 대본, 프로젝트, 만기들을 통해 행위자들을 묶고 분절하는 조직화의 반복에서 '경제적인 것' 자체를 만들어 내는 실천이다. 따라서 경제학이 말하는 경제는 [조직]의 조직화가 성공적으로 작동할 때마다 사후 안정화된 효과, 곧 [조직]이 만든 경제화의 산물에 가깝다.

　　[애착]은 존재를 고정된 무엇으로 보려는 "있다(is)"의 관점을 거부하고, 사회학자 가브리엘 타르드(Jean Gabriel Tarde)가 말한 "가지다(have)"라는 관점에서 사람과 사물이 어떤 관심과 정념에 의해 서로 얽히고 변해 가는지를 살펴보는 양식이다.(614쪽) 여기서 존재자는 살아가기 위해 통과해야 하는 다른 존재자들과의 연결, 즉 애착의 관계망에서 규정된다. 이해관계란 개인의 머릿속에 있는 동기나 사물의 속성이 아니라 준주체와 준객체 사이에서 우연히 생겨나 사람과 사물을 서로 붙들게 하는 매개이며, 이를 통해 양쪽은 서로를 소유하면서 동시에 변화하고 활력을 얻는다. [애착] 양식

---

* 사람과 사물에게 무엇을, 언제, 어떤 순서로, 누구와 연결되어 수행해야 하는지를 잠정적으로 지정하며, 행위자들을 다음 만기(대본이 갱신되어야 하는 시점)로 이동시키는 실천적 지침의 연쇄를 의미한다.

** 여기서 만기란 조직이 계속되기 위해 반드시 중단되고 재개되어야 하는 불연속의 지점이다. 만기를 맞으면 대본이 갱신되고 행위자들은 다음 대본으로 밀어 넣어진다.

은 상품이나 소비, 상업을 근대의 특수한 현상으로 보지 않고, 고
대와 근대를 가로질러 반복된 보편적인 경험으로 재배치한다. [애
착]의 세기와 방향은 물건과 비물건, 욕구와 욕망, 물질적인 것과
비물질적인 것의 구분을 넘어 주체와 객체를 함께 규정한다. 따라
서 [애착]은 가치가 생기고, 투자와 열정이 발생하는 방식을 설명
하는 고유한 진리 체계를 가지며, 그 성패는 계산의 정확성보다는
사람들이 실제로 무엇에 매달리고 무엇에 의해 움직이는지, 그리고
그 애착의 연결이 제대로 이어지거나 끊어지는지에서 드러난다.

　하지만 경제가 단지 애착과 조직의 결합에 그친다면, 그것은
냉혹한 자동 기계에 불과할 것이다. 여기서 모든 존재 양식의 흐
름에 개입해서 정지를 유발하는 [도덕]이 결정적인 긴장을 도입
한다. [도덕] 존재 양식의 핵심은 존재자들이 서로 얽힌 채 살아가
면서 끊임없이 되돌아보고 다시 시작하게 하는 "양심의 거리낌
(scruple)"을 유발하는 데 있다.(662쪽) 모든 존재 양식이 각자의 방식
으로 선악, 적정성/비적정성을 구별하지만, [도덕]은 특히 목적과
수단의 분배가 정말 옳았는지, 우리가 타자를 단순한 수단으로 만
들어 버린 것은 아닌지 묻고, 기존의 행위 궤적을 중단하고 재검토
하게 한다. 이때 도덕적 책임이란 외부의 호소에 응답하는 것, 다
시 말해 인간과 비인간을 포함한 다양한 존재자들이 던지는 요구
에 "'내가 그것에 응답한다, 내가 책임진다!'라고 당당하게 선언할
때"(659쪽) 만들어지는 관계적 사건이다. 따라서 도덕은 사실과 가
치 분리를 통해 침묵을 강요하는 경제 섭리나 최적화 논리와 달리,
인간은 물론 빙하, 숲, 동물, 도구, 제도까지 포함한 다중 우주 자체
가 도덕적 질문을 발화하도록 하는 존재 양식이다.

　'경제'를 만드는 이 세 양식의 작동을 생각해 보자. 먼저 [조
직]은 대본, 프로젝트, 만기 같은 장치를 통해 사람과 사물의 행위

라투르는 자본주의를 자연법칙처럼 다루는 관점을 거부한다.(출처: pxhere)

를 배치하고 분절함으로써 누가 무엇을 언제까지 수행해야 하는
지를 지속해서 조직화한다. 이 과정에서 행위자들은 조직화의 반
복을 통해 사후적으로 형성된 '일', '비용', '책임', '성과' 같은 경제
적 범주로 편입된다. 이어서 [애착]은 이렇게 조직화된 자리에 가
치와 에너지를 부여한다. 사람과 사물은 단순히 주어진 역할을 수
행하는 데 그치지 않고, 특정한 물건, 기술, 업무, 성과에 정념적으
로 붙들리고 투자하면서 무엇이 중요하고 매력적인지를 함께 구
성하고, 그 과정에서 상호 소유와 변형을 겪는다. 이때 '가치', '수
요', '선호'는 애착의 강도와 방향에서 발생하는 효과로 이해된다.
마지막으로 [도덕]은 조직과 애착의 결합을 그대로 승인하지 않
고, 그 분배와 연결이 적정한지를 반복해서 문제화한다. 즉 누가 수
단으로 전락했는지, 어떤 존재자가 배제되거나 침묵당했는지, 비

용과 책임이 공정하게 배분되었는지 되묻는 과정을 통해 조직의 대본과 애착의 흐름을 중단하거나 수정하도록 요구한다. 이러한 관점에서 경제는 생산과 교환이라는 자율적 영역이 아니라 [조직]이 관계를 배치하고 [애착]이 그 배치에 가치를 발생시키며 [도덕]이 그 가치의 분배를 심문하는 세 존재 양식의 긴장된 결합이 잠정적으로 안정화된 상태다.

경제란 스스로 작동하는 체계가 아니라 조직화·애착·도덕적 재검토가 일정한 균형을 이룰 때마다 사후 '경제처럼' 나타나는 결과에 가깝다. 라투르는 경제라는 추상 아래 가려진 "세 가지 존재 양식을 가시화함으로써 '경제'의 방향을 바꿀 수 있다고 진정으로 믿는"(682쪽)다. 이런 인식은 라투르가 종종 던졌던 "자본주의 는 존재하지 않는다"라는 주장을 더 잘 이해할 수 있게 해준다.* 통상적 담론에서 자본주의는 이윤 극대화, 수요와 공급, 경쟁이라는 경제적 법칙이 마치 자연법칙처럼 스스로 작동하는 하나의 실체처럼 다뤄지지만, 라투르에게 자본주의는 존재론적 실재라기보다 사후 붙여진 이름, 즉 여러 이질적 존재 양식이 얽혀 만들어 낸 복합적 효과의 서사적 단순화에 가깝다.

〈경제〉가 보편적이라면, 그것은 자본주의CAPITALISM라는 치명

---

* 라투르의 이런 선언의 예는 『프랑스의 파스퇴르화』(한울, 2024)에서 찾을 수 있다. Bruno Latour, *The Pasteurization of France*, translated by A. Sheridan and J. Law(Cambridge, MA: Harvard University Press), p. 173에서 그는 "신처럼, 자본주의는 존재하지 않는다"고 선언한다. 그는 이후 연구에서도 비슷한 주장을 했다. Michel Callon y Bruno Latour, "'Tu ne calculeras pas!' ou comment symetriser le don et le capital", *Revue du MAUSS 9*, 1997, pp. 45-70 참조. 이 중요한 논문은 영어로 번역되지 않았는데, 그의 홈페이지에서 영문판을 볼 수 있다. http://www.bruno-latour.fr/sites/default/files/downloads/P-71%20CAPITALISME-MAUSS-GB.pdf.

적인 질병, 용서받지 못할 범죄 때문이다. 〈자본주의〉는 그에 대한 저항력을 갖추지 못한 신체의 거의 모든 세포를 감염시킨 괴물 같은 역사의 산물이다. 〈자본주의〉를 발명하고 이를 이용해 지구 전체를 소유한 것은 백인들의 용서할 수 없는 범죄일 것이다.

그러나 이것은 또 하나의 과장이 아닐까? 이 괴물에게 너무 많은 힘을 부여하는 것이 아닐까? 더 심각하게는 〈자본주의〉를 무서운 파괴력을 지닌 암으로 너무 성급하게 받아들임으로써 결국 그것과의 공모에 동의하는 방식이 아닐까?(558쪽)

자본주의의 '꽃'이라고 불리는 기업과 금융 시장은 [조직]의 조직적 장치, [법]의 계약과 권리, [애착]의 신뢰와 헌신, [도덕]의 양심과 판단, [정치]의 규제와 협상 없이는 작동할 수 없으며, 이 요소들이 잠정적으로 정렬될 때만 우리가 '자본 축적'이나 '자본주의적 행동'이라고 부르는 현상이 발생한다. 따라서 자본주의는 과학이나 법처럼 스스로를 재생산하는 독립적 존재 양식이 아니라 ANT가 오래전에 보여 주었듯 인간과 비인간, 제도와 기술, 정동과 규범이 얽힌 취약하고 분산된 네트워크의 산물이다. 시장 붕괴나 위기 역시 추상적인 경제 법칙의 자동적 귀결이 아니라 조직의 실패, 신뢰의 붕괴, 법적 허점, 정치적 개입 등 다양한 존재 양식의 어긋남에서 발생한다.

라투르는 자본주의를 자연법칙처럼 다루는 관점을 거부한다. 자본주의가 존재하지 않는다는 그의 선언은 근대가 복잡한 실천들의 집합을 하나의 거대한 객체로 물화(reification)해 온 방식에 대한 비판이다. 자본주의를 비판 불가능한 필연성의 영역에서 끌어내림으로써 라투르는 그 구성 과정과 우연성 그리고 자본주의 경제를 지탱하는 도덕적·정치적 차원을 분석할 공간을 연다. 이때 자

트럼프가 자신의 SNS에 게시한 그린란드에 관한 AI 생성 이미지. 미국과 트럼프의 폭주, 제국주의적 군사 개입, 미·중 간 지정학적 갈등 등의 현실 문제 앞에서 복수의 존재 양식을 인정하는 세계관이 실질적 유용성을 가져다줄지 쉽게 수긍하기 힘들다.(출처: 위키미디어)

본주의를 만들어 내는 행위성은 이기적인 개인에게만 귀속되지 않는다. 그것은 조직과 제도, 기술과 비인간 행위자, 법과 정치적 장치들에 분산되었으며, 이들이 서로 얽히고 협조하는 과정에서 우리가 자본주의라고 부르는 효과가 공동으로 산출된다. 이러한 인식에 따르면 자본주의는 근대 세계를 지배하는 보편적 법칙이 아니라 여러 존재 양식이 상호 작용하며 만들어 내는 효과 가운데 하나에 불과하다. 요컨대 자본주의는 여러 존재 양식의 협조적 수행에서만 나타나는 관계적 산물이며, 불가피성처럼 보이는 그 위상 또한 자연적 사실이 아니라 특정한 서사와 개념화가 만들어 낸 효과다.

향후 과제들

「전사(前史)」에서 이미 짐작했듯 『존재양식의 탐구』는 철저하게 라투르적인(Latourian) 책이다. 그의 사상을 부분적으로만 알면 이 책을 이해하기 힘들다는 얘기다. ANT, 근대성 비판, 과학과 정치, 종교와 철학, 법과 정신 의학, 정치 생태학(political ecology)과 가이아에 대한 그의 오랜 사유의 궤적 전체를 함께 끌어안아야 비로소 책의 윤곽이 드러난다. 라투르를 어느 정도 알지 않으면, 독해가 쉽지 않은 책이다.

　게다가 설령 이 거대한 구성을 이해했다고 하더라도 그것에 동의하고 설득되는지는 다른 문제로 남는다. 특히 현실을 떠올리면 이 질문은 더 골치 아프다. 미국과 트럼프의 폭주, 제국주의적 군사 개입, 미·중 간의 격화되는 지정학적 갈등, 한국 사회에서조차 예외 없이 등장한 극우 정치 세력, 심각한 저출산과 산업 기반의 붕괴, 불평등의 심화와 사회적 갈등, AI와 로봇으로 인한 직장의 소멸, 다문화 사회로 향하는 고통스러운 이행 등을 생각하면, 복수의 존재 양식을 인정하는 세계관이 우리에게 과연 어떤 실질적 유용성을 가져다줄지 쉽게 수긍하기 힘들다. 심지어 15개의 존재 양식으로 구성된 다중 세계를 받아들이는 것이 가이아의 침입을 막는 데 있어 문제 제기를 넘어서는 어떤 실제적인 정치적·제도적 지침을 제공하는지, 혹은 위기의 시기에 우리가 모방할 만한 외교나 국제 질서의 구체적 모델이 무엇인지에 관한 답은 이 책에서 찾기 어렵다.

　따라서 『존재양식의 탐구』는 그 서사가 불친절하고 형이상학적이며, 현재의 긴급한 정치적, 사회적 문제들 앞에서 너무 느리게 작동하는 사유라는 비판을 피할 수 없다. 라투르는 자본주의, 경제, 과학, 종교, 정치가 하나의 논리로 환원될 수 없다고 주장하지만,

바로 그 비환원성 때문에 무엇을 우선 선택하고 어떻게 개입할 것인지에 대한 문제가 다시 독자에게 맡겨진다. 복수성의 세계를 인정하는 것은 지적으로 매혹적이지만, 폭주하는 국가 권력이나 파괴적인 경제 질서를 멈추기 위한 실천적 기준으로는 지나치게 유약하고 간접적으로 보일 수 있다. 가이아의 침입에 대비하기 위해 복수 세계의 이름으로 근대적 주체를 해체하자고 말할 때 그 호소가 실제 정치 행위자, 외교 관료, 기업가, 정책 결정자에게 어떤 강제력을 가질지는 지금도 불투명하다. 이 책이 제시하는 세계 인식이 명백히 풍성한데도 그 풍성함이 곧바로 현실 개입의 효과로 전환되지는 않는다.

　그렇지만 만약 오늘날 마주한 위기의 뿌리가 (적어도 그 일부가) 빈약한 근대적 존재론 자체에 있다면, 30여 년에 걸친 라투르의 기획을 쉽게 기각할 수는 없다. 23살의 르네 데카르트(René Descartes)가 세 번의 꿈을 계기 삼아 이성과 수학을 토대로 철학을 다시 세우려는 철학적 프로젝트를 시작했을 때 이런 자신의 철학과 과학이 수백 년 동안 근대인의 세계관을 지배할 것이라고는 상상하지 못했을 것이다. 어떻게 이런 지속적인 지적 헤게모니가 가능했을까? 하나의 이유는 데카르트의 주체/객체 이분법과 기계적 세계관이 근대인이 필요로 했던 요소를 가졌기 때문이다.* 두 번째 이유는 데카르트의 사유를 받아들이고 확장한 아이작 뉴턴, 존 로크, 데이비드 흄, 임마누엘 칸트 그리고 그 외의 수많은 철학자, 과학자, 정치 사상가, 경제 이론가, 교육자들로 이루어진 네트워크 때문이었

---

* 오랜 종교 전쟁과 지적 혼란을 겪으면서 커진 확실성에 대한 갈망, 세상을 통제할 수 있는 것으로 이해하고, 그렇게 만들려는 욕망 그리고 종교와 세속을 분리하려는 세속화 경향 등을 꼽을 수 있다.

다.* 이런 네트워크가 확장하면서 데카르트 철학과 과학의 세부 항목들은 수정되고 대체되었지만, 그의 세계관의 핵심은 점점 더 공고해졌다.

이제 질문은 라투르로 돌아온다. 『존재양식의 탐구』의 다중 우주론은 어떤 네트워크를 가질 수 있는가? 이 사상은 어떤 인간 행위자와 비인간 '불변의 가동자(immutable mobile)'를 동원해, 지구 반대편의 작은 마을까지 영향을 미쳐서 세상 사람들의 상식적인 우주관을 바꿀 것인가? ANT를 생각해 보면, 한 사상의 미래는 그 것이 어떤 제도, 교육, 외교, 정치적 실천과 결합해서 강력한 네트 워크를 만드는지에 달렸다. 『존재양식의 탐구』는 근대를 넘어서 는 존재론적 사유가 어떤 인간-비인간의 네트워크가 있어야 하는 지를 테스트하는 실험을 마주하고 있으며, 바로 그 점에서 이 책의 가능성과 한계는 동시에 열려 있다. **서리북**

---

* 스티븐 툴민, 이종흡 옮김, 『코스모폴리스: 근대의 숨은 이야깃거리들』(경남대학교 출판부, 1997).

홍성욱

본지 자문위원. 과학기술학자. 《서울리뷰오브북스》 초대 편집장을 지냈다. ANT를 소개하는 『인간, 사물, 동맹』을 엮었고, 라투르의 『판도라의 희망』(공역)을 번역했다. 지금 라투르의 마지막 책인 *If we lose the Earth, we lose our souls*(2024)를 번역 중이다.

📖 '존재 양식'이라는 개념을 명시적으로 사용한
몇 안 되는 저서 중 하나인 시몽동의 책은 비관적이고
비판적인 하이데거의 기술 철학과는 정반대 방향의
기술 철학을 제안한다. 시몽동의 기술관은 라투르에게도
큰 영향을 미쳤다.

"구체화된 기술적 대상의 존재 양식은 저절로 생산된 자연적
대상의 존재 양식과 유사한 것이기에, 그 대상들은 정당하게
자연적 대상들처럼 고려될 수 있고, 귀납적인 연구에도
적용될 수 있다." — 책 속에서

『기술적 대상들의 존재
양식에 대하여』
질베르 시몽동 지음
김재희 옮김
그린비출판사, 2011

📖 원래 1980년대 초에 프랑스어 단행본으로 출간되었던
『Irréductions(비환원)』은 후에 『프랑스의 파스퇴르화』(한울,
2024)의 2부에 번역되어 실렸다. 『존재양식의 탐구』가
원숙한 철학자 라투르를 만날 수 있는 텍스트라면, 세상에
대하여 독특한 자신만의 관점을 획득한 젊은 철학자·신학자
라투르는 이 책 『비환원』에서 만날 수 있다.

"'아무것도, 그 밖의 어떤 것으로 환원될 수 없고, 아무것도
그 밖의 어떤 것으로부터 연역될 수 없으며, 모든 것은
그 밖의 모든 것과 동맹 될 수 있다.' 이는 악마들을
하나하나씩 패퇴시켰던 악령 쫓기(exorcism)와 같은
것이었다. 그것은 겨울 하늘이었고 아주 파랬다."
— 책 속에서

『Les Microbes. Guerre
et paix, suivi de
Irréductions』
브뤼노 라투르 지음
Métailié, 1984

문학·에세이

서울
리뷰 오브
북스

기원'적' 매체의 생애 주기

백민석

나도 AI(Artificial Intelligence, 이하 AI) 이야기. 서너 달 전에 네이버 AI에 일본 음반에 관한 질문을 했다. 일본 뮤지션이고 앨범 재킷이 빨갛고 얼굴이 크게 인쇄되어 있는데 누구의 음반이냐고. 언젠가 도쿄 음반 가게에서 우연히 본 '지금 재생 중' 코너에 걸려 있던 음반이었다. 몇 초 만에 답변이 나왔고, 매끄럽게 이어지는 문장들 끝에는 앨범 이미지 몇 개까지 덧붙어 있었다. 내가 찾는 앨범이 아니라는 작은 실망감은 놀라움 앞에서는 아무것도 아니었다. 그 답변의 말미에 달린, 마치 화제를 바꿔 대화를 계속 이어 나가려는 듯 내 일상을 묻는 정감 어린 안부가 너무 사람 같아서, 나는 얼른 창을 껐다.

어째서 인간이 AI와의 대화에 빠져드는지 깨달은 첫 경험이었다. 시대에 뒤처진 나로서는 꼭 사람 같은 AI와의 대화에 놀랄 수밖에. 모두가 알듯 AI의 기원은 인간이다. 질문을 읽고 의도를 파악하고 자료를 뒤적이고 질문자의 기분까지 고려한 답변을 내놓는 것은, AI 산업의 중간 목표인 AI 비서가 하는 일이다. 눈이 달렸다면 내 낯빛까지 살폈을 것이다.

새로운 매체의 경신은 옛 매체를 죽일 수 있을까? 얼마 전에 흥미로운 외신 하나가 전해졌다. 1980년대부터 세계적으로 팝 음악 붐을 일으켰던 MTV(미국의 음악 전문 케이블TV 채널)가 방송 송출을 중단했다는 기사였다. MTV는 지금처럼 뮤지션의 외모와 패션이 음악의 핵심이 되는 데 결정적인 영향을 끼친 매체였다. 기사에서는 "이제는 (TV 앞이 아닌) 스마트폰과 온라인 플랫폼을 통해 언제 어디서나 원하는 음악과 영상을 소비하는 환경이 보편화되었다"고 원인을 분석했다. 그러면서 "스트리밍이 비디오 스타를 죽"*인 것이라고 덧붙였다.

나처럼 음악에 대한 취향을 MTV와 함께 키워 온 음악 팬에겐 충격일 수도 있는 소식이었다. 모차르트의 〈미라벨 궁의 정원에서〉를 들으며 두 팔을 흔드는 브루노 발터(Bruno Walter, 지휘자)를 떠올리는 사람은 얼마 없을 것이다. 하지만 조지 마이클(George Michael)의 〈Faith〉를 들으면 대부분 자동으로 엉덩이를 흔드는 그의 모습을 떠올릴 것이다. 공교롭게도 MTV에서 방영된 첫 번째 뮤직비디오가 버글스(The Buggles)의 1979년 노래 〈Video Killed the Radio Star〉였다고 한다. 그 노래의 단언은 지난 40여 년 동안 나한테는 이미 실현된 예언이었다. 그런데 그 예언이 뒤집혔다고?

물론 방송 매체 하나가 죽은 것이지, 뮤직비디오 자체가 죽은 것은 아니다. 하지만 MTV가 비주얼은 음악보다 중요하다며 음악의 본질을 바꿔 놓는 동안 뜻밖에도 라디오 스타는 꾸준히 살아남았다. MTV를 살해한 스마트폰의 시대에도 음악을 전파한 최초의 대중 매체

---

* 김민수, 「"스트리밍이 비디오스타를 죽였다"… MTV, 음악채널 마침표」, 《CBS 노컷 뉴스》, 2026.01.02., https://www.nocutnews.co.kr/news/6450550.

인 라디오에서는 여전히 음악이 흘러나온다.

　SNS에 떠도는 개연성 있는 괴담 하나. 어느 출판사 편집자의 고백이라며 "요즘 투고 원고의 70%에서 AI 냄새가 나요."라는 게시물이 돌고 있다. AI의 원고는 매끄럽고, 문법은 완벽하고, 어휘는 적절하고, 구성도 논리적인데 "작가의 목소리가 안 들"린다고 한다. 좋은 책을 펴내 명성도 쌓고 수익도 내야 하는 출판사로서는 AI 원고의 쇄도가 불안할 수 있다. "재미있는 글은 평균을 벗어날 때 나와요. (……) AI는 그런 걸 못해요. 안전한 선택만 하거든요." AI가 쓴 원고를 매일 읽고 가려내야 하는 편집자의 고충은 이렇게 맺는다. "근데 우리가 원하는 건 평균이 아니라 특별함이에요." 출처를 알 수 없는, 그렇지만 내용만큼은 너무나 믿어지는 이 게시물의 제목은 「글쓰기의 위기」다.

　그런데 AI 글쓰기의 기준은 정확히 인간 글쟁이들이 서로에게 적용하는 기준과 같다. 꼰대답게 지적을 해보자. 몇 년 전 어느 모임에 나갔더니, 강사가 프레젠테이션 자료까지 만들어 와 요즘 베스트셀러 소설의 트렌드는 이러저러하니 이렇게 저렇게 써서 출판사의 피드백을 받자는 조언을 했다. 일단 트렌드를 따르려면 작가 자신의 목소리를 한숨 죽여야 한다. 창작의 1순위가 트렌드일 때 작가의 고유성은 뒷전으로 물러난다. 지적 하나 더. 책 띠지의 추천 글, 공모전들의 심사평을 보면 편집자의 토로를 '긍정적으로' 뒤집어 놓은 것만 같다. 매끄럽게 잘 읽히고, 구성에 허점이 없고, 문장은 완벽하고, 내용은 무난하다. 그래서 잘 쓴 소설이고 좋은 소설이다.

　AI 글쓰기는 인간 글쓰기의 기준을 충실하게 반영한다. 우리 자신이 그런 글쓰기를 원했고, 원하고 있다. 슬프게도 AI만큼 정확한 문장, 정답 같은 어휘, 반듯한 구성으로 이뤄진 원고를 써낼 인간은 상당히 적을 것이다. 그래서 애초에 그런 기준이 정해진 것은 아닐까? 그래서 이젠 AI까지 개발해 그런 기준을 맞추려 하는 것 아닐까?

새로운 매체, 획기적인 문명의 이기가 등장할 때마다 고민과 성토가 반복된다. 갈등이 얼마나 큰지 버글스의 노래에는 '죽였다'는 표현까지 등장한다. 수전 손택(Susan Sontag)의 『사진에 관하여』에는 사진이 발명되었을 때 당대인들이 어떻게 반응했는지 나온다. 회화가 재현의 범주에 머물러 있을 때 피사체를 있는 그대로 재현하는 사진은 강력한 경쟁자가 된다. "회화가 보기엔 존속 살해범이라는 이유로, 일반인들이 보기엔 (자신들을 피사체로서) 약탈한다는 이유로" 사진을 비난했고, 버글스의 조상이라도 되는 듯 "1839년에 회화가 제 생명을 다"*했다고 단언한 화가도 있었다.

그래서 사진이 회화를 죽였을까? 모두 알 듯, 아니다. 화가들은 오히려 사진이 할 수 없는 일을 찾으려 했고, 이는 두 가지 방향에서 사진의 능력을 따라잡으려는 노력으로 나타났다. 사진보다 더 사진 같은 회화인 포토(하이퍼) 리얼리즘의 방향과, 정반대로 "사진 덕택에 정확한 재현이라는 지루하고도 따분한 고역에서 벗어날 수 있었기에, 회화는 좀 더 수준 높은 과업—즉, 추상화를 추구할 수 있게"** 된 추상 회화로

---

* 수전 손택, 이재원 옮김, 『사진에 관하여』(시울, 2005), 171쪽.
** 같은 책, 209쪽.

의 방향이 등장했다.

지금 손택의 책을 다시 읽으니 폴 발레리(Paul Valéry) 같은 문인은 사진의 재현 능력에 놀란 나머지 사진이 글쓰기까지 대체할까 봐 걱정했다는 대목도 나온다. AI 글쓰기가 인간의 글쓰기를 대체할까 봐 걱정하는 SNS상의 내 글쟁이 친구들과 똑 닮았다. 하지만 AI의 글쓰기는 인간이 추구하는 기준을 충실히 따를 뿐이다. AI 글쓰기가 싫다면 괜히 같은 글쓰기 기준으로 AI와 경쟁하지 말고, 다른 글쓰기 기준을 제시하고 세우면 된다.

우리는 AI가 할 수 없는 것을 찾아야 할 것이고, 누군가는 벌써 그렇게 하고 있을 것이다. 그게 무엇일지 나도 당장은 모르겠다. AI가 어느 일까지 할 수 있는지 명확해진다면, 19세기의 화가들이 추상 회화를 찾아냈듯이 뭔가 찾아낼 수 있을지도 모르겠다.

카메라는 화가의 눈과 손을 기원으로 한다. 이미지 보정 프로그램들의 많은 기능이 회화에 쓰이는 명칭들을 그대로 가져다 쓴다. 기원은 사라지지 않았다. 게다가 직접 뭔가를 그리고 만드는 작업은 인간에게 작업 그 이상의 가치, 그러니까 노동에 의한 결과물을 얻었을 때의 만족과 행복감을 가져다주므로, 화가라는 기원으로서의 직업 역시 사라지지 않고 있다.

MTV에 의해 죽을 뻔한 라디오는 20세기의 초입에 나타난 최초의 대중 방송 매체였다. 요즘 롱 폼 미디어를 위협하는 쇼츠 동영상의 기원도 역시 이 라디오라고 할 수 있다. 의미도 없고 감상의 가치도 없지만, 사람들은 자기 주변의 공허함을 무엇이 되었든 끊임없이 채워 주기를 바란다. 기원은 살아남았다. 1930년대 텔레비전이 나왔을 때도 영화관이 사라질 것이라는 걱정이 따라 나왔다. 영화관 수가 줄고 있다고는 해도, 사람들은 공공장소에서 대형 스크린으로 영화 보는 것의 가치를 끊임없이 이야기하고, 창작자들도 영화관에 최적화된 작품들을 제작한다. 영상물 감상의 기원적 매체인 영화관 역시 당분간은 사라지지 않을 것이다. 더 이상 음악을 소유하지 않는 구독형 스트리밍 서비스가 주류인 세상에서도, 음악 감상 매체의 기원인 바이닐 음반은 사라지지 않고 있다. 사라지기는커녕 젊은 소비자까지 끌어들이면서 부담이 될 만큼 가격이 치솟고 있다. 사람들은 여전히 물리적인 뭔가를 소유하고자 한다. 종이책도 마찬가지다.

어째서 기원적 매체의 생명이 그토록 끈질긴 것인지는 말하기 어렵다. 기원적 매체가 발명된 지 그리 오랜 시간이 지나지 않아서인지도 모른다. 라디오나 영화관은 역사가 200년도 되지 않았는데, 200년은 한 매체의 생애 주기로서는 짧을 수 있다. 인간의 취향은 의외로 완고한 데가 있다.

내가 기원'적'이라고 쓴 것은 어느 기원도 완전히 100퍼센트 기원이지는 못할 것이기 때문이다. 라디오의 진짜 기원은 아마도 썩은 통나무를 두드리던 원시 인류일 것이고, 회화의 진짜 기원은 동굴 벽에 숯으로 동물 그림을 그리던 원시 인류일 것이다. 텔레비전의 진짜 기원 역시 모닥불에 둘러앉아 손짓 발짓을 해가며 낮에 있었던 이야기를 들려주던 원시 인류일 것이다. 책의 기원도 파피루스, 거북이 등껍질, 석판 등등에 일기를 쓰던 고대 인류일 것이다.

AI든 라디오든 회화든 인간이 발명한 모든 문물의 기원은 인간이다. 그 모든 기원적 매체의 진짜 기원, 기원의 기원에는 인간이 있다. 모든 문물은 인간의 눈과 귀, 손작업, 마음의 필요를 반영한 것들이고 그것들을 충족하기 위한 목적을 가진다.

인간이 오늘까지 없던 완전히 새로운 문물을 발명하기는 어렵다. 인간은 자신이 알지 못하는 것은 만들어 낼 수 없다. 많든 적든 반드시 기존의 것을 참조하기 마련이고, 그 기존의 기원이 인간이다. AI의 기원도 인간이다. 인류가 완전히 사라지고 다른 무엇의 문명이 나타나기 전까지, 이 사실만큼은 변하지 않을 것이다. **서리북**

백민석
소설집 『허끝의 남자』, 『수림』, 『버스킹!』, 장편소설 『공포의 세기』, 『교양과 광기의 일기』, 『해피 아포칼립스!』, 『플라스틱 맨』, 에세이 『러시아의 시민들』, 『이해할 수 없는 아름다움』, 『과거는 어째서 자꾸 돌아오는가』 등을 썼다.

교재가 되지 못한 책들

조문영

1.

학기가 끝났다고 쾌재를 부르려는 찰나에 이메일이 도착했다.

"다음 학기 수업 계획서를 등재하시기 바랍니다."

오랜만에 '현대 중국의 사회와 문화' 수업을 열기로 마음먹은 터였다. 언론은 '반중'이니 '혐중'이니 여전히 떠들썩한데, 캠퍼스는 유난히 조용하다. 반도 지척에 저 우람한 나라가 있기나 한가 싶을 정도다. 지나가는 유학생들의 재잘거림에서 가끔 인기척을 느낄 뿐이다. 홍콩 민주화 시위를 지지하는 현수막을 두고 학생들 사이에 날 선 비판이 오가던 풍경이 아슴푸레하다.

이런 무관심에 동조하기에는 중국 관련 신간들이 너무도 흥미롭다. 지난해 초 『량좡 마을 속의 중국』(마르코폴로, 2025)이 출간되었다. 량훙(梁鴻)의 원저가 2010년에 나왔으니 다소 늦은 감은 있지만, 그가 탁월하게 해부한 제 고향 농촌의 현실은 여전히 당대의 문제의식과 공명한다. 공심화(空心化). 급속한 산업화와 도시화 흐름에서 삶의 기반이 부식되어 온 중국 농촌을 지칭하는 말이다. 한국에서 통용되는 '지방 소멸'이란 단어에는 부재한 반성적 사유를 품고 있다. 나는 량훙을 따라 허난성 량현의 적막한 농촌에 머무는 상상을 한다. 그의 아버지와 친척, 이웃을 따라 끔찍한 범죄, 자연 채굴, 도덕적 응징이 할퀴고 간 흔적들 앞에 멈추고, 서성거린다. 계몽의 의지로 충만했던 근대 중국의 지식인들은 농촌을 무지와 낙후의 표상으로 곧잘 타자화했다. 이 책을 읽을 나의 학생들은 어떨까? 수도권 바깥조차 낯선, 애당초 중국 농촌에 관한 선이해가 없는 이들이 오히려 여성 작가의 머뭇거림을 더 잘 이해할 수도 있지 않을까. "량좡에는 이렇게 복잡하고 정의하기 어려운 생명과 정신이 많이 있다. 그것들은 명확하지도 않았다. 이것 아니면 저것이 아니라, 이것도 되고 저것도 되며, 오른쪽이면서 왼쪽이 되었다."(436쪽)

『나는 북경의 택배기사입니다』(월북, 2025) 역시 수업 교재로 손색이 없다. 출간 직후에 베이징 서점에서 구매한 책이 2년 만에 국내에 번역되었다. 인터넷 서점의 북펀드까지 성황리에 마감되었으니, 이 나라의 반중은 알다가도 모를 일이다. 젊은 플랫폼 노동자 후안옌(胡安焉)의 글은 투박하고 정직하다. 상급자의 호된 질책에 계급 의식은커녕, 노동자의 권리조차 떠올리지 않는다. 그저 "선생님과 대화하는 초등학생이 된 기분", "잘못한 게 없는데 혼나는 느낌"(59쪽)에 기분이 울적해진다. '군자의 복수는 십 년이 걸려도 늦지 않다'는 잠언을 되새기며 무례한 '고객님'에 대한 적의를 잠시 불태워 보지만, "내 몸이 내 의지를 욕하고 내 의지가 내 몸을 욕하는"(28쪽) 노동 환경은 그를 이내 익사

상태로 내몬다. 이 지역, 저 지역을 떠도는 동안 변하지 않은 것도 있다. 그는 "여전히 호두와 땅콩, 해바라기씨를 먹고 있다."(45쪽) 그런데 이 덤덤한 일상 고백 도중에 불쑥 튀어나오는 노동 비평이 예사롭지 않다. 배달 시간을 맞춘다고 계속 끼니를 거르는 동안, "내 몸은 고용주가 요구를 들어줄 생각이 없어 보이자 묵묵히 자기 권리를 포기하는 순종적인 노동자처럼 알아서 내분비 수준을 조절했다."(130쪽) 나의 학생들은 이 책을 어떻게 읽을까? 그를 저들과 같은 이십 대 청년으로 느낄까? 후안옌과의 만남이 어쩌면 노동과 계급에 관한 대화의 물꼬를 터주지 않을까.

　　최근에 출간된 『중국 시민의 한국전쟁』(빨간소금, 2025) 역시 그냥 지나칠 수 없다. 일본에서 활동하는 중국 출신 역사학자 천자오빈(陳肇斌)이 한국전쟁을 당대 시민의 눈으로 재구성했다. 공산당이 중화인민공화국의 수립을 선포한 지 일 년도 되지 않아 발발한 이 전쟁은 중국의 평범한 사람들에게 어떤 의미였을까. '중공군의 인해전술'이라는 반공 교육의 기억을 되짚든 미·중 갈등 속에 개봉한 〈장진호〉의 애국주의 선전을 떠올리든 한국전쟁 당시 중국 시민은 "최고 권력자 마오쩌둥이 정책을 결정하는 과정에서 그 존재가 한 번 지워지고, 그 뒤의 연구에서 다시 지워진"(17쪽) 존재였다. 그런 익명의 무리가 역사학자의 집요한 채굴 작업 덕분에 감정과 의지가 깃든 개인으로 되살아났다. 당시 학생들은 미국의 원자 폭탄 한 방이면 끝장이라며 3차 세계대전의 공포에 휩싸였다. 국가는 '항미'를 외쳤지만, 미국에 대한 시민들의 감정은 훨씬 복잡했다. 공산당에 떨떠름한 이들 가운데는 미국이 이기면 국민당이 복귀할지 모른다며 기대하는 자도 있었고, 일본군이 돌아와 만주국 시절로 되돌아갈 수 있다는 위험한 상상까지 사회를 떠돌았다. 역사 교과서에서는 좀처럼 보기 힘든 서사다. 경기가 이제야 살아나는데 또 전쟁이냐며 한숨 쉬는 상인, 농사철에 징집되는 게 못마땅한 농민, 미국이 이기면 토지 개혁을 원점으로 되돌릴 수 있다고 공언하는 지주, 종군 중인 애인을 얼른 만나고 싶어 참전을 결심한 작가 출신 군인까지, 국내외적으로 불안정한 형세에서 사람들은 저마다 고유한 전쟁 서사를 썼다. 학생들은 20세기 중반의 파병 기록을 어떻게 읽을까? 이 책을 읽고 나면, 오늘날 중국에서 살아가는 14억 인구를 '시진핑 체제의 억압을 내면화한 신민(臣民)'으로 간단히 묶어 내는 시류에 다소간 거리를 두지 않을까.

신간들이 제법 모였으니 줄기를 뻗어 볼까. 『량좡 마을 속의 중국』이 적나라하게 드러낸 농촌의 '공심화'를 이해하려면 어떤 책을 함께 읽어야 할까? 책장에 『보이지 않는 중국』(롤러코스터, 2022)이 꽂혀 있다. 중국 도시와 농촌 사이의 거대한 불평등을 명쾌하게 짚은 책이다. 『중국 신노동자의 형성』(나름북스, 2017)도 눈에 띈다. 농민들이 고향에 있는 노부모에게 자식을 맡긴 채 도시의 '농민공'으로 살아갈 수밖에 없는 현실을 생생히 담았다.

『나는 북경의 택배기사입니다』는 어떻게 곁가지를 낼까. 노동자 청년의 자전적 에세이가 흔치 않으니 한국과 중국의 작품을 비교해 보는 것은 어떨까. 천현우의 『쇳밥 일지』(문학동네, 2022)가 먼저 떠오른다. 중국 수업인데 좀 과한가? 노동자 연쇄 자살로 악명 높았던 폭스콘 공장을 다룬 보고서 『아이폰을 위해 죽다』(나름북스, 2021)를 함께 읽어야겠다. "알아서 내분비 수준을 조절"하는 노동자들의 삶을 글로벌 자본주의의 공급망을 따라 다시 생각해 볼 수 있을 테다.

『중국 시민의 한국전쟁』은? 백지운의 『항미원조』(창비, 2023)가 좋겠다. 한국전쟁을 둘러싼 중국의 국가 서사가 어떻게 변주되어 왔는지를 세심하게 추적한 책이다. 애국주의적 '항미원조(抗美援朝)'의 서사로 소환된 전투들은 70여 년 전이든 현재든 언제나 '다른' 목소리를 불러낼 위험을 품고 있다. 백승욱의 서평 한 대목을 학생들에게 읽어 줘야겠다. "국가가 모든 것을 지켜줄 것이라고 말하기 위해 냉궁에서 끄집어낸 항미원조 유령이 과연 집권자의 편이기만 한 것일까?"(《서울리뷰오브북스》 11호, 82쪽)

2.

책들이 제법 쌓였으니 이제 수업 계획서를 만들자. 이면지에 날짜를 적기 시작한다. 3월 2일, 4일, 9일…… 기분 좋은 상상은 거기까지고, 이내 '현타'가 몰려온다. 도대체 책이 몇 권이지? 학생들이 모두 구매한다면 비용이 얼마나? 22,000원 + 18,800원 + 30,000원 + 18,000원 + 20,000원 + ……

인터넷 서점 할인을 감안해도 적지 않은 금액이다. 모두 전자책으로 나온 것도 아니다. 학생들이 도서관에서 빌리면 괜찮을까. 대학 도서관은 기껏해야 두세 권 비치된 책을 일부 학생들이 장기간 독점하는 상황을 막기 위해 지정 도서제를 운영한다. 공정하고 효율적인 이용을 위한 제도라지만, 학생들이 매번 시간을 재가며 책을 읽거나 복사하는 일을 달가워하는 것 같진 않다. 대학 수업에 이 정도 품은 들여야 한다고 자신 있게 말할 수 있을까. 매달 100만 원씩 용돈을 받는 학생과 학자금 대출을 받는 학생이 나란히 앉아 있는 곳이 강의실이다. 호주머니에 여유가 있다면 책을 살까? 졸업 후 진로는 갈수록 흐릿해지는데, 학기가 끝나면 다시 펼치지 않을지도 모를 책을 굳이? 과시적 소비도, 필요 소비도 아닌 것이 인문 사회과학 교재 구매다.

그렇다고 예전의 관행으로 되돌아갈 순 없다. '스캔'의 시대가 있었다. 저작권법이 맹위를 떨치기 전의 일이다. 기운 빠진 학생들을 보며 뭐라고 해야 하나 싶었다. 예전에는 수업 교재를 몽땅 전자 파일로 만들어 친절하게 이메일로 보내 주었다. 하지만 책 몇 권을 작업하면서 출판사와 인연을 맺고 나니 생각이 더욱 복잡해졌다. 야심 차게 1인 출판사를 차린 편집자가 내 제안으로 출간한 책은 1쇄도 채 넘기지 못했다. 창고 보관비를 감당하지 못한 그는 결국 책 두 상자를 연구실로 보내왔다. 내가 번역한 책의 인세를 이걸로 갈음하자는 요청과 함께.

그 책의 운명은 그래도 나은 편이다. 페이샤오퉁(費孝通, 1910-2005)은 사후에도 중국에서 가장 명망 있는 인류학자로 남았지만, 국내에 번역된 그의 책 『鄕土中國(향토중국)』(비봉출판사, 2011)의 삶은 기구했다. 출판사 대표는 원서의 문맥을 온전히 살리겠다며 한자 표기를 고집했다. 한자 교육을 받지 않은 세대에게 그 고집이 통했을 리 없다. 번역자는 수업 교재로라도 쓰이길 바라며 중국 연구자들에게 책을 나눠 주었다. 하지만 슬픈 사연은 거기서 끝나지 않았다. 수강생들조차 이 '공짜' 책을 반기지 않았다. "가져가도 못 읽는다"는데 무슨 말을 덧붙이겠는가.

한글 책이라고 사정이 더 나을까. 독서율, 도서 매출, 서점 수 등 독서 관련 그래프들은 언제나 아래로, 또 아래로 향한다. 인문 사회과학 서적은 더욱 깊이 아래로…… 그런데 이 작은 업계로, 다르게 남기를 원하는 졸업생들이 향한다. 이들은 취약하고 영민하다. 교란된 숲에서 나무에 닻을 내린 채 위태롭게 들썩거리는 버섯들, "자본주의의 내부임과 동시에 외부인 그 가장자리"에 남고 싶은 존재들이다.(『세계 끝의 버섯』, 493쪽) 진보의 서사 없이 역사를 쓰고 싶어 한다고 배까지 곯게 할 순 없다!

다시 이면지를 꺼낸다. 책은 어쨌든 줄여야 한다. 결국 『현대 중국 강의』(사회평론아카데미, 2024)와 『중국 근현대사 강의』(한울, 2021)를 주교재로 정했다. 애초에 교과서를 염두에 두고 만들어진 책들이다. 학문의 렌즈가 달라 다소 찜찜함이 남지만, 두 책은 국내 연구자들이 서구의 중국 프리즘에 균열을 내고 아시아의 열린 마주침을 모색한 소중한 성과다. 학생들이 중국 역사를 숏폼이나 게임으로 접하는 시대가 되었으니 분명 지루하지만, 유용한 길잡이가 되리라. 아쉬운 여백은 다른 형식으로 메워 봐야겠다. 다운로드가 간편한 학술 논문, 클릭 몇 번이면 볼 수 있는 유튜브 속 중국 다큐멘터리와 각 분야 연구자의 초청 강연까지 다채롭게. 내 지적 욕구를 한껏 채워 주었던 신간들은? 가지를 낸 다른 책들은? 아쉽지만, 공부를 더 해보고 싶은 학생들에게 참고문헌으로 권해야겠다. 욕구가 있다면 다른 비용을 조금 줄여 책값을 들이지 않을까.

3.

이렇게 해서 수업 계획서 작성을 마쳤다. 안도감을 느끼며 한참 전에 사둔 『먼저 온 미래』(동아시아, 2025)를 이제야 펼쳤다. 바둑계는 물

론 사실상 문학계에도 이미 도래한 인공 지능의 세계를 들여다보고 있
자니 불안이 다시 스멀스멀 기어오른다. 결국 챗GPT에 질문을 던졌다.
"학생들이 『량쫭 마을 속의 중국』을 굳이 사고 싶어 하지 않고 도서관
에서도 모두 빌리기 어렵다면 수업에서 이 책을 어떻게 다뤄야 할까?"
그가 곧바로 답을 준다. 1) '전권 독서'를 내려놓고 핵심 장면만 발췌본
으로 배포하라. 2) 이 책을 주교재의 '사례 텍스트'로 삼고 농민공 문제
를 이해하기 위한 장면을 제시하라. 3) 이 책을 '읽지 않아도 되는 책'으
로 선언하라. AI는 첫 수업에서 학생들한테 건넬 멘트까지 정해 준다.
"이 책은 필독이 아닙니다. 다만, 누군가는 끝까지 읽고 싶어질 책입니
다." 4) ……

　작가는 인공 지능이 쓴 작품이 문학성과 독창성을 인정받는 순간
자신이 느낄 감정을 토로한다. "그때 나는 멍하니 거리를 한참 걷고 술
을 마시고 집에 들어가 울지도 모르겠다. 터미네이터가 등장하지 않아
도, 내가 해고되지 않아도 나의 깊은 부분이 인공 지능의 발전에 타격
을 입을 수 있다."(『먼저 온 미래』, 48쪽) 창작자도 아닌 내가 이 우울함에
속절없이 이끌린다. 수업 계획서의 독창성을 바란 것도 아니고, 그저 책
값을 저울질했을 뿐인데. **서리북**

조문영
본지 편집위원. 연세대학교 문화인류학과 교수. 지은 책으로 『연루됨』, 『빈곤 과정』, *THE SPECTER
OF "THE PEOPLE"*('인민'의 유령), 엮은 책으로 『우리는 가난을 어떻게 외면해왔는가』, 『민간중국』,
『문턱의 청년들』, 『동자동, 당신이 살 권리』, 옮긴 책으로 『분배정치의 시대』가 있다.

"서평은 그 자체로 하나의 우주이다"

서울 리뷰 오브 북스

2026 봄. 21호
특집. 2026, 이름 붙지 않은 미래

책을 아끼고 좋아하는 분들과 함께 이 우주를 담고 싶습니다. 그리고 우리는 독자들과 공감하는 글을 만들기 위해 독자들의 의견을 수렴하고 반영하는 개방된 창구를 항상 열어둘 것입니다. 우리 역시 "계속 해답을 찾아 나가는" 존재가 되어 《서울리뷰오브북스》를 틀과 틀이 부딪치는 공론장으로 만들어 가겠습니다. 하루에도 수십 권의 책이 쏟아져 나오는 시대, '어떤' 책을 '왜' 읽어야 하는가? 《서울리뷰오브북스》는 그 답을 서평에서 찾습니다.

지난 호 특집

20 누가 여성을 두려워하랴
19 기후·에너지·식량 위기, 그리고 AI라는 해법
18 혼돈 그리고 그 너머
17 헌법의 순간
16 만화라는 소우주
15 지방과 지역 사이
14 믿음, 주술, 애니미즘
13 민주주의와 선거
12 인공지능, 어디까지 왔고 어디로 가는가
11 냉전과 신냉전 사이
10 베스트셀러를 통해 세상 보기
9 나이듦과 노년에 대하여
8 스몰 북, 빅 이슈
7 계보의 계보
6 개발, 개발, 개발
5 빅 북, 빅 이슈(Big Books, Big Issues)
4 한국 경제에 대한 클리셰(cliché)들
3 모든 여행은 세 번 떠난다
2 우리에게 약이란 무엇인가
1 안전의 역습
0 2020: 이미 와 버린 미래

정기구독 및 뉴스레터 구독 문의
seoulreviewofbooks@naver.com
자세한 사항은 QR코드 스캔
@seoul_reviewofbooks

지금
읽고 있습니다

[편집자] 〈지금 읽고 있습니다〉에서는 전국의
동네책방 책방지기들이 '지금 읽고 있는 책'을
소개한다. 참여해 주신 마담, 박임자, 이나영,
정예림, 조성순, 현구 님께 감사의 말을 전한다.

『나무』
고다 아야 지음, 차주연
옮김, 책사람집, 2024

영화 〈퍼펙트
데이즈〉에 나오는 책.
나무는 한 번 상처를
입으면 평생 그 상처를
품은 채 살아간다.
상처를 안쪽 깊숙이
밀어 넣고 단단한
껍질을 둘러 스스로를
지키는 것이다. 연한
마음을 지키기 위해
필사적으로 딱딱해진
그 침묵의 존재들을
도저히 사랑하지 않을
수가 없다.

윤슬서점
책방지기 현구
(강원도 강릉)

『사라진 것들은 어디로
갈까』
콘치타 데그레고리오 글,
베아트리체 알레마냐
그림, 정한샘·하나 옮김,
오후의소묘, 2026

글과 그림은
사라진 것들을 다시
추억하기 위한 좋은
도구이고 작가 콘치타
데그레고리오는
상실을 관망하지 않고
기록하기를 택했다.
부재한다고 믿던
것들을 다시 떠올리며
남긴 글은 베아트리체
알레마냐의 자유로운
그림과 만나 곁에서
늘 꺼내 볼 수 있는
그림책으로 탄생했다.

콕콕콕
책방지기 조성순
(서울 구로구)

『아름답고 살벌하고
웃기는』
나탈리 헤인스 지음,
홍한별 옮김, 돌고래,
2025

성인이 되어 신화를
다시 접할 때마다
순간순간 미세한
균열이 있었음을
느꼈다. 바람은
제우스가 피우고,
심지어 상대는 원하지도
않았는데 헤라는
왜 제우스가 아닌 상대
여성을 괴롭힐까?
헤라는 신화에서 나쁜
역할인 걸까? 그렇다면
어째서 제우스와
나란히 신들의 왕으로
불릴까. 이 책은
이외에도 우리가 지금
느끼는 그리스 신화에
관한 궁금증을 풀어
주고, 아무도 알려주지
않았던 신화 속 가려진
얼굴을 드러낸다.
예술뿐만 아니라 우리
일상에 스며든 신화를
똑바로 보여 주기 위해.

치우친 취향
대표 운영자 정예림
(대구 북구)

『랭스로 되돌아가다』
디디에 에리봉
지음, 이상길 옮김,
문학과지성사, 2021

책을 읽는 내내
이론을 통해 무언가를
분석한다는 것의
모범 답안, 더불어
분석의 대상이 나라면
이렇게까지 처절하게
밀어붙여야 한다는
생각을 떨칠 수가
없었다. 그래서인지
『랭스로 되돌아가다』에
깊이 빠져들었다. 내가
할 수 없다고 느낀
작업에 대한 경외감일
것이다.
프랑스 출신 지식인의
자기 고백에서 한국
사회를 돌아보는
인사이트를 얻은 것은
뜻밖의 수확이다. 계급
투표가 이루어지지
않는 이유, 진보의
가치를 추구하던
사람들의 머릿속에
빠르게 자리 잡는
지배 이데올로기의
주도성 등에 대한 답을
찾고 있던 나에게
이 책은 환기할 단초를
제공한다.

이나영책방
책방지기 이나영
(서울 관악구)

『새들이 전하는 짧은
철학』
필리프 J. 뒤부아·
엘 리즈 루소 지음,
박효은 옮김, 북스톤,
2026

본능을 따라 살아가는
새들의 행동에는
군더더기가 없다.
필요한 것만 취하고
필요하지 않은 것은
하나도 곁에 두지
않는다. 이 책은
프랑스인 조류학자
작가가 쓴 책으로
새들의 삶을 통해 알게
된 삶의 이치를 22편의
철학적 단상으로
들려주는데, 2019년에
나와 2023년에
절판되었다가 2026년
1월에 다시 나온
책이다. 조류학자가
들려주는 새 이야기에
귀 기울이다 보면
내 삶을 들여다보는
시간이 되는 꽤 괜찮은
책이다.

탐조책방
책방지기 박임자
(경기도 수원)

『남아 있는 모든 것』
수 블랙 지음, 김소정
옮김, 밤의책, 2021

스코틀랜드의
법의인류학자
수 블랙(Sue Black)은
다양한 시신을 만나
죽음의 원인을 찾는
일을 한다. 독특한 점은
그가 죽음의 원인을
넘어서 시신이 말하는
삶의 이야기까지 찾고
기록하는 것이다.
끔찍한 삶의 마지막도,
평온한 안식도 모두
'죽음'으로 귀결된다.
하지만 수 블랙은
죽임을 당할 것인지
완성해 갈 것인지를
묻는다. 이 책은 남아
있는 날들을 하루하루
채워 나가며 죽음을
완성하는 감동적인
안내서가 될 것이다.

쩜오책방
조합원 마담
(파주 교하)

신간
책꽂이

이 계절의 책
2026년 봄

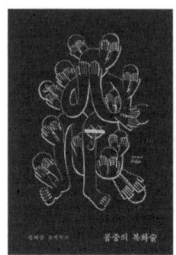

[편집자] 〈신간 책꽂이〉에는 최근 발간된
신간 가운데 눈에 띄는 책을 골라 추천 이유와
함께 소개한다. 이 책들의 선정과 소개에
도움을 주신 분들은 다음과 같다.

김경영(알라딘 인문·사회과학·과학 MD)
손민규(예스24 인문·사회정치·자연과학 PD)
이현진(와우컬처랩 대표)
한지수(교보문고 인문 MD)
(가나다순)

『공중의 복화술: 문학은 어디서 시작할까?』,
김혜순 지음, 문학과지성사
시인 김혜순이 묻는다, 문학은 어디서
시작되는가. 언어가 도무지 닿지 못하는
자리에서 오히려 말이 시작된다는 것을
이 책은 조용히, 그러나 단호하게 증명해
보인다. (이현진)

『흩어짐』, 제시카 J. 리 지음, 서제인 옮김,
에트르
이주자로 살아온 저자가 경계를 넘나드는
식물들에 관하여 이야기하며 자신의 삶을 함께
풀어놓는다. 식물의 역사와 자신의 가족사를
감각적인 방식으로 오가는 서술은 나른한
읽기를 끌어낸다.(김경영)
침입종과 토착종이라는 구별 짓기 너머로
확장되는 광활한 아름다움을 이야기한다.
유입된 식물과 이주하는 인간이라는 두 축을
칡과 등나무처럼 얽은 지적이고 시적인
글.(한지수)

『극한 생존』, 알렉스 라일리 지음, 엄성수 옮김,
RHK
어떤 페이지를 펼치든 기적을 보여 주는 책.
산소, 물, 먹이 없이도 생존하고 고온과 저온
심지어 방사능으로 오염된 환경에서도 버티는
생명의 존재는 희망을 전한다.(손민규)

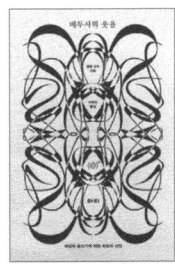
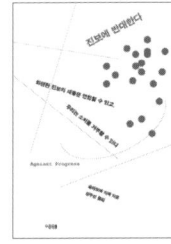

『야생의 존재』, 케기 커루 지음, 정세민 옮김, 가지

인간은 어떻게 자신을 제외한 다른 모든 동물의 세계를 파괴함으로써 자신의 세계까지 망가뜨리게 되었나? 인간이 동물을 구하고 동물이 인간이 구한다는 진실을 알려 주는 책.(김경영)

멧돼지와 교감하는 인간, 표지의 사진이 700쪽 벽돌책의 주제를 함축했다. 인간과 동물의 관계사. 지배와 폭력으로 가득한 슬픈 역사지만, 절망보다는 희망을 노래한다.(손민규)

『헌 옷 추적기』, 박준용·손고운·조윤상 지음, 한겨레출판

곳곳에 보이는 의류 수거함은 옷 버리는 마음을 가볍게 한다. '내가 버린 옷을 누군가 다시 사용하겠지' 하는 홀가분함으로 다른 옷을 산다. 그렇지만 헌 옷의 재활용은 드물었다.(손민규)

『메두사의 웃음』, 엘렌 식수 지음, 이혜인 옮김, 마티

'여성적 글쓰기'에 대한 엘렌 식수의 기념비적 고전. 기성 사회의 규범을 파괴하고 뛰어넘는 원고의 내용과 그를 극대화하는 편집의 예술. 심장이 뛰는 읽기의 경험을 선사한다.(김경영)

『진보에 반대한다』, 슬라보예 지젝 지음, 강우성 옮김, 우중몽

'우리는 결국엔 더 나은 미래로 나아간다'는 진보의 근본 명제에 대한 지젝의 반론. 진보 담론이 배제한 것들에 의문을 제기한다. 함께 고민해 봄직한 불편한 질문들.(김경영)

『중요한 몸』, 주디스 버틀러 지음, 이승준 옮김, 알렙

새 번역으로 돌아온 버틀러의 대표작. '물질적 몸은 어디 있는가'라는 질문에 대한 정교한 철학적 응답. 버틀러의 텍스트는 여전히 쉽지 않지만 훌륭한 번역과 해제가 읽기를 돕는다.(김경영)

『고유 지능』, 앵거스 플레처 지음, 김효정 옮김,
인플루엔셜
단순한 지식의 나열은 AI가 인간을 압도한다.
걱정할 필요는 없다. 삶은 복잡하기 때문이다.
인생 문제를 풀기 위한 직관, 상상력, 감정,
상식은 인간만이 갖춘 특수 무기다. (손민규)

『논어란 무엇인가』, 김영민 지음, 사회평론
김영민 〈논어 연작〉 5권의 기본이 되는 책.
폭력과 패권의 시대에 공자가 제시한 대안적
질서를 다시 읽으며 고전이 현시대에 어떤
역할을 할 수 있는지 검토한다. (한지수)

『커먼즈의 재생』, 우치다 다쓰루 지음, 박동섭
옮김, 유유
우치다 다쓰루는 "구성원 가운데 가장 약한
존재를 통합 축으로 삼는 공동체"만이 지속
가능하다고 말한다. 야만으로 회귀 중인
세계에서 그가 상상하는 커먼즈는 현실적인
희망처럼 느껴진다. (김경영)

『브레이크넥』, 댄 왕 지음, 우진하 옮김,
웅진지식하우스
왜 미국 도시는 침체하고 중국 도시는
화려해질까? 댄 왕은 미국이 규제에 얽매인
동안, 중국은 공학을 내세우며 거침없이
질주했다고 진단한다. 미국과 중국을 향한
예리한 시선. (손민규)

『쾌적한 사회의 불쾌함』, 구마시로 도루 지음,
이정미 옮김, 생각지도
한국과 일본은 깨끗하고 편리하다. 그런데
왜 자살률은 높고 출산율은 낮을까. 이 책은
쾌적함을 추구하는 표백 사회가 원인이라고
진단한다. 쾌적함이 배제와 혐오로 이어지는
역설. (손민규)
청결과 질서는 '불결한 것'을 제거하는 과정을
통해 유지된다. 정신건강의학과 전문의인
저자는 깨끗함에 대한 강박적 추구가 야기한
배제와 차별을 지적하며 현대 사회를
결벽증으로 진단한다. (한지수)

『21세기 지정학』, 아미타브 아차리아 지음,
최준영 옮김, 21세기북스
'다극적 국제 질서'는 다가오고 있는 미래다.
5,000년 문명사를 통해 서구 중심 서사 밖의
다원적 국제 질서를 복원하려 한 이 책은 '글로벌
멀티플렉스'라는 새로운 질서의 가능성을
제시한다.(한지수)

『낯선 사람과 부근을 만들기』, 샹뱌오 지음, 박우
옮김, 글항아리
일상적으로 마주치는 수많은 '낯선 사람'을 투명
인간 취급하다 보면 결국 마찬가지로 투명해진
자기 자신을 마주하고 말 것이다. 이 책은 자기
소외의 해결책으로 낯선 사람에게 관심을 가질
것을 제안한다.(한지수)

『인생에 가장 가까운 것』, 제임스 우드 지음,
노지양 옮김, 아를
'현존하는 최고의 비평가' 제임스 우드의 강연
원고 묶음. 삶과 죽음, 문학과 비평에 관한 질문과
대답이 이어진다. 지적이고 따뜻한 통찰의
문장들이 삶과 문학에 동시에 답한다.(김경영)

『빅 아틀라스』, 올리비에 고다르 지음, 주명철
옮김, 여문책
지도는 세계를 있는 그대로 담지 않는다. 무엇을
보여 주고 무엇을 지울지 선택할 뿐이다.
방대한 데이터로 재구성된 세계의 지형을
펼쳐 보이는, 언제든 다시 펼쳐 보고 싶어지는
책이다.(이현진)

『공부 망상』, 엄기호·하지현 지음, 녹스
10년 만에 만난 두 저자. '공부만 잘하면 모두
다 가질 수 있다'는 주문은 결국 무능력자와
피해의식만 낳았다. 오늘날, 공부는 무엇이
되었는가? 한국 사회의 핵심을 겨냥하는
질문.(김경영)
'능력주의 약속이 무너진 자리에서 사람들은
왜 여전히 공부에 매달리는가? 단일한 정답
찾기와 서열화를 부추기는 현대의 교육이
어떻게 '유능한 무능력자'를 양산했는지 짚어
내는 책.(한지수)

『쇳돌』, 이라영 지음, 동녘

이라영이 가족의 삶을 파헤쳐서 길어 올린
광산 노동과 노동 이후까지의 구체적인 모습.
섬세하게 기록한 이 광대한 노동 이동사는 그간
한국 사회가 누락해 온 이야기를 입체적으로
살려 낸다.(김경영)

『어느 서민 여성의 삶, 노년, 죽음』, 디디에
에리봉 지음, 이상길 옮김, 문학과지성사

우리는 이렇게 사회적 발화자로서의 주체성을
박탈당하고 고립되어 삶을 마무리할 수밖에
없는 것일까? 한국의 노년과 조금도 다르지 않은
프랑스 노년의 삶과 죽음.(김경영)
누군가의 어머니이기 전에 한 사람이었던
여성의 삶을 에리봉은 냉정하게, 그러나
깊이 들여다본다. 계급과 젠더가 교차하는
자리에서 우리는 비로소 우리 모두의 이야기를
만난다.(이현진)
저자 디디에 에리봉은 어머니를 애도하며 노동
계급, 노년, 여성의 삶을 정치적으로 재구성하려
한다. 누구나 한 번쯤은 '나이 듦'이라는 불편한
주제를 똑바로 응시해야 한다.(한지수)

『필연적 혼자의 시대』, 김수영 지음, 다산북스

다원화된 사회에서 '전 국민 필독서'라는
수사를 붙일 책이 많지 않지만, 이 책은 '전 국민
필독서'가 맞다. 1인 가구가 대세다. 1인 가구의
삶, 노동, 돌봄에 관한 깊은 통찰.(손민규)
'화려한 싱글'도 '화려하지 않은 싱글'도 후기
자본주의의 구조 아래 고립, 자기 착취, 죽음의
불안에 시달리고 있다. 전통적 가족 제도
바깥에서 개인이 구축할 수 있는 지속 가능한
연대를 묻다.(한지수)

『그저 하루치의 낙담』, 박선영 지음, 반비

번아웃이라는 말로는 담기지 않는 감정들이
있다. 하루치씩 쌓여 온 낙담을 찬찬히
들여다보며, 지쳐 있는 스스로를 마주하게 된다.
오늘 하루를 간신히 버텨 낸 모든 이들에게
건네는 책.(이현진)

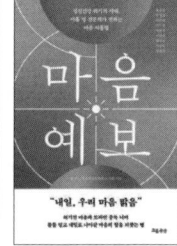
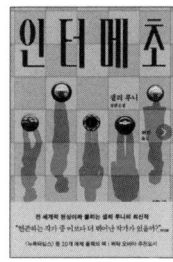

『늙지 않는 뇌』, 데일 브레드슨 지음, 제효영 옮김, 심심

나이가 들면 기억력, 판단력이 퇴보한다고 생각한다. 착각이다. 식습관, 운동, 관계, 수면, 학습으로 인지 능력을 유지할 수 있다. 심지어 퇴보한 뇌의 기능도 되살릴 수도 있다.(손민규)

『명랑한 정신과』, 윤우상 지음, 포르체

웃으며 읽다 책을 덮을 즈음에는 울컥해서 눈물이 나올지도 모르겠다. 정신과 30년의 기록. 때론 위험하고, 황당하지만 특별한 사건은 아니다. 우리 모두 조금씩은 이상하니까.(손민규)

『마음 예보』, 윤홍균 외 지음, 흐름출판

연말이면 출간되는 전망서를 보며, 우리 마음에 관한 트렌드서가 나오면 어떨지 생각했다. 기다리던 책이 나왔다. 정신과 전문의 9명이 쓴 대한민국 마음 보고서.(손민규)

『형태의 문화사』, 서경욱 지음, 한길사

동전의 원, 지폐의 직사각형, 격자 도시와 대각선의 길까지. 우리가 당연하게 여겨 온 사물과 공간의 형식은 모두 인간의 몸과 맞닿아 있다. 평범한 사물에 독특한 주석을 달다.(한지수)

『스크리놀로지』, 이현진 지음, 을유문화사

캔버스부터 IMAX, 전광판, 스마트폰까지 우리가 보는 모든 것이 스크린이다. 미디어 아티스트이자 이론가인 저자는 예술과 문화, 철학과 기술을 엮어 시각 경험을 분석하는 틀을 짠다.(한지수)

『인터메초』, 샐리 루니 지음, 허진 옮김, 은행나무

상실 앞에서 각자의 방식으로 무너지고 버티는 두 형제의 이야기. 루니는 이번에도 관계의 가장 불편한 진실을 정확하게 짚어 낸다. 읽는 내내 불편하고, 그래서 오래도록 마음에 남는다.(이현진)

[편집자] 2020년 12월 창간예비호(0호)를 시작으로, 2021년 3월 창간호(1호)를 발행한
《서울리뷰오브북스》가 5주년을 맞이했다. 0호부터 20호까지, 5년간 21권의 《서울리뷰오브북스》는
218명의 필자가 참여해, 308권의 책을 리뷰했다. '함께 읽기'와 '신간 책꽂이'에 소개된 책을 더하면
지금까지 《서울리뷰오브북스》가 소개한 책은 1,236권에 이른다. 서평을 통해 독자와 책을 잇고,
그럼으로써 더 나은 공론장을 형성하기 위해 노력해 온 《서울리뷰오브북스》의 지난 발자취를, '0-20호
총 목차'로 기록했다.

2020년 창간준비호 0호

홍성욱   새로운 서평전문지 《서울리뷰오브북스》 0호를 내며

이슈 리뷰: 2020: 이미 와 버린 미래

김준혁   코로나19, 공포를 활용하는 자는 누구인가 『전염병, 역사를 흔들다』

홍성욱   바이러스와 함께 사는 삶이 가능할까 『우리는 바이러스와 살아간다』, 『마스크가 말해주는 것들』, 『코로나
         리포트』, 『전염의 시대를 생각한다』, 『포스트 코로나 사회』, 『팬데믹 패닉』, 『열병의 나날들』

강예린   밀실에서 나오는 지도를 그릴 수 있는가 『정크스페이스 | 미래 도시』, 『짓기와 거주하기』

조문영   '가난 사파리'가 '가난 수용소'가 될 때 『가난 사파리』

권보드래 가족, 서로 죽이고 구원하는 『전쟁과 가족』

송지우   기회의 평등은 불가능한가? 『세습 중산층 사회』, 『20 VS 80의 사회』, 『병목사회』, *Moving Up without
         Losing Your Way*, 『엘리트 세습』

박상현   실리콘밸리가 만든 새로운 자본주의 시스템 *The Age of Surveillance Capitalism*

리뷰

김홍중   방사능 폐기물에도 불성(佛性)이 있는가? 드라마 〈체르노빌〉

박훈   중국과 일본을 보는 또 하나의 눈 『중국화하는 일본』, 『專制國家史論』

김두얼   "경제학에 대한 도전" VS "경제학의 도전" 『생각에 관한 생각』, 『넛지』

박진호   한국어다운 번역을 찾아서 『번역의 탄생』

이석재   흡혈귀가 될까? *Transformative Experience*

심채경   당신의 모든 순간은 아름다웠다 『제5도살장』, 『당신 인생의 이야기』

별책

김영민   먹물 누아르: 이것은 필멸자의 죽음일 뿐이다

김혼비   책으로 인생이 바뀐다는 것

박솔뫼   소설에 관한 끝없는 이야기

김초엽   선인장 끌어안기

2021년 봄 1호

홍성욱   《서울리뷰오브북스》 창간에 부쳐

이슈 리뷰: 안전의 역습

김홍중   무해의 시대

권보드래 밤길을 걷는 법

송지우   취소가 문화가 되지 않으려면

조문영   불안한 빈자는 어쩌다 안전의 위협이 되었는가? 『자동화된 불평등』, 『커밍 업 쇼트』

김도형   사회보장의 미래 『복지의 원리』

박한선   안전의 두 얼굴 『느낌의 진화』『인간 무리』

리뷰

이석재   테스형! 『에우티프론, 소크라테스의 변론, 크리톤, 파이돈』

홍성욱   예수라면 어떻게 했을까? 『성서, 퀴어를 옹호하다』

김두얼   매끈한 서술과 설익은 통찰 『인민의 탄생』『시민의 탄생』『국민의 탄생』

박상현   드라마 없는 회고록 A Promised Land

심채경   우주를 보는 새로운 시선 『관찰과 표현의 과학사』『비욘드』『호모 스페이스쿠스』『뉴호라이즌스, 새로운
         지평을 향한 여정』

박훈   구한말, 21세기 벽두의 데자뷔? 『러일전쟁: 기원과 개전 1, 2』『그럼에도 일본은 전쟁을 선택했다:
         청일전쟁부터 태평양전쟁까지』

강예린   부엌은 주거를 어떻게 변화시켰는가 『근대부엌의 탄생과 이면』

박진호   언어는 생각에 어떻게 영향을 미치는가 『그곳은 소, 와인, 바다가 모두 빨갛다』

문학

장강명   나무가 됩시다

김영민   먹물 누아르: 불타는 전두엽의 최후

요조   맨발의 가로세로

수신지   글짓기 주제는 비행기

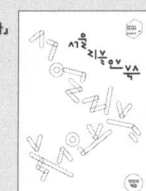

2021년 여름 2호

이석재   편집실에서

특집 리뷰: 우리에게 약이란 무엇인가

박한슬   강원도 면장은 어쩌다 아편쟁이가 됐나 『마약의 사회사』

심채경   약, 그 중독성과 장악력에 대한 이야기 『뮬』『스노우 엔젤』

박상현   진통제가 만들어낸 고통 Dopesick

권보드래   종말 이후, 화학적 생존 너머 『세로토닌』

강양구   백신이 할 수 있는 일과 없는 일

김두얼   기본소득은 만병통치약인가? 『모두의 경제적 자유를 위한 기본소득』『모두의 몫을 모두에게』『기본소득이
         온다』

이마고 문디

김홍중   타나토그래피(thanatography)—나루세 미키오의 〈부운〉을 읽는 한 시선

에세이

은유   내가 책을 고르는 방법

정혜윤   그대 살아 있나

한정원   책을 빌리다

리뷰

김소연   나를 비추는 거울을 마주볼 때 『트릭 미러』

송지우   우리는 이 책에서 무엇을 얻을 수 있을까 『공정하다는 착각』

이석재   미래의 역사가 설득력이 있으려면 『호모 데우스』

홍성욱   과학이라는 오리 인형은 어디로 갔나? 『철학의 욕조를 떠도는 과학의 오리 인형』

한정훈　따뜻한 과학자, 조용한 반역자의 수기 『과학은 반역이다』
박진호　인도유럽어의 본향은 어디인가 『말, 바퀴, 언어』
박훈　　사무라이들이 책을 만났을 때 『에도의 독서회』『근세일본의 유학과 병학』
강예린　서울서울서울 『서울 이야기』『서울 해법』
김선기　낙관과 세대론만으로는 아쉽다 『추월의 시대』
김태호　하지만 반드시 벼농사여야 했는가? 『쌀, 재난, 국가』
김정하　맛있고 느슨해진 이창래의 세계 『나의 세계탐방기』

2021년 가을 3호

김두얼　편집실에서

특집 리뷰: 모든 여행은 세 번 떠난다

심승희　모데스틴! 그리부예! 우리 이제 떠나볼까? 『당나귀와 함께한 세벤 여행』『당나귀의 지혜』
강예린　여행 속에서 나는 건축가가 됐다 『르 코르뷔지에의 동방여행』『건축을 꿈꾸다』『안도 다다오의 도시방황』
박훈　　너를 보니, 내 옛 생각이 나서 좋다 『한나라 기행』
김영민　원수를 보러 가는 여행: 연행(燕行)과 홍대용의 생각 『이역을 상상하다』『조선연행사와
　　　　조선통신사』『연암일파 북학사상 연구』『범애와 평등』『홍대용과 항주의 세 선비』
윤비　　18세기의 어떤 여행(들): 그 야심과 허영과 낭만에 대하여 『그랜드 투어』
조준희　세계의 발견, 유럽의 탄생 『르네상스』『욕망하는 지도』
심채경　우주 여행도 직업이 되면 『오늘, 우주로 출근합니다』『중력』

이마고 문디

김홍중　서바이벌 미학—김기영의 〈살인 나비를 쫓는 여자〉

디자인 리뷰

김형진　'본문'이라는 이미지

리뷰

김현경　입시지옥은 우리가 평등하다는 증거일까? 『문재인 이후의 교육』
조문영　탁월함의 역설 『달까지 가자』
한승혜　남자의 도시, 남자의 예술 『두번째 도시, 두번째 예술』
유정훈　정치의 자리에 대한 질문과 응답 『일본의 굴레』『상의하달 민주주의』
안동섭　무당은 알겠다. 그런데 유생은? 『무당과 유생의 대결』

에세이

이장욱　책 읽기와 함께 글쓰기를
정세랑　정확한 인용에의 욕구
최은영　책을 내는 기분

2021년 겨울 4호

박훈　　편집실에서

포커스 리뷰: 한국 경제에 대한 클리셰(cliché)들

김두얼　영혼을 담아야 감동을 줄까? 『경제정책 어젠다 2022』
홍춘욱　고슴도치만 보이는 한국의 경제 관련서 시장 『모방과 창조』『김인준 교수의 위기의 한국 경제』

양동신   부동산에 대한 오래된 고정관념을 넘어서 『집에 갇힌 나라, 동아시아와 중국』

이마고 문디

김홍중   세계에 대한 믿음—타르코프스키 시네마에 대한 몇 가지 생각들

리뷰

권보드래·송지우   인간의 조건 『클라라와 태양』

홍성욱   다다익선, 혹은 Many things go 『물은 H2O인가?』

장대익   인류에 관한 최악의 가짜 뉴스를 고발한다 『다정한 것이 살아남는다』

박진호   한문이 근대에 남긴 유산 『근대어의 탄생과 한문』

조문영   중국 대 서구라는 이분법의 유혹 『행복한 감시국가, 중국』

서소영   연결된 몸, 혼종의 의학, 그리고 배제된 목소리들 『한의원의 인류학』『하이브리드 한의학』

신승철   사유 공간을 위한 이미지학자의 투쟁 『뱀 의식』

디자인 리뷰

정재완   목판화와 책 표지, '풀빛판화시선'

BOOK & MAKER

박태근   무엇이든 책으로 만듭니다!

문학

김영민   먹물 누아르: 동어 스님전(傳)

김겨울   책 한 권 찾으려다 그 책의 씨를 말린 건에 대하여

김연수   지저분하게 책 읽기를 권함

손보미   아무도 읽지 않는 책 속에 갇힌 느낌

이아립   우리도 우정일까

이석재   안 고쳐도 되는 집

2022년 봄 5호

강예린   편집실에서

특집 리뷰: 빅 북, 빅 이슈(Big Books, Big Issues)

주경철   세계의 운명을 설명하는 거대 서사 『총, 균, 쇠』

김두얼   역사로 보이고 싶은 것과 역사가 말하는 것 『21세기 자본』

권보드래   이 희귀한 DNA, 생활과 정책과 건축의 아카이브 『한국주택 유전자』

이두갑   기후 위기와 환경 재난의 자본주의 『이것이 모든 것을 바꾼다』『느린 폭력과 빈자의 환경주의』

홍성욱   세상은 좋아졌다, 그런데 왜? 『우리 본성의 선한 천사』『지금 다시 계몽』

박정일   위대한 철학 여정의 시작 『논리-철학 논고』

이마고 문디

이연숙   〈베네데타〉, 레즈비언 예수의 불경함

리뷰

박훈   '진짜 동아시아사'가 나왔다 『한중일 비교 통사』

박진호   청대 고증학과 그 시대적 배경 『고증학의 시대』

강예린   건축은 언제 완성되는가 『풍화에 대하여』

조문영   가난한 개인은 그 자체로 세계다 『힐튼호텔 옆 쪽방촌 이야기』

심채경   화성에서 생명체 흔적 찾기 『푸른 석양이 지는 별에서』

송지우   혁명과 철학자, 철학자의 혁명 *The Women Are Up to Something·Free*

디자인 리뷰

구정연   과연 그것이 책일까?

BOOK & MAKER

황혜숙   홀로 혹은 여럿이, 함께, 책 만드는 사람들

문학

김소연   내일은 무엇을 할까

이치은   자신이 쓴 글을 태워 달라 했던 마음, 태우지 않았던 마음,
            그 말을 믿지 않았던 마음

노승영   맞춤형 번역 기획안

2022년 여름 6호

송지우   편집실에서

특집 리뷰: 개발, 개발, 개발

조문영   사회적 버림의 연루자들 『절멸과 갱생 사이』

권보드래   개발의 수난과 시대착오의 힘 『차남들의 세계사』·『투명인간』·『철도원 삼대』

김도형   개발독재와 복지 체제 『한국 복지자본주의의 역사』

강예린   프로젝트로서의 건축과 발전국가 프로젝트 『건축은 무엇을 했는가』

홍성욱   개발의 시대, 단상들

이마고 문디

김홍중   침잠의 시학, 침잠의 시간―아피찻퐁 위라세타쿤의 영화에 대하여

리뷰

이해황   대치동에서 공교육의 미래를 고민하다 『대치동』

박진호   통계 리터러시를 위하여 『숫자를 읽는 힘』

박훈   한국 근대사의 낡은 서사에 대한 도전 『근대 시민의 형성과 대한민국』

김영민   사라진 사람을 찾아서, 사라진 역사를 찾아서 『마르탱 게르의 귀향』

디자인 리뷰

전가경   지속가능한 북디자인을 위하여

BOOK & MAKER

김경영   "책 잘 팔고 있습니까"

문학

김보영   껍데기뿐이라도 좋으니

이석재   불가피함이 주는 자유

심보선   전집 읽기의 행복은 어디로 갔는가

신견식   번역의 불안과 독서의 불만 사이에서

2022년 가을 7호

권보드래   편집실에서

특집 리뷰: 계보의 계보

홍성욱　인물을 통해 찾는 우리나라 기술 발전의 계보 『뮌헨에서 시작된 대한민국의 기적』,『전길남, 연결의 탄생』

하남석　비판적 중국 연구를 고민하다 『짱깨주의의 탄생』

김두얼　'긴 50년대'의 복권? 『한국 경제의 설계자들』

현시원　미술과 시장은 어디에서 만나는가 『시장미술의 탄생』,『미술시장의 탄생』

김작가　한국 대중음악의 통사를 다시 쓰다 『한국 팝의 고고학』

이마고 문디

김홍중　리얼 스스로 말하게 하라—지아장커의 〈스틸 라이프〉를 향하여

리뷰

김영민　진실은 사라졌는가 『유유의 귀향, 조선의 상속』,『가짜 남편 만들기, 1564년 백씨 부인의 생존전략』

김태진　능동과 수동, 지배와 피지배를 넘어 『중동태의 세계』

김남시　미술사를 뛰어넘는 이미지의 힘 『잔존하는 이미지』

박진호　인공지능이 인간을 더 닮으려면? 『2029 기계가 멈추는 날』

심채경　개념과 정의의 숨바꼭질 Welcome Back, Pluto

디자인 리뷰

정재완　전쟁과 북 디자인—《도정월보》의 인포그래픽 디자인

BOOK & MAKER

사공영　독자의 공부를 돕는 책을 만듭니다

문학

최제훈　드림캐처

이정모　이 책들을 다 어이할꼬?

손민규　책은 어떻게 삶의 무기가 되었나

2022년 겨울 8호

박진호　편집실에서

포커스 리뷰: 스몰 북, 빅 이슈

김만권　왜 21세기에 『공산당 선언』을 읽는가? 『공산당 선언』

홍성욱　전 지구적 기후위기와 녹색 계급 『녹색 계급의 출현』

이행남　신자유주의 사회에서의 자아의 소진과 사물의 소멸 『사물의 소멸』

이마고 문디

김은주　생명과 더불어 세계 만들기의 이미지—〈고독의 지리학〉

리뷰

장하원　자폐인 변호사라는 실험 『이상한 변호사 우영우 1, 2』

민은경　애도와 번역의 퍼포먼스 『녹스』

김원　노동자가 되기 위한 배움 『쇳밥일지』

이석재　지능은 태어나야 하는가? 『지능의 탄생』

송지우　인도주의는 평화를 가로막는가 Humane

김두얼　우회 말고 정공을 기대한다 『좋은 불평등』

조문영　다른 세계를 디자인하고 선언하는 인류학자 『플루리버스』

권석준   만물유전 『판타 레이』
박대권   공부법과 교육의 다른 점 『최재천의 공부』

디자인 리뷰

구정연   키트, 능동적 혹은 경제적 읽기의 가능성

BOOK & MAKER

김수현   리스트 만드는 마음

문학

이기호   소설을 책으로 배웠어요
조영학   여러분, 번역하지 마세요

2023 봄 9호

이석재   편집실에서

특집 리뷰: 나이듦과 노년에 대하여

박진호   언어와 함께 잘 늙기 『노화와 언어는 서로 어떻게 영향을 미칠까』
홍성욱   '노화의 종말'은 아직 없다 『노화의 종말』
김은형   나는 고발한다, 현대 의학이 노년에게 주는 고통을 『나이듦에 관하여』
최윤영   추방했던 죽음의 귀환, 그리고 깨달음 『아주 편안한 죽음』
김경배   '가성비 의료'는 앞으로도 지속될 수 있을까 『노후를 위한 병원은 없다』

이마고 문디

김홍중   미래의 악마적 힘: 구로사와 아키라와 벨라 타르의 종말론

디자인 리뷰

전가경   'P'의 여성주의 그래피즘

북&메이커

이현진   독자-작가-출판사를 연결하는 실험, 계속해 보겠습니다

리뷰

김두얼   한국이라는 울타리를 넘어설 수 있기를 『한국에서 박사하기』
조은   소통 불가능한 세계에 던지는 질문 『난장이가 쏘아올린 작은 공』
권보드래 좀 더, 달콤한 혼란과 쌉쌀한 자유를 『파친코 1, 2』
이석재   질서가 만든 혼돈 속을 헤엄치다 『물고기는 존재하지 않는다』
박훈   안중근, 이토 히로부미, 그리고 철도 『하얼빈』
유상운   반도체 서진론과 반도체 기술의 역사 『반도체 삼국지』
이경아   우리는 일제 식민지 건축을 통해 무엇을 보아야 하는가 『식민지 건축』

문학

김영민   먹물 누아르: 삼천포(三遷浦) 가는 길
임성순   낙성대(落星臺)
어딘   모국어가 그리울 때 꺼내어 읽기를

2023 여름 10호

김두얼   편집실에서

특집 리뷰: 베스트셀러를 통해 세상 보기

양승훈   '라떼'에 대한 혐오와 '길거리' 지식에 대한 갈증 사이, 세이노의 자리 『세이노의 가르침』
한승혜   '요약본'으로 세상을 이해할 수 있을까 『지적 대화를 위한 넓고 얕은 지식』
홍성욱   '이기적 유전자'라는 밈의 힘 『이기적 유전자』
이창근   유려한 이야기, 날카로운 의식, 무딘 진단과 해법 『왜 세계의 절반은 굶주리는가?』
박한선   아주 잘 쓰인, 그러나 '생각'해야 할 『사피엔스』

이마고 문디
이연숙   〈타오르는 여인의 초상〉, 너무 많은 평등에 대한 불만들

디자인 리뷰
정재완   영화와 북 디자인, 시간과 공간의 재탄생

북&메이커
김병희   가장 오래된 출판 잡지를 읽는 아주 새로운 방법

리뷰
유정훈   생각이 다른 사람과 공존하는 하나의 방법 『정의감 중독 사회』
서경   '문란한 돌봄'의 세계로 초대합니다 『여기는 무지개집입니다』
정인관   1980년대생에 대해 말한 것과 말하지 않은 것 『세습 자본주의 세대』
박진호   서양의 학술은 동아시아에서 어떻게 받아들여졌나 『그 많은 개념어는 누가 만들었을까』
이은경   정말, 그녀가 그랬다고? 『에도로 가는 길』
현재환   박정희 시기 과학기술문화에 새겨진 젠더 질서 읽기
　　　　 『태권V와 명랑소녀 국민 만들기』

대담
김두얼, 이우창, 정인관(사회) 대학원이란 무엇이어야 하는가

문학
최재경   잊혀지지 않은 물방울
조문영   기괴한 사진과 화해하기

2023 가을 11호
심채경   편집실에서

특집 리뷰: 냉전과 신냉전 사이
김민재   신냉전 시대, 파란만장한 첸쉐썬의 인생에서 무엇을 배울 수 있을까
　　　　 『중국 로켓의 아버지 첸쉐썬』
김학재   냉전의 역사 서술은 어떤 균형점을 향하고 있는가? 『한국전쟁의 기원』
백승욱   중국 시진핑 시대의 방향을 읽어 낼 핵심어 '항미원조' 『항미원조』
우동현   승리하는 비결 The Triumph of Broken Promises
김주희   낡은 것은 가지 않고 새것도 아직 오지 않은 『동맹의 풍경』
권보드래   『닥터 지바고』와 냉전의 비밀 『우리가 간직한 비밀』

이마고 문디
홍성욱   과학의 죄를 묻다 〈오펜하이머〉

디자인 리뷰
구정연   태도로서 유통을 사유하기

북 & 메이커

이승우　편집자와 저자가 함께 펼치는 '정신의 향연'

리뷰

권석준　사유 방식으로서의 과학 공부, 그리고 그 한계 『문과 남자의 과학 공부』

김두얼　분노, 열정, 아쉬움 『시장으로 간 성폭력』

정우현　유전 vs. 환경, 무엇이 웃음을 닮게 하는가 『웃음이 닮았다』

박훈　'친○ 개혁'의 주체성과 한국 근대사 서술 『갑오경장연구』, 『동학농민봉기와 갑오경장』,

　　　『친미개화파연구』

박진호　한 국어학자가 경험한, 우리 말과 글에 대한 연구와 정책의 역사

　　　『우리말이 국어가 되기까지』

박선영　입문자에게는 자극적인, 정치적인 미식 『장하준의 경제학 레시피』

문학

진은영　술병과 찢어진 책들

윤경희　카프카의 새벽

송지우　비교 불가 시네이드 오코너

2023 겨울 12호

김홍중　편집실에서

특집 리뷰: 인공지능, 어디까지 왔고 어디로 가는가

박진호　한국의 AI 기술과 산업은 어디까지 와 있나 『AI 전쟁』

전치형　터미네이터와 막국수 『로봇과 AI의 인류학』

이상욱　인간 중심적 관점에서 바라본 AI 『AI 윤리에 대한 모든 것』

김재인　초지능이라는 가짜 문제 『슈퍼인텔리전스』

김지훈　인공지능을 미디어로 합성하기 『AI 지도책』

고인석　몸을 만들어 주면 인공지능에서 마음이 생겨날까? 『이진경×장병탁 선을 넘는 인공지능』

권석준　미학과 철학의 기준으로 재평가하는 생성형 인공지능의 운명 『AI 빅뱅』

이마고 문디

현시원　'미래'라는 변수 〈알파빌〉

디자인 리뷰

전가경　사진의 가장 끝에서, 사진책이 시작되다

북 & 메이커

이유진　'책 기자'라는 환상과 환장

리뷰

조문영　송이버섯 냄새를 맡자. 그다음은? 『세계 끝의 버섯』

김미정　그는 무엇과 작별하는가 『도시와 그 불확실한 벽』

심채경　하와이에 산다면 이런 비쯤 아무렇지 않게 맞아야 한다 『알로하, 나의 엄마들』

오지윤　차가운 이성을 기대하며 『부동산과 정치』

강예린　이상하고 평범한 부동산 DNA 『나의 이상하고 평범한 부동산 가족』

문학

김용언　빈 책장

김홍중　　마주침과 글쓰기
송지우　　대담한 예술가의 발라드

2024 봄 13호
김두얼　　편집실에서

특집 리뷰: 민주주의와 선거
송지우　　민주주의는 유권자 때문에 실패하는가 『민주주의에 반대한다』
유정훈　　무너지는 민주주의를 선거로 구할 수 있을까 『어떻게 민주주의는 무너지는가』
하상응　　차별 없는 차이의 인정 『민주주의 공부』
이나미　　'선거는 민주적'이라는 착각 『선거는 민주적인가』
정회옥　　나는 누구인가를 묻는 대중 『존중받지 못하는 자들을 위한 정치학』
장석준　　양대 정당 독점 정치를 아래로부터 무너뜨리는 법 『지역정당』

이마고 문디
정아은　　두 가지 키워드로 들여다본 〈서울의 봄〉

디자인 리뷰
정재완　　한글 타이포그래피 실험기의 탈네모꼴 폰트

북 & 메이커
고명철　　한인/한글 문학의 플랫폼, 디아스포라 웹진 《너머》를 만나기 위해

리뷰
박찬국　　베스트셀러 1위인 철학서를 어떻게 볼 것인가 『마흔에 읽는 쇼펜하우어』
김영민　　조선 국가론을 향하여 『광해군: 탁월한 외교정책을 펼친 군주』 『광해군: 그 위험한 거울』
　　　　　『모후의 반역: 광해군대 대비폐위논쟁과 효치국가의 탄생』
박인식　　석유 이후의 걸프 경제 『석유는 어떻게 세계를 지배하는가』 『중동 경제 3.0』
　　　　　『중동을 보면 미래 경제가 보인다』
정우현　　이름을 불러 주지 않아도 꽃은 이미 거기에 있다 『자연에 이름 붙이기』
신현호　　자넷 옐런을 통해 본 경제와 정치의 접점 『자넷 옐런』

문학
부희령　　비행 공포
심완선　　판타지 세계를 사랑하고 있습니다

2024 여름 14호
김두얼　　편집실에서

특집 리뷰: 믿음, 주술, 애니미즘
한승훈　　지적 대상으로서의 기괴한 믿음 『미신의 연대기』
권석준　　패턴의 자동 완성이 주는 편안함과 쏠림 『왜 사람들은 이상한 것을 믿는가』
오성희　　여성 인류학자들이 만난 무속의 현장들 『무당, 여성, 신령들』 『한국 무교의 문화인류학』
임종태　　현대 지리학과 그 사상적 대안 사이에서 『한국의 풍수사상』
심재훈　　좋은 역사가가 베스트셀러를 쓸 수 있을까? 『상나라 정벌』
홍성욱　　애니미즘은 세상을 구원할까? 『애니미즘과 현대 세계』

이마고 문디
현시원   믿음과 단체 사진: 박찬경의 〈신도안〉에 대하여

디자인 리뷰
구정연   사건으로서의 번역

북 & 메이커
강의모   오늘도 행복한 동행, 책 한 권 잊지 마세요!

리뷰
이승철   사소한 것들의 힘 『경계를 넘는 공동체』
김지훈   영화의 모던한 존재론, 역사와 예술 『영화의 이론』, 『영화, 물질적 유령』
홍제환   북한, 첫 단추부터 잘못 끼운 것은 아니다? 『혁명과 일상』
박진호   한 언어학자의 삶을 통해 본 남북 분단 『북으로 간 언어학자 김수경』

고전의 강
정우현   도덕은 왜 유전자와 싸우는가 『도덕적 동물』

문학
한성우   드보르자크의 첼로 협주곡과 타자기 전쟁
박해울   그래, 책이라도 있어서 어딘가, 내세울 것 없는 세상에

2024 가을 15호
정재완   편집실에서

특집 리뷰: 지방과 지역 사이
심채경   당신의 블로그를 파헤쳐 납작한 대전을 만나다 『대전은 왜 노잼도시가 되었나』
박경섭   전라도와 함께 지역 문제를 이해하고 극복하기 『전라디언의 굴레』
김주훈   산업 수도 울산의 위기와 활로 『울산 디스토피아, 제조업 강국의 불안한 미래』
하승수   곳곳이 밀양, 그래도 희망을 버리지 않는 이유는? 『전기, 밀양-서울』
채효정   타인의 목소리가 나의 목소리가 될 때 『어딘가에는 싸우는 이주여성이 있다』
윤여선   알고도 못 막는 환상 『마을 만들기 환상』
양동신   더 매력적인 지방도시들을 찾아서 『지방도시 살생부』

이마고 문디
김홍중   유머의 영성: 코엔 형제에서 아키 카우리스마키까지

디자인 리뷰
전가경   공원과 습지: 대구를 기록하는 여성 창작자들의 생태문화운동

북 & 메이커
김광철   또 다른 북페어는 가능할까: 군산북페어가 출범한다

리뷰
홍성욱   조각조각 꿰매진 '그날'의 슬픈 진실 『세월호, 다시 쓴 그날의 기록』
권보드래   'K-힐링'과 소설의 노스탤지어 『불편한 편의점』
유상운   한국에서 과학자란 누구이고, 과학이란 무엇인가? 『대한민국 과학자의 탄생』
정우현   인간은 유전자 감옥에서 탈출할 수 있을까 『유전자 지배 사회』

고전의 강
김두얼   경제학이 끌어낸 보수주의 『자본주의와 자유』, 『선택할 자유』

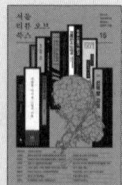

`문학`

김연경　아카키의 음산함과 바틀비의 창백함, 그리고 잠자의 오묘함

하재연　여름, 금사빠의 책장을 대하는 자세

2024 겨울 16호

유정훈　편집실에서

`특집 리뷰: 만화라는 소우주`

선우훈　재밌지 않니? 세상은 거대한 여성국극 무대 같아 『정년이』

한윤아　'좁은 방'에 침잠하는 시간 『좁은 방』

김미래　비밀 누설하기 『초인적 힘의 비밀』

김화진　그만두는 일, 시작하는 일, 소설가의 일 『아카네 이야기』

`2024 우주리뷰상 발표`

김도형　전장연 시위라는 사건 『전사들의 노래』, 『출근길 지하철』

이두은　무위의 계보학 『아무것도 하지 않는 법』

`디자인 리뷰`

정재완　싱가포르에서 가져온 책 세 종

`북 & 메이커`

고미영　20세기 말 순정만화 잡지 독자가 지금을 호흡하는 이야기

`리뷰`

이동진　기자의 눈으로 본 K-의료의 정치경제학 『뒤틀린 한국 의료』

조천호　불타는 폭염에서 불타는 야망으로 『폭염 살인』

정은진　모두가 다르게 배우는 하나의 교실을 위해 『우리는 모두 다르게 배운다』

`반론`

조귀동　'외부인'과 '관리자'로 규정하는 방식은 정당한가

`고전의 강`

김도형　이상적인 사회로의 진화, 아니 진보에 대한 지적 탐색

　　　　『진보의 법칙과 원인』, 『사회정역학』

`문학`

박누리　옮기는 이의 말

백수린　단 한 권의 책

2025 봄 17호

정우현　편집실에서

`특집 리뷰: 헌법의 순간`

유정훈　헌법을 공부하는 슬픔과 기쁨 『헌법의 순간』

이용우　탄핵의 딜레마 『나쁜 권력은 어떻게 무너지는가』

이황희　법은 어떻게 정의와 멀어지는가 『히틀러의 법률가들』

김경현　로마 공화국의 몰락, 역사는 반복하는가 『독재의 탄생』

`이마고 문디`

현시원　모든 여자들은 쓰고 있다 『페미니즘 미술 읽기』

디자인 리뷰

구정연　지면 위의 세계

북 & 메이커

김수진　어쩌다 책방을 운영하게 됐을까

리뷰

서영채　한강, 우리를 불편하게 하는 문학 『작별하지 않는다』

이석재　전쟁을 안 하면 인간이 아닌가 『전쟁은 인간에게 무엇인가』

박상은　그 어떤 작은 '사고'도 시스템의 문제다 『사고는 없다』

이상훈　저성장 초입 한국은 일본보다 나은 길을 갈 수 있을까 『일본의 30년 경험에서 무엇을 배울 것인가』

박소령　찰리 멍거와 친구가 되는 가장 좋은 방법 『가난한 찰리의 연감』

황정하·홍성욱　멋진 구(舊)세계 『똥』

재반론

박경섭　현실의 지층은 복합적이다

고전의 강

권석준　지능은 블록처럼 조립될 수 있는가 『마음의 사회』

문학

이만교　책을 좋아하지 않는 내가, 책을 읽는 방법

박지니　제목은 가능한 세상의 증거를 보여 준다

2025 여름 18호

강예린　편집실에서

특집 리뷰: 혼돈 그리고 그 너머

최현진　우리는 지금 얼마나 안전한가 『내전은 어떻게 일어나는가』

최정규　무너질 것 같은 국가 앞에서 무엇을 해야 할까 『국가는 어떻게 무너지는가』

백승욱　냉전사 쓰기의 난점, 냉전적 서사로 회귀할 함정 『냉전』

옥창준　오지의 지질학자가 남긴 연구 기록 『김용구 연구 회고록』

이마고 문디

한윤아　시간 축적의 악몽, 유예된 정치적 상상: 〈미키 17〉

디자인 리뷰

전가경　가부장제에 대한 도전으로서의 책의 해체

북 & 메이커

이옥란　환대, 그리고 출판으로 가는 문 앞에서의 상상력

리뷰

최소영　감옥에서 온, 환대의 기록 『이븐 바투타 여행기』(전2권)

송지우　이 책은 '인생 수업'이 아닙니다 『라이프 이즈 하드』

백종관　감염의 비평 『물듦』

정은진　인공지능 시대, 복잡한 질문들에 대답하기 『이것이 기술윤리다』

권석준　인간의 지능은 AI로 진화하는 징검다리인가 『지능의 기원』

오서정　공무원은 나라를 위해서 일하고 싶다 『나라를 위해서 일한다는 거짓말』

반론
김재인   제대로 읽지 않고 서평을 써도 되는가
재반론
권석준   새로운 기술 혁신 탐험의 동반자로서의 철학

문학
김만수   뱃사람 신밧드와 짐꾼 신밧드
김새섬   우리는 함께 읽기를 모른다

2025 가을 19호
권석준   편집실에서
특집 리뷰: 기후·에너지·식량 위기, 그리고 AI라는 해법
남재작   숫자로 해부하는 식량 시스템의 모순 『음식은 넘쳐나고, 인간은 배고프다』
김선교   혼탁한 시대, AI 만능론에 균형추를 놓다 『AI와 기후의 미래』
김현우   낙관주의자의 플레이북으로 충분할까 『모든 것을 전기화하라』
오형나   기후재앙에 대비해 감축하고 적응하라 『적응하라 기후위기는 멈추지 않는다』
이마고 문디
김홍중   극장의 라투르
디자인 리뷰
최진규   나만의 모험을 선택하세요
북 & 메이커
김재욱   정전의 리스트 사이에서 길 잃기
리뷰
김성우   인공지능의 유토피아, 인간의 디스토피아 『먼저 온 미래』
선우훈   현대 인간 고백록 『근대 괴물 사기극』
엄성우   개와 고양이, 그들은 누구인가 『개와 고양이의 윤리학』
유정훈   법은 어떻게 생각하고 사람들은 어떻게 반응하는가 『법은 어떻게 생각하는가』
전방욱   빠른 과학 실천에 대한 숙의 『다른 과학은 가능하다 '느린 과학' 선언』
이두은   메타모르포시스적으로 사유하기 『메타모르포시스』

홍종욱   식민지 정치의 (불)가능성을 묻다 『장덕수 연구』
문학
김택규   중국 문학과 타이완 문학
우석영   생태 문명 고전, 『삼국유사』

2025 겨울 20호
현시원   편집실에서
특집 리뷰: 누가 여성을 두려워하랴
한승혜   잃어버린 이름을 찾아서 『조지 오웰 뒤에서: 지워진 아내 아일린』
김은주   젠더를 두려워하지 않는 공거의 윤리 『누가 젠더를 두려워하랴』

임소연   암컷들의 가장 강력한 힘에 대하여 『(방탕하고 쟁취하며 군림하는) 암컷들』

전은지   평등의 세대, 미완의 구조 위에서 『커리어 그리고 가정』

2025 제2회 우주리뷰상 발표

김선경   콜럼바인 사건: 완전함의 신화와 통제의 구조 『나는 가해자의 엄마입니다』

임은정   난민적 삶의 가능성과 서사 탐색 『기억·서사』

이마고 문디

현시원   의문을 감히, 입 밖으로 내며 그린 그림들

리뷰

김보국   역사의 상상인가, 상상의 역사인가

황희선   평등의 고고학 『모든 것의 새벽: 다시 쓰는 인류 역사』

박종령   노예제를 해부하다 『노예제와 사회적 죽음』

김동신   역사를 있게 하기 『그래픽 크리틱』

고전의 강

홍성욱   아슬아슬한 존재들이 함께 만드는 세상(1): 전사(前史)

           『존재양식의 탐구: 근대인의 인류학』

문학

문지혁   책에 관한 책에서 책에 관한 책 읽기

요조   책방 주인의 운명적인 10주년 기념기

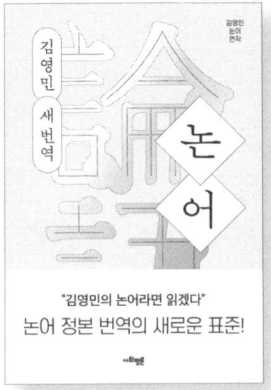

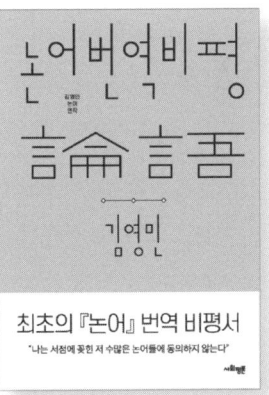

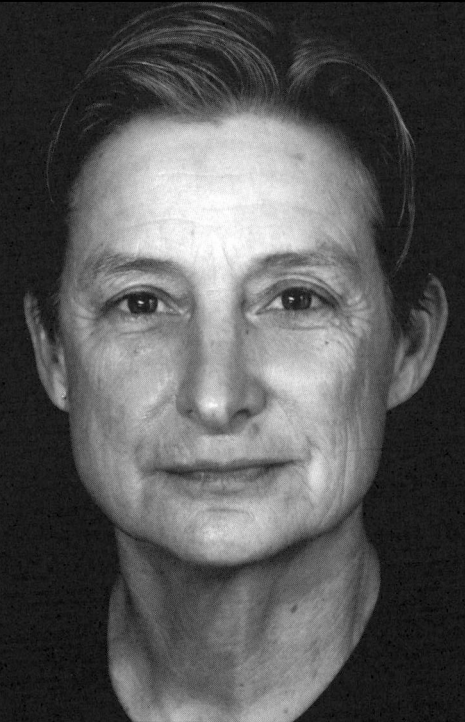

중요한 몸

성의 담론적 한계에 관하여

주디스 버틀러 지음
이승준 옮김 | 김은주 해제 및 감수 | 알렙

어떤 몸은 삶이 되고, 어떤 몸은 지워지는가.
페미니즘과 퀴어 이론의 필독서.
.

우리는 물어야 한다.
"지금, 여기, 당신의 몸은 사회적으로 의미를 갖는
'중요한 몸'인가"

알렙

라틴아메리카의 열린 혈맥

라틴아메리카 500년 수탈의 역사

에두아르도 갈레아노 지음 ㅣ 조구호 옮김 ㅣ 알렙

**출간 50주년 기념 스페셜 에디션을 저본으로 한
스페인어 최초 완역본**

"위대한 문학 작품은 의식을 일깨우고, 사람들을
연결시키며, 해석하고 설명하며, 고발하고 기록하고
변화를 유도한다."
—이사벨 아옌데

알렙

거장 박완서의 타계 15주기를 기리며
한국 대표 소설가 31인이 뽑은
박완서 명단편 10편

박완서 단편이 다다른 인간의 가장 깊은 곳을
한 권의 책으로 만나다

허를 찌르는 반전, 시대를 뚫고 나오는 목소리
읽을수록 새로운 박완서 단편소설의 경이로움

쥬디 할머니

소설가가 사랑하는 박완서 단편 베스트 10

★추천 소설가 목록★

강화길 구병모 기준영 김멜라 김병운 김연수 김중혁 김지연 김혜진 박상영 박선우 백수린 서장원 성해나
성혜령 손보미 송지현 윤고은 윤성희 이기호 이미상 이장욱 임솔아 정용준 정이현 최은미 최은영 편혜영
한 강 함윤이 현호정

• 이 책은 한국문학사의 거목 박완서의 타계 15주기를 맞아 박완서 단편문학의 뛰어난 성취를 새로이 조명하기 위해 기획된 것으로,
  31명의 한국 대표 소설가에게 '박완서 단편소설 전집'(전7권, 문학동네, 2013)에
  수록된 총 97편의 단편소설 가운데 최고의 작품 2~3편씩을 추천받아 최종 10편을 선했습니다.

철학에서 인공지능까지,
80년에 걸친 지적 탐험의 기록!

지구에서 가장 독창적인 철학자
대니얼 데닛 사상적 회고록

"인간을 특별하게 하는 건 자아나 영혼 따위가 아니다.
우리가 왜 존재하는지 이해하는 능력이다."

I'VE BEEN THINKING

생각이란 무엇인가
대니얼 데닛 자서전

"한 사람에게 이토록 폭발적으로 자극적인 생각들이
쏟아지다니, 얼마나 불공평한가."

—리처드 도킨스

대니얼 C. 데닛 지음 | 신광복 옮김 | 576쪽 | ISBN 979-11-6689-387-2 03100   바다출판사

'그냥'의 세계에서 '가까스로'의 세계로

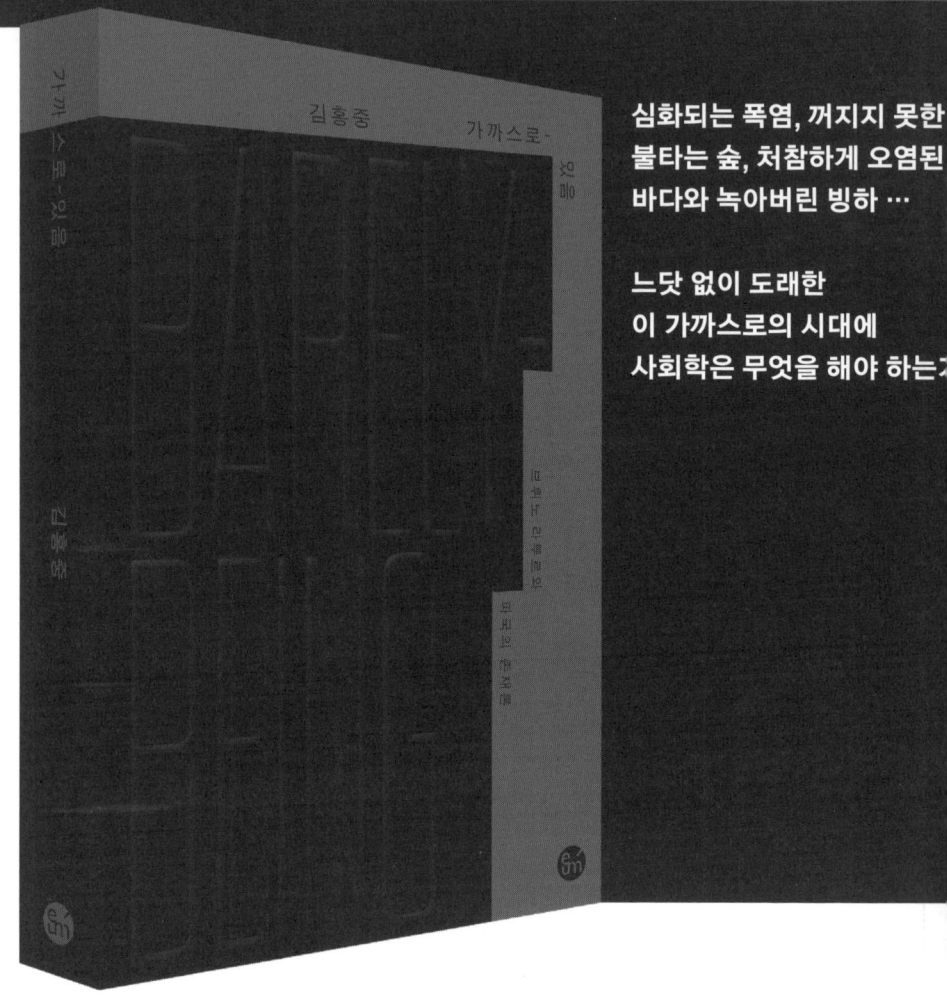

심화되는 폭염, 꺼지지 못한
불타는 숲, 처참하게 오염된
바다와 녹아버린 빙하 …

느닷 없이 도래한
이 가까스로의 시대에
사회학은 무엇을 해야 하는

" 탁월한 이론가는 현실의 카오스로부터
낯선 이야기들을 건져 올리는
불온하고 전복적인 존재다."

극단주의, 반지성주의, 생태 위기
시대의 파국을 정면으로 응시하는 사회학자 김홍중
21세기 사회학의 필수 통과 지점
브뤼노 라투르를 말하다.

『가까스로-있음: 브뤼노 라투르와 파국의 존재론

김홍중 지음 | 33,000원

서울 리뷰 오브 북스

Seoul
Review of
Books
2026 봄

21

발행일	2026년 3월 15일
편집위원	강예린, 권석준, 김홍중, 박진호, 선우훈, 송지우, 신형철,
	유정훈, 전은지, 정우현, 정재완, 조문영, 현시원
자문위원	권보드래, 김영민, 박훈, 이석재, 홍성욱
편집장	김두얼
책임편집	전은지
편집	오병현
디자인	정재완
제작	(주)대덕문화사
발행인	조영남
발행처	알렙
등록일	2020년 12월 4일
등록번호	고양, 바00044호
주소	경기도 고양시 일산서구 주업로 134 시대프라자 704-1호
전자우편	seoulreviewofbooks@naver.com
웹사이트	www.seoulreviewofbooks.com
ISSN	2765-1053 61
값	15,000원

구독 문의	seoulreviewofbooks@naver.com
정기구독	60,000원 (1년/4권) → 50,000원(17% 할인)
	자세한 사항은 QR코드를 스캔해 주세요.

광고 문의	출판, 전시, 공연 등 다양한 영역에서 서울리뷰오브북스의
	파트너가 되어 주실 분들을 찾습니다. 제휴 및 광고 문의는
	seoulreviewofbooks@naver.com로 부탁드립니다.
	단, 서울리뷰오브북스에 실리는 서평은 광고와는 무관합니다.